몸으로 읽는 차(茶) 이야기

몸으로 읽는 차(茶) 이야기

초판 1쇄 인쇄 2009년 6월 15일
초판 1쇄 발행 2009년 6월 20일

지은이 김재임 이운보 김종필
펴낸이 김태봉
펴낸곳 한솜미디어
등 록 제5-213호

편 집 김주영 김미란 박창서
마케팅 김영길 김명준
홍 보 장승윤

주 소 143-200 서울시 광진구 구의동 243-22
전 화 (02)454-0492(代)
팩 스 (02)454-0493
이메일 hansom@hansom.co.kr
홈페이지 www.hansom.co.kr

값 15,000원
ISBN 978-89-5959-204-3 (03590)

좋은 독자가 좋은 책을 만듭니다.

몸으로 읽는 차(茶) 이야기

김재임 · 이운보 · 김종필

한솜미디어

| 머리말 |

현대인들에게 진정한 의미의 맑은 차를 마시기 위한 책을 내면서…

"선생님, 저는 이런 차(茶)를 못 먹습니다."
"어머… 왜요?"
"농약과 화학비료가 많아서요."
"아니, 그걸 어떻게 알 수 있죠?"
"우린 조금만 먹어보면 알 수 있습니다!"

불현듯 십여 년 전에 잠깐 스쳤던 이운보 선생과 차를 함께 하는 자리에서 나누었던 대화가 떠오른다. 내가 가지고 있었던 고급 우전(雨前)을 미처 한 잔도 다 마시지 못하고 내려 놓았던 기억. 생각지도 못한 대답이었기에 아주 생소하게 다가왔다. 그 인연으로 지금 책을 내게 된 것은 우연이 아닌 필연이기에 가능한 것이었으리라.

그 후부터 늘 차를 가까이하며 차에 대한 이야기를 나누고 몸의 변화를 겪으면서 경험한 일들, 특히 '몸으로 읽는 차' 는 차를 가르치는 선생으로서 알고 있었던 지식과는 너무 달라 내게는 신선한 충격이었다.

그때까지만 해도 차를 많이 마시면 칼슘이 빠져나가거나 철분의 흡수를 방해한다고 지식적으로만 알고 있었다. 그러나 당시 나는 어림잡아도 하루에 5L 이상씩 차를 마셨음에도 몸에 이상이 생기기는커녕 바쁜 생활로 약해져 있던 몸이 하루가 다르게 좋아지는 것을 느낄 수 있었다. 피부까지도 어찌나 맑고 깨끗해지던지… 깜짝 놀랄 정도였다.

이것은 맑은 차를 가려 마심으로써 생긴 내 몸의 변화였다. 더욱이 몸이 맑아져 음식까지 가려 먹을 수 있어서 음식의 중요성도 직접 몸으로 알게 되었다.

요즘 차에 대한 관심이 얼마나 많은지 대형서점의 한 코너를 꽉 메우고 있는 차 서적을 보면 충분히 알 수 있다. 굳이 옛 다서에 나오는 차의 공덕을 언급하지 않더라도, 그만큼 차를 가까이하려는 사람들이 많아진 것은 사실이니 반가움이 앞선다.

그러나 건강에 좋다고 하면 무엇이든 곧바로 상품화되어 쏟아져 나오는 시대에, 차도 건강에 좋다는 사실이 알려지면서 각양각색의 차들이 다양하게 나오고 있다. 이런 풍요 속에서 어떤 차를 어떻게 선택해야 하는지 정말 어렵고 난감한 일이다. 그뿐만이 아니라 산업이 발달하면서 각종 먹을거리가 대량으로 생산되지만, 대량생산을 위해 사용된 화학비료와 농약이 다시 땅을 오염시키는 악순환이 되풀이되고 있다. 차 역시 이런 구조적 한계에서 벗어날 수 없어 건강한 차를 구하는 것은 어려운 일이다.

차가 몸에 좋은 것이라고는 하지만 얼마 전부터 녹차를 마시면 속이 쓰리거나 몸이 차게 된다며 기피하는 사람들을 종종 본다. 그런 이유로 발효차나 보이차를 즐겨 마시는 사람들이 주변에 많다. 또한 보이차를 즐기는 사람들은 으레 보이차는 발효되어야 마실 수 있다고 생각해 오래된 차만 찾는 경향이 있다.

그러나 녹차라서 속이 쓰리거나 몸을 차게 하고 발효차라서 그런 증상이 없는 것은 아니다. 그것은 비료나 농약과 관련이 있는 반응으로 차의 종류와는 상관 없이 차의 맑기에 달려 있다. 차를 조금 다른 시각으로 보면 차 역시 음식인 것이다. 다른 음식물과 같이 신선하고 맑은 차라면 몸이 차가워지거나 속이 쓰리지 않다.

차는 늘 습관처럼 마신다. 이제는 차로 일과를 시작하고 마무리하는 나에게 '차' 란 나의 삶을 채우는 존재이다. 그런 만큼 실제로 차를 마시며 경험하던 일들을 토대로 만든 '몸으로 읽는 차 이야기' 는 더욱 각별하다.

늘 함께 하며 차에 대한 많은 이야기를 나누고 임상 실험의 관찰을 통해 책이 만들어지기까지 함께 한 이운보 선생과 김종필 선생께 먼저 감사를 드린다. 더불어 책이 나오기까지 관심과 사랑을 가져주신 모든 분들, 책을 만드는 데 힘써 주신 모든 분들, 그리고 이 책을 읽어주시는 독자 여러분께 깊은 감사를 드린다.

항상 조언과 격려를 아끼지 않으시며 나의 멘토가 되어 주시는 어머니에게 특별한 존경과 감사로 이 책을 바치며…

2009년 5월 김재임

차를 마신 후 몸에서 일어난 변화를 기록한 임상의 체험을 쓰며…

요즈음 차가 대중화되면서 차 마시는 일이 정말로 다반사(茶飯事)가 된 듯싶다. 뉘 집에 가더라도 차가 접대의 한자리를 차지하고 있는 것을 보면 알 수 있다. 또 시중에 유통되는 차의 종류도 다양하고 다구(茶具) 또한 각양각색(各樣各色)이다. 차의 제자백가시대(諸子百家時代)가 도래한 것 같다. 차인의 한 사람으로 흐뭇하고 즐거운 일임에 틀림이 없다. 왜냐하면 차의 소비가 양적으로 많아야 그 속에서 품질을 논하고, 더 나은 상품을 구입하기 위한 소비자의 노력은 생산자의 품질 개발로 이어져 차 산업의 발전에도 도움이 되기 때문이다.

보통 차를 접하게 된 동기는 여러 가지가 있지만, 아마도 차가 건강에 좋다는 사실 때문에 차를 마시게 된 사람이 많은 것 같다. 맛보다는 건강의 차원에서 접근하여 어느새 차의 매력에 빠져 차의 향기로 젖어든 경우를 많이 보았기 때문이다. 나 또한 그렇게 차와 인연이 되지 않았나 싶다.

알다시피 차는 세계적인 건강음료의 하나로 자리매김하여 왔고, 여전히 세계인의 사랑을 받고 있는 대표적인 건강음료이다. 그러나 우리는 여기에도 분명히 허(虛)와 실(實)이 있음을 알아야 한다. 지금까지의 차를 다룬 다서, 논문, 학술지에서는 차의 실(實)만을 다룸으로써 허(虛)를 밝혀 드러내기를 꺼리고 있다. 그러나 이제는 누군가가 그것에 대한 물음을 던져야 할 시기이다. 그것을 묻어두고 차의 효용을 논하기에는 예전 차의 품질이 아니기 때문이다.

대다수의 사람들은 차를 청정무공해한 식품인 줄 알지만, 차도 문명의 이기(利器)에서 벗어나 있지 않다. 다른 채소, 곡물이나 과일처럼 화학비료나 농약을 사용해 재배한다는 점에서 어느 정도 문제가 있다. 이 점을 도외시하고 차가 건강에 좋다는 점만을 부각시킨다면 장차 소비자가 차를 외면하게 될 상황에 직면할 수도 있다. 이제라도 이 점을 허심탄회하게 논의하여 발전적인 방향으로 가는 것이 오히려 우리 차를 살릴 수 있는 길이라고 생각한다.

사람들이 차를 마시는 근본적인 이유는 무엇일까? 정신 건강에도 좋다고 하지만 무엇보다 신체 건강에 좋기 때문에 마신다는 전제가 깔려 있을 것이다. 이렇게 설정된 관계가 무너지면 외면당할 수밖에 없다.

모든 음식들이 사람의 건강을 위해 쓰여질 때 효용적인 가치가 있듯이 차도 마찬가지다. 건강하자고 마신 차가 오히려 건강을 해(害)하는 경우가 일어난다면 누가 감히 차를 마실 것인가? 이렇게 볼 때 차는 건강해지기 위해서 마신다고 해도 과언이 아니다.

여기서는 기존의 차를 바라보는 견해와는 아주 다른 건강의 측면에 초점을 맞춰 차의 세계에 접근하고자 하였다. 이 책은 우리가 건강해지기 위해서는 어떤 차를 선택해야 하고 어떤 방법으로 마셔야 하는 것이 가장 좋은가에 대한 물음과 대답이다. 차를 마실 때 차가 주는 맛의 세계도 있지만 몸의 변화도 일어난다. 여기서는 차를 마신 후 몸에서 어떤 변화가 일어나는가를 주목하여 몸의 반응에 대한 해결책을 제시하였다.

그래서 어떤 차가 건강한 차이고 어떻게 마시는 것이 건강을 위해 좋은지를 나름대로의 임상 관찰을 통해 기록하였다. 한마디로 건강한 차를 건강하게 마시는 방법에 대한 질문과 대답이다. 차는 건강을 위해 마시는 것이므로 출발은 몸에 건강해야 하고, 그것을 통해 정신도 건강하여, 사람들이 진정으로 풍요로운 삶을 즐길 수 있도록 하는 것이 차의 묘미가 아닐까 싶다.

이 책을 쓰게끔 동기를 부여하고 임상 관찰 과정에 참여하면서 함께 책을 쓴 울산 동다례원 김재임 원장과 차벗인 김종필 선생에게 먼저 감사드린다. 그리고 이 책이 나오기까지 묵묵히 지켜본 아내와 도움을 주신 주변의 많은 다우님들에게 이 글을 통해 심심한 감사를 올린다.

2009년 5월 이운보

차에 빠져들다. 그리고 사람과 사람의 소통을 바라며…

우연한 기회에 산사에서 마신 차 한 잔은 나를 오묘한 차의 세계로 이끌었다. 그 차 한 잔에는 오미(五味)가 다 들어 있었다. 매끄럽게 목구멍을 넘어간 찻물은 과히 환상적이었다. 그때까지 차는 쓰고 떫은맛이 다인 줄 알았던 나로서는 신선한 충격 그 자체였다.

그 후 차 맛에 깊이 빠져들어 차를 마시는 자리에 초대받으면 빠지지 않고 참석했다. 차 한 잔 마시려고 몇 시간을 운전해 가며 돌아다녔다. 어떤 때는 밤을 새워가며 차를 마신 적도 있다. 이렇게 차를 마시고 나면 다음날 마치 꿈속을 노닐고 온 것 같은 착각이 든다.

차는 묘한 매력이 있는 것 같다. 무언가에 집중하게 만들고 인연을 만든다. 차에 빠져들면 들수록 차에 대해 알고 싶은 목마름이 더욱 심해지는 듯하다. 나는 아직도 차를 잘 모른다. 다만 나름대로 오롯한 차 맛을 느끼기 위해 많은 노력을 해 온 것만은 사실이다. 좋은 차, 맛있는 차를 구하기 위해 귀담아 들으며 많은 발품을 팔았다. 하루 저녁에 너무 많

은 차를 마셔 밤새 잠 못 이룬 적도 많았다. 차 맛을 조금 알게 되니 자연히 물에 관심이 가고 좋은 물을 구하기 위해 동분서주하기도 한다. 차는 물의 신(神)이요 물은 차의 몸임을 직접 느껴 보았기 때문이다.

차 맛과 물에 몰입할 무렵, 몸에는 하나 둘 반응이 나타났다. 어떤 차를 마시면 속이 쓰리고 아팠고 또 다른 차를 마시면 속이 편안했다. 몸에 좋으려고 마시는 차가 불편하다면 마실 이유가 없다. 다 같은 차인데 왜 이런 상반된 반응이 나오는 것일까?

나중에 알고 보니 원료에 이상이 있었다. 야생차를 마시면 몸이 편안했지만 비료와 농약으로 재배한 차를 마시면 몸이 불편했던 것이다. 우리 몸은 그것의 좋고 나쁨을 이미 알고 있었던 것이다. 다만 우리 마음이 아둔하여 미처 알지 못했을 뿐이다.

이제 담론 수준으로 얘기하던 몸 반응이 세상과 소통하고자 떨리는 마음으로 감히 모습을 드러낸다. 차와 사람의 원활한 소통을 바라며…

2009년 5월 김종필

| 차 례 |

제1장 몸의 대화

제1절 몸 바로 알기 / 16

제2절 몸 반응 바로 읽기 / 21

제2장 몸으로 읽는 차(茶) 이야기

제1절 몸으로 읽는 차(茶) / 56

제1장 몸의 대화

'몸으로 읽는 차 이야기' 는 몸의 구조와 기능을 토대로 하여 다룬 것이다. 우리 몸은 생각하는 것 이상으로 정교한 시스템에 의해 살아 움직이는 유기체로서, 신경계를 통하여 외부 환경의 자극을 받아들이고 반응하여 스스로 활동을 조절하는 기능을 한다.

외부 자극에 의한 몸의 변화를 몸이 반응하는 것으로 볼 수 있고,
이것을 단순히 자극–반응의 관계로 정립시켜 볼 수 있다.
이처럼 자극–반응 속에서 일어나는 몸의 변화를 여기서는 몸 반응이라 한다.
'몸으로 읽는 차 이야기' 는 외부 환경의 자극에 대한 몸의 변화를
몸 반응의 측면에서 살펴본 것이다.
어떤 자극에 대한 몸의 변화는 몸이 제대로 조절되고 있다는 메커니즘의
표현으로 그 변화를 통하여 몸 상태를 알 수 있는 지표이기도 하다.

※ 여기서 '읽는다' 는 의미는 몸 반응으로 나타난 변화의 사실을 있는 그대로 표현한다는 뜻이다.

제1절 몸 바로 알기

Ⅰ. 몸의 시스템

지구상 모든 생물체는 외부 환경과 에너지와 정보를 주고받으며 생존을 꾀하고 있다. 이것은 외부 환경과 끊임없는 교류를 통해서만 자신의 생명활동을 유지할 수 있기 때문이다. 자기 혼자 독불장군처럼 고립된 세계 속에서 생활하는 생물체는 없고 어떤 형태로든지 외부 세계와 공존하고 있다.

그래서 생물체는 외부 환경에 대해 민감하게 반응하고 신속하게 대처함으로써 자신의 생존과 번영을 누릴 수 있다. 외부 환경의 변화에 대해 신속하게 반응한다는 것은 생물체가 기본적으로 외부의 자극에 대한 반응, 즉 자극-반응 시스템으로 이루어져 있기에 가능하다. 이것은 모든 생물체가 생존하기 위한 기본적인 몸의 시스템이다. 외부환경에 대한 반응이 늦을수록 그 생물체는 생존 위기에 처해지고 결국은 멸종될 가능성이 높다.

인간도 다른 생물체처럼 외부 환경과 에너지와 정보를 주고받으며 이에 대해 신속하게 반응한다. 외부에서 에너지를 취하여 자양분으로 삼고, 외부에서 들어온 정보를 분석 판단하여 생존 자료로 이용한다. 이렇듯 인간의 몸 시스템도 자극–반응의 기본적인 메커니즘으로 되어 있다.

만약 몸을 해(害)하는 외부의 바이러스, 세균 등 병원체가 침입했을 경우 몸은 어떻게 반응할까? 이에 대해 빠르게 반응하여 일정한 상태를 유지하고자 적절한 대응을 할 것이나. 이것은 몸의 시스템이 제대로 조절되는 경우이고 그렇지 않으면 병이 생기든지 죽든지 할 것이다. 이처럼 몸이 항상성(恒常性)을 유지하는 것도 생존을 위해 프로그램화된 시스템이 원활하게 움직이기 때문이다.

우리는 흔히 '건강한 신체 속에 건전한 정신이 깃든다' 라고 말한다. 건전한 정신을 갖기 위해서 건강한 신체가 중요한 조건임은 말할 필요도 없다. 건강한 신체라는 것은 외부의 침입으로부터 빠르게 대응하여 자신의 생명을 유지하는 것을 말한다. 자극에 대해 신속하게 반응하여 대처한다는 것은 자극에 대항할 수 있는 대항력, 즉 자기 방어력이 높다는 것을 뜻한다. 이것은 몸이 건강하다는 신호인 셈이다.

인간이 살아가는 데는 여러 가지가 필요하지만 크게 보면 우리가 먹는 음식물, 공기, 햇빛, 물 등이 생존의 중요한 요소이다. 이것은 인간만의 생존 조건이 아니라 모든 생물체에게 필수 불가결한 것이다.

사람의 생명을 유지하기 위한 에너지는 음식물의 섭취를 통해 얻어지는데, 현대에 들어와서 사람의 식생활에 많은 변화가 일어났다. 예전에 음식물은 자연적인 방법으로 생산하여 양적으로 부족했으며, 많은 사람들이 영양상태의 부실로 건강한 삶을 누리지 못했다.

지금은 양적인 부족은 어느 정도 해결되었지만 식량의 증산을 위해 사용되는 각종 화학적 방법이 도리어 인간을 위협하고 있다. 식량 증산을 위해 사용된 화학비료, 성장촉진을 위한 성장 호르몬제, 농약과 항생제 등의 남용(濫用)으로 이제는 음식의 질적인 문제가 중요한 화두로 대두되었다.

먹을거리의 질적인 문제는 식품의 안전성과 관계되며 사람의 건강과 직접적으로 관계가 있다. 식품에 관련된 국가기관이 검증을 통해 안정성을 확보하고 있지만 식품의 안전에 대한 소비자의 불신은 여전히 높아지고 있다. 이제는 우리 스스로가 건강을 지키기 위해 먹을거리를 가려 먹는 지혜를 발휘해야 하는 때이다. 건강한 음식물의 섭취는 우리의 건강과 직결되므로 어떤 음식물이 건강한 것인지를 확인하는 일이 중요하다.

이 점에서 스스로 먹을거리에 대한 진정성을 확보할 수 있는 장치가 필요한데, 그것이 '몸 반응 시스템' 이라 할 수 있다. 몸 반응 시스템은 건강한 먹을거리와 마실 거리를 구별해 내는 장치로서 우리의 삶을 건강하게 하는 데 있다.

몸의 시스템에서 적용되는 몸 반응은 특별한 사람에게만 일어나는 것이 아니라 누구나 주어진 조건 속에서 훈련을 한다면 일어날 수 있는데, 이것은 우리 몸의 생리나 구조가 스스로 조절할 수 있도록 되어 있기 때문이다.

Ⅱ. 몸의 항상성(恒常性)

몸은 스스로 변화를 통해 통제와 조절이 가능하기 때문에 몸의 항상성(恒常性)을 유지할 수 있다. 이것은 몸이 자극에 대해 반응함으로써 항상성을 유지하고 있음을 나타낸다. 항상성 유지를 위한 몸의 시스템은 자극-반응의 형태를 띤 단순한 반응 시스템이다. 이것은 외부 환경의 자극에 대해 일정한 형태의 반응을 보인다는 것으로 일종의 생리적인 반응이라 할 수 있다.

때리면 아프다는 것은 피부의 감각기관 중 통점에서 반응을 보인 것이요, 매운 음식을 먹으면 입 안이 얼얼하다든지 눈물이 핑 도는 현상은 감각기관 중에서 일어난 반응이다. 상한 음식을 먹으면 구토하거나 설사하는 것도 몸의 변화인 몸 반응이다. 이런 반응은 누구에게나 일어나는 현상이다.

몸 반응이 일어나는 이유는 다름 아닌 자신을 지키기 위한 생명활동이기 때문이다. 모든 생물체는 외부 환경에 대해 민감하게 반응하고 신속하게 대처해야 생명을 유지할 수 있기 때문에 몸 반응이 일어난다. 몸 반응을 다른 측면으로 보면 몸의 항상성을 유지하기 위한 것이다. 자극에 대한 반응이 없는 생물체는 도태되고 궁극적으로는 종의 멸종으로 이어진다.

인간은 다른 환경에 대한 적응력이 높다고 한다. 그것은 인간이 다른 동물보다 환경이 주는 자극에 즉각적인 반응을 보임으로써 생존을 꾀하고 있기 때문이다. 이렇게 신속하게 반응하고 대처함으로써 다른 환경

속에서도 다른 종보다 살아남을 확률이 높다.

진화적인 측면에서 보면 생존에 위협이 되면 될수록 인간은 살아남기 위해 몸의 시스템이 정교해졌으며, 이에 따라 세심하고 치밀한 메커니즘을 가져 지구상에 존재하는 모든 생명체 중에서 고도로 발달된 고등동물에 속하게 되었으리라.

초기 인간의 조상(영장류)은 위험으로부터 자신을 지키기 위해 몸 감각에 많이 의존했을 것이며, 진화하는 과정에서 두뇌의 활용이 점차 늘어나고 도구를 사용하면서 동물적인 본능이나 감각이 둔화되었다.

지금의 인간은 두뇌에 너무 의존해 있으므로 두뇌를 사용하는 만큼 몸의 감각은 떨어져 있다. 더욱이 두뇌의 활용이 높아져 의식이 몸을 통제하고 억제하면서 감각기능은 오히려 더 둔화되었다.

그러나 인간이 두뇌를 폭넓게 사용하기 시작한 연대는 불과 몇만 년 전이며, 진화의 역사에 비추어 볼 때 아주 짧은 시간이다. 아직까지 우리 인간의 DNA 속에는 다른 동물처럼 동물적인 본능과 감각이 살아있다. 본능적인 행위 속에는 몸의 항상성을 유지하려는 자동 조절 기능도 작용하고 있다.

몸 반응이란 이런 몸의 기능을 회복시켜 몸 스스로가 외부의 자극에 대해 신속하게 반응하는 자생력을 갖는 것이다.

제2절 몸 반응 바로 읽기

이 책은 음식물을 섭취한 후 일어난 몸 반응에 대한 체계적인 연구 보고서나 이론서가 아니다. 음식물을 섭취하면 몸에서 어떤 변화가 분명히 일어나는데, 이런 변화는 현상만으로 존재하기 때문에 규명할 필요가 있다. 이 현상을 규명하고자 하는 시도로 '몸 반응' 이란 용어를 도입하여 서술한 것이다.

몸 반응이란 몸에서 일어난 변화를 임상의 관찰을 통해 기록하고 공통적인 요소를 묶어 설명한 것이다. 이것은 몸 반응이 일어난 사람만이 자신의 몸을 통해서 알 수밖에 없는 변화인 것이다.

이것을 이론적으로 체계화하려면 과학적인 검증이 필요하지만 자극이 가해지면 몸에 어떤 반응이 엄연히 일어나기에, 이 현상을 논리적으로 설명하기 위해 몸 반응이란 용어를 사용한 것이다.

Ⅰ. 몸 반응

몸 반응이란 음식을 먹거나 차나 커피 등의 음료나 와인 등의 주류를 마실 때, 또는 향이나 냄새 등을 맡을 때 몸에서 일어나는 변화, 즉 몸의 반응을 말한다. 이것은 외부 환경이 가하는 자극에 대해 몸이 반응하는 것으로 자극 – 반응의 관계를 말한다.

몸 반응은 자극 – 반응 시스템이 음식물과 관련될 때 몸에서 어떤 반응이 일어나는가에 주목한다. 즉 음식물을 섭취했을 때 우리 몸에서 어떤 변화가 일어나며 어떻게 반응을 보이는가를 몸의 메커니즘 측면에서 관찰한 것이다.

여기서 몸 반응이란?

첫째는 몸의 민감도를 나타낸다. 일정한 자극에 대해 얼마나 빠르게 반응이 일어나는가를 측정한 것으로 몸의 민감도를 나타낸다. 민감도는 몸의 건강을 나타내는 바로미터이다.

여기서 몸의 민감도를 다른 말로 '몸의 맑기' 라고 한다. 몸이 민감한 것은 맑아야 민감한 반응을 보이기 때문에, 민감하다와 맑다는 의미가 같다.

⇨ '몸 반응이 일어난다' 는 의미는 차를 마셔 한두 모금 안에 농약과 화학비료에 대한 반응이 일어나는 것을 말한다. 다른 음식물을 먹더라도 같은 정도의 반응이 일어나야 한다. 이러한 반응은 몸 맑기가 최정점에 도달해야 일어난다.

둘째는 음식물 등의 맑기를 나타낸다. 음식물의 맑기는 원료의 건강성을 말하며 맑은 정도를 나타낸다. 원료 속에 자연 상태의 물질 이외의 화학비료나 농약의 잔류 여부, 제조 과정의 식품첨가물의 사용, 조리과정에서 조미료나 감미료 등의 화학적인 첨가물이 포함되지 않은 원료의 순수성을 가리킨다. 원료의 순수성이란 오로지 건강한 토양의 성분만으로 재배되어 화학적인 첨가물이 포함되지 않은 원재료를 말한다.

셋째는 몸의 맑기와 음식물의 맑기의 상호관계에 따라 몸 반응이 다르게 나타난다. 사람은 몸의 맑기에 따라 반응이 다르고, 먹는 음식물의 맑기에 따라서도 반응이 다르다. 이들 상관관계 속에서 사람의 몸 맑기가 어느 정도인지, 음식물의 맑기는 어느 정도 되는지의 측정이 가능하다.

넷째는 몸 반응은 반응 정도에 따라 과민반응, 정상반응, 둔감반응으로 나눌 수 있다. 보통 우리가 과민반응이라 여긴 경우도 엄밀히 말하면 정상반응에 속할 수 있다.

몸 반응을 나타내는 사례는 우리 주변에서 흔히 볼 수 있다. 어떤 음식을 먹으면 두통이 생기고 구토와 설사를 한다든지, 아니면 몸에 두드러기가 나거나 가렵고 피부에 발진이 일어나기도 한다. 이것이 몸 반응인데, 보통은 '음식물 이상 반응' 이라 하여 음식물에 대한 과민반응이라 말한다. 음식물에서 오는 음식물 이상 반응은 그 외에 다른 요인, 즉 정신적 충격 등 의식에 의한 반응에서도 일어날 수 있다.

음식물에 대한 이상 반응은 사람에 따라 다르게 나타나지만, 일반적으로 특이한 체질이거나 장(腸) 기관이 약해 일어나는 것으로 판단된다. 몸의 측면에서 보면 맞는 말이다.

그러나 이것은 보는 관점에 따라 달라질 수 있다. 이런 반응은 사람의 측면, 몸의 반응에만 초점을 맞춘 판단으로 음식물의 측면을 고려하지 않은 것이다.

음식물의 측면에서 보면 음식물의 맑기 정도에 따라 사람의 반응이 달라지기 때문이다. 그런데 음식물 맑기에 대한 판단이 없다. 또 다른 측면은 음식물 맑기와 사람 맑기의 상관관계에 따라 같은 반응도 판단이 완전히 달라질 수 있다.

그래서 음식을 먹고 일어난 이상 반응은 세 가지의 측면에서 고려해야 한다. 하나는 먹는 사람의 몸 맑기가 어느 정도인가 하는 점이다. 둘은 먹은 음식물 맑기가 어느 정도 되는가 하는 것이다. 셋은 몸 맑기와 음식물 맑기에 따라 반응이 달라지는 점을 고려해야 한다.

이런 관점에서 볼 때 '음식물 이상 반응' 도 먹는 사람의 몸 맑기에 따라 이상적인 반응이 아니라 극히 정상적인 반응일 수도 있다. 이렇듯 보는 관점에 따라 몸 반응에 대한 견해가 달라질 수 있다.

한 예를 들어보자. A, B 두 사람이 한 식당에서 같은 음식을 먹었는데 음식이 상해 A는 배탈이 나서 설사하고, B는 멀쩡하다면, 우리는 어떤 반응을 보일까?

대부분은 이렇게 말할 것이다.

"B는 장이 튼튼하여 잘못된 음식을 먹더라도 소화시키고, A는 장 기능이 약해 소화를 시키지 못해 배탈이 났다."

그러나 보는 관점에 따라 다르게 볼 수 있다.

첫째, '설사' 라는 반응 자체가 잘못된 것인가 하는 점이다.

몸의 메커니즘 측면에서 보면, 설사는 변질되거나 잘못된 음식물을 먹었을 때 몸속으로 들어온 독소나 유해물질을 체내에 오랫동안 머물지 않게끔 빨리 몸 밖으로 배출하는 것이다. 이렇게 함으로써 장기가 독소나 노폐물로부터 입을 수 있는 위해적인 요소를 미리 제거하여 방지하는 역할을 한다.

이 점에서 '설사' 라는 반응 자체는 몸의 메커니즘 측면에서 보면 긍정적인 반응이다. 그래서 설사를 한 A가 설사를 하지 않은 B보다 몸의 메커니즘이 훨씬 원활하게 작동한다고 할 수 있다.

둘째, 변질되고 상한 음식이 몸 안으로 들어오면, 먼저 장 기관(소화기관)에서 잘못된 것으로 인식하여 신호(반응)를 신속하게 보여야 한다는 점이다.

A는 장 기관에서 빠르게 알아차리지는 못했지만 늦게나마 설사라는 반응을 보였고 B는 장 기관에 아무런 반응이 일어나지 않았다. 장 반응이라는 측면에서 보면 반응을 보인 A가 반응을 보이지 않은 B보다 장 기관 자체는 훨씬 더 건강하지 않을까 싶다.

위 사례에서 볼 때, 몸 반응(장 반응)이 일어나지 않은 B를 건강하다고 하고 몸 반응이 일어난 A를 약하다고 할 수는 없다. 일반적으로 사람들이 건강하다고 하면 보이는 부분, 즉 힘이 세다든지, 체력이 좋다든지,

근골이 튼튼하다든지 하는 외형만 가지고 이야기를 하는 경우가 많다.

몸의 내부에서 작용하는 소화기 계통이나 순환기 계통 등은 밖으로 드러나지 않아 판단하기가 곤란하다. 그래서 일반적으로 외형적인 부분이 튼튼하면 장기도 건강할 거라고 동일시하는 경향이 있다. 장 기관이 건강하거나 피가 맑다든지 하는 부분은 외형적인 건강과 관련이 있지만 동일시해서는 안 된다.

만약 장 기관이 신속하게 반응하지 않는다면 잘못된 음식물이 장기에 오래 머물러 있어 몸속의 독소나 노폐물은 점점 증가할 것이다. 이것이 혈액 속에 흡수되어 혈관 벽에 붙거나 혈전(덩어리)을 만들어 피를 탁하게 한다. 피가 탁하면 혈액순환이 좋지 않다. 지금 당장은 아니지만 시간이 흐르면 몸에 다른 이상이 생길 소지가 많다.

몸 스스로 조절하고 통제한다는 메커니즘에서 보면, 설사라는 반응은 과민반응이 아니라 정상반응이다. 이처럼 관점을 달리하면 몸 반응을 새롭게 해석할 수 있다.

우리는 몸 반응을 통해 여러 가지를 알 수 있다. 음식물, 채소나 과일 등 원료의 좋고 나쁨을 가릴 수 있다. 차나 커피 등의 음료, 맥주나 와인 등의 주류, 음용하는 물도 몸 반응을 통해 원료의 건강성이 어떤지를 알 수 있다. 또한 냄새를 맡는 향 등으로도 판단할 수 있다.

이처럼 몸 반응의 정도에 따라 사용하는 원료 그 자체의 순수성을 알 수 있다. 제조 과정에서 첨가물의 사용 여부와 사용된 첨가물이 천연적인 재료인지 화학적인지의 여부도 알 수 있다. 원료의 순수성 정도에 따라 원료가 온전히 자연적인 것인가 아니면 화학비료나 농약이 사용되었는가를 알 수 있다.

원료의 순수성은 원료가 얼마나 맑은지 즉 건강성을 나타낸다. 원료의 순수성이나 건강성은 여기서 같은 의미이다.

만약 몸 반응이 신속 정확하고 일관되게 일어나도록 훈련된 사람이라면 분명히 먹는 음식물의 이상 여부, 제조 과정의 식품첨가물, 요리 과정의 조미료 사용 등을 몸 반응을 통해 알 수 있다.

아마 여러분도 살아오면서 자신도 모르게 한번쯤 몸 반응을 경험한 적이 있을 것이다. 음식을 먹은 후 속이 더부룩하다든지, 가스가 차서 배가 빵빵하다든지, 메스꺼워서 토하고 싶다든지, 음식을 먹고 나서 배가 아프다든지 등의 경험을 겪은 일이 있을 것이다. 이것이 바로 몸 반응인 것이다.

이 경우에 장이 안 좋아서 그렇거니 하고 넘어간 때도 있을 것이며, 먹은 음식이 잘못된 것이라고 생각한 사람도 있을 것이다. 두 가지의 판단 중에서 건강하지 못한 장 때문인지 아니면 먹은 음식물 때문인지를 결정하기가 쉽지 않다. 주어진 조건에서 항상 그런 반응이 일어나면 알기 쉽지만 간헐적으로 일어나면 원인 분석이 어렵기 때문이다. 두 가지 판단 중에서 하나의 결론에 도달할 것은 분명하지만 도달하는 방법은 다르다.

건강하지 못한 장과 잘못된 음식 둘 중 하나의 결론에 도달했다고 하자. 이 경우에도 먹은 음식물의 맑기와 먹는 사람의 몸 맑기의 상관관계에 따라 결론이 달라질 수 있다.

첫째는 사람의 몸 맑기에 따라 몸 반응이 달라진다. 같은 음식을 먹더라도 어떤 사람은 속이 편안한데 다른 사람은 불편한 경우가 생길 수 있다. 이것은 먹는 사람의 몸 맑기가 다르기 때문이다. 먹는 사람의 몸 맑기가 이 음식보다 탁하면 편안하지만, 맑으면 속이 더부룩하거나 가스가 찰 수 있다.

둘째는 음식의 맑기에 따라 몸 반응이 달라진다. 한 사람이 두 가지 음식을 먹었을 때 한 음식은 속이 편안하고 다른 음식은 불편하다면, 속이 편한 음식은 자신의 몸 맑기보다 맑은 음식에 속하고, 속이 불편한 음식은 탁한 음식에 속한다. 이처럼 음식의 맑기에 따라 몸 반응이 달라진다.

셋째는 건강한 음식을 먹어도 속이 더부룩하거나 가스가 차면 장(腸)이 건강하지 못한 경우이다. 또 건강한 음식이라고 생각했는데 건강한 음식이 아닐 경우에 몸이 맑은 사람은 부정적인 반응이 일어난다. 그래서 같은 상황이라도 음식물의 맑기와 먹는 사람의 몸 맑기를 비교하여 판단해야 하므로 결론이 달라진다.

이것은 대체로 먹은 음식에 대한 몸 반응인 경우이다. 다만, 우리 자신이 몸의 변화를 대수롭지 않게 여겨 관찰하지 않고 지나쳐 버렸기 때문에 몸 반응으로 인식하지 못한 경우이다.

몸 반응에 대해 그 자체를 부정하거나 아니면 선입견 때문에 일어나는 의식작용으로 보는 사람도 있지만, 이 경우이든 저 경우이든 반응은 일어나므로 몸 반응에 대한 실체는 있다.

Ⅱ. 몸 반응점

사람이 생존하기 위해 필요한 요소가 많지만 생명에너지를 직접적으로 얻기 위해서는 음식물의 영양분과 그 영양분을 분해하여 생긴 에너지가 필요하다. 생명의 유지 · 활동에 필요한 영양분은 음식물의 섭취를 통해 이루어진다. 섭취된 음식물은 호흡하여 받아들인 산소에 의해 분해되어 에너지를 만들고 몸의 신진대사에 사용된다.

사람이 섭취한 음식물은 입을 거쳐 몸속으로 들어와서 오장육부에서 소화 · 흡수되고, 흡수된 영양분은 혈액을 타고 각 기관에 보내져 그곳에서 에너지로 변환되어 사용된다. 이것이 우리가 섭취한 음식물이 생명 활동을 유지하기 위해 사용되는 과정이다.

몸 반응의 과정은 먼저 오장육부[1]에서 반응이 일어나고(장 반응) 이어 오관[2]과 오체[3]를 통해 반응을 보인다. 다시 말하면 몸 반응점은 온몸이 다 반응하는 것이다.

몸 반응은 사람마다 반응하는 몸의 부위가 다르다고 생각하지만 그렇지 않다는 점이다. 처음에 반응 부위에 따라 달라 보여도 시간이 흐르면

1) 오장육부(五臟六腑) - 내장기관을 총칭하는 한의학 용어로 오장(五臟)은 간장(肝), 심장(心 : 심포), 비장(脾 : 췌장), 폐(肺), 신장(腎)을 일컫는 것으로 음(陰)의 장기에 속하고, 육부는 담(膽), 소장(小腸)[삼초(三焦)], 위장(胃), 대장(大腸), 방광(膀胱)을 말하며 양(陽)의 장기에 속한다.
2) 오관(五官): 오관은 눈, 혀, 입술, 코, 인후, 귀를 말한다.
3) 오체(五體): 오체는 피부, 살, 근육, 뼈, 혈관을 말한다.

동일한 부위에 같은 반응을 보인다. 몸 맑기에 따라 반응이 일어나는 시간적인 차이가 있을지라도 결국은 같은 부위에 똑같은 반응이 일어난다. 또한 동일한 반응 부위라도 반응의 신속성에 차이만 있을 뿐 결국은 같은 반응이 일어나게 된다. 이것은 반응이 빠르게 일어나느냐 혹은 늦게 일어나느냐의 시간적인 차이만 있을 뿐이다.

인간의 몸 구조가 특이한 신체구조가 아닌 이상 비슷한 구조이다. 비슷한 신체 구조상에서 보면 반응이 일어나는 부위도 비슷하다. 다만 어느 기관이 약한 부위이거나 민감한 부위가 있어 시간적인 차이를 두고 빠르게 혹은 늦게 반응한다는 것뿐이다.

이렇게 사람마다 반응하는 반응 부위와 부위들 간의 시간적인 차이가 나는 이유는 몸의 민감도 차이에서 온다.

Ⅲ. 몸 반응 척도 및 판단

몸 반응이란 몸에서 일어나는 변화에 따른 반응도를 말한다. 몸의 반응도는 민감성 정도를 나타낸 민감도라 할 수 있다. 주어진 자극에 대해 얼

잠깐만, 주의합시다!

몸의 지체 현상이란 무엇입니까?

몸 반응의 지체현상이란 앞서 먹었던 음식이나 차 등의 영향으로 지금 마시는 차나 음식 등이 좋게 또는 나쁘게 느껴지는 것을 말합니다.

음식을 먹고 속이 편안해도 차를 마시면 그때부터 장이 더부룩하거나 트림이나 방귀를 뀝니다. 그러면 사람들은 앞에 먹었던 음식이 잘못된 것이라 생각하지 않고 지금 마시는 차가 잘못된 것인 줄 압니다. 판단을 잘못한 것입니다.

마나 빨리 정확하게 반응하는가를 나타낸다. 이러한 몸 반응은 몸이 어느 정도 맑은가를 측정하여 건강한 정도를 나타낸다.

몸 맑기란 몸 반응을 통해 몸이 어느 정도 민감한가를 나타내는데 민감할수록 체내의 독소나 유해물질, 노폐물을 빨리 외부로 배출한다. 그래서 장기에 머무는 시간을 최대한 줄임으로써 장기에 가해지는 위해적인 요소를 제거한다. 이런 위해적인 요인을 없앰으로써 몸 상태를 항상 맑게 유지하는 것을 말한다. 이는 장기가 튼튼하다는 것이고 몸이 건강하다는 것을 나타낸다. 이처럼 몸 반응을 통해 몸이 맑은지 탁한지의 여부를 판단하고 건강한 정도를 알 수 있다.

몸의 민감도를 나타내는 정도는 과민반응, 정상반응, 둔감반응으로 나눌 수 있다. 몸 반응이 빠르게 일어나면 민감도는 높고 몸의 메커니즘 측면에서 보면 지극히 정상적인 반응이다. 이때를 '몸이 맑다'라고 한다.

반면, 몸 반응이 너무 느리거나 일어나지 않는 경우 민감도는 낮고 둔감하며, '몸이 탁하다'라고 한다. 이 말은 피가 탁하다는 의미와 관련된다. 과민반응은 몸의 이상반응으로 어떤 자극에 대해 너무 과도하게 반응하여 오히려 몸을 해(害)하는 것을 말한다.

몸 반응을 판단할 때 가장 중요한 반응은 장 반응이다. 다른 모든 반응

이처럼 앞에 먹었던 음식이나 차 때문에 장이 잠기거나 풀린 상태이지만 몸이 민감하지 않아 즉각 알아차리지 못하다가 그 이후에 마시는 차나 음식 등에 의해 장이 잠기거나 풀리는 현상을 말합니다.

몸이 맑아 민감하면 음식이나 차를 마시는 순간에 좋고 나쁜 것을 바로 알아차리지만, 몸이 민감하지 않거나 민감도가 떨어지면 좋고 나쁜 반응이 나중에 나타납니다. 몸 감각이 민감하여 빠르게 반응해야 정상인데 지체되어 늦게 반응함으로써 지체 현상이 일어납니다.

에 비해 우선적으로 살펴야 하므로 장 반응을 주된 반응으로 본다. 만약 장 반응과 그 외의 반응이 일치하지 않으면 장 반응을 일차적으로 고려해야 한다. 그 외의 반응들은 부수적이기 때문이다. 그래서 몸 반응을 판단할 때는 장 반응을 가장 먼저 읽어주고, 다른 반응은 부차적인 반응이므로 장 반응에 맞춰 읽어준다. 몸 반응이 긍정적인 반응인가 부정적인 반응인가를 판단할 때 장이 풀리는 반응인지 잠기는 반응인지를 판단 요소로 삼는다. 장이 풀리는 반응은 속이 편안해지는 것이고, 장이 잠기는 반응은 속이 불편하거나 그와 유사한 반응을 말한다.

다만 판단할 때 주의를 요하는 것은 같은 반응이라도 풀리는 반응이 있고 잠기는 반응이 있다. 트림을 하더라도 장이 잠기는 트림이 있고 풀리는 트림이 있으므로 주의해야 한다.

잠깐, 쉬어 갑시다!

예전에 우유를 먹으면 설사하는 사람한테 장이 안 좋아서 그렇다고 했던 적이 있습니다. 그것은 장 속에 우유를 분해하는 효소가 없기 때문에 유산균 요구르트를 먼저 먹은 후에 우유를 먹으면 장 속의 유산균이 우유를 분해해 설사를 하지 않는다고 했습니다.

그런 말을 듣고 다음날부터 몇 달을 부지런히 요구르트를 먹고 난 다음 우유를 먹었는데도 여전히 설사를 해서 저는 장이 굉장히 안 좋은 줄 알았습니다. 지금도 우유를 먹으면 설사를 합니다. 저는 과연 장이 안 좋은 사람일까요? 몸 반응으로 볼 때 어떻게 볼 수 있습니까 ?

위 사례는 일률적으로 판단하기 어렵지만 장이 좋지 않든지 아니면 우유 자체의

Ⅳ. 몸 반응의 다른 형태

몸의 시스템에서 또 하나 빼놓을 수 없는 것이 기혈(氣血) 반응이다. 기혈 반응은 몸 반응의 한 형태이지만 몸 반응과는 약간 다른 측면이 있다. 그래서 몸 반응과 나르게 취급하여 다루어야 할 부분이다. 몸 반응 이야기를 하다가 웬 기혈반응이 나오나 의아해 하는 사람도 있을 것이다. 기혈 반응도 엄밀한 의미에 몸(물질)을 통해서만 일어나는 반응이므로 몸 반응의 한 형태라 볼 수 있기 때문이다. 그래서 기혈반응은 몸을 떠나서 논의될 수 없으므로 몸 반응의 형태로 설명할 필요가 있다. 기혈 반응을 줄여서 기(氣) 반응이라고도 한다. 기(氣)와 혈(血)은 항상 동전의 앞뒷면처럼 기를 이야기하면 혈이 있고, 혈을 이야기하면 기가 곁에 있듯이 서로 같이 맞물려 움직이는 수레바퀴이다.

여기서 몸 반응은 생리적 반응에 한정하고 기혈 반응은 별개의 반응으로 다룬다. 물론 몸 반응이 정확하게 일어나면 기혈 반응은 그 후에 자연

문제가 있든지 혹은 둘 다 문제가 있든지 하나의 결론에 도달할 것입니다.

만약 장에 이상 없다면 우유가 문제일 수 있습니다. 우유의 문제는 잘못 보관한 것이 아니면 원유의 문제로 이어집니다. 젖소가 먹는 사료에 항생제나 기타의 약물들이 많이 첨가될수록 원유에 항생제 등 약품 잔류량이 많아집니다. 그런 우유를 먹으면 장이 아프거나 설사하는 반응이 일어납니다.

몸 반응으로 보면 몸이 맑아 일어나는 반응일 수 있습니다. 장이 맑으면 원료에 이상 있는 음식을 먹고 나서 아프거나 설사하는 반응이 일어나는 것과 유사한 반응이기 때문입니다. 그래서 몸이 맑은 사람이 우유를 먹고 설사를 하는 것은 항생제에 대한 몸 반응일 수 있습니다. 만약 여러분 중에서 우유를 먹고 이런 반응이 일어나면 장이 맑아 그럴 수 있습니다.

히 일어나게 되어 몸 반응과 기 반응은 사이좋게 붙어사는 이웃사촌과도 같다.

예전부터 기에 대한 이야기는 많은 사람들의 입에 회자(膾炙)되지만 어느 부분에서는 황당무계하고 어쩌면 다른 세계에서 살아가는 사람들의 이야기처럼 여겨왔다. 그것은 아마 '기'라는 현상을 다루면서 너무 추상적이고 관념적인 표현을 사용하여 형이상학적인 모습으로 다루었기 때문일 것이다. 그래서 어딘지 모르게 신비감에 싸여 있어 보통 사람들이 쉽게 접근하기가 어려웠다. 기를 다루는 데 있어서 이런 문제점은 지금도 여전하다.

그래서 지금은 기의 실체를 이 시대에 맞게 풀어서 다루어야 할 필요성이 있다. 가장 먼저 해야 할 일은 기 반응을 나타내는 추상적인 표현을 구체적인 형태를 가진 모습으로 표현하는 작업이다. 이런 작업이 선행되어야 사람들에게 설득력을 가질 수 있고 기에 대한 접근이 가능하다.

기라는 것은 먼 세상에 존재하는 것이 아니라 사람들이 살아가는 삶 속

잠깐만, 주의합시다!

기(氣) 반응이 일어나면 몸 반응도 자연적으로 생깁니까?
몸 반응과 기 반응의 차이점은 무엇입니까?

기혈 반응이 일어난다고 몸 반응도 일어날 것이라 생각하면 큰 오산입니다. 기혈 반응이 일어나면 몸 반응이 일어날 수 있지만 신속하거나 정확성이 없습니다. 또한 몸 반응이 일어나지 않는 부분도 있어 일관성이 없습니다. 음식물을 판단할 때 기 반응은 몸 반응만큼 신속하고 정확하게 판별할 수 없습니다.

그래서 기혈 반응과 몸 반응은 별개의 반응이라 합니다. 둘 다 몸에서 일어나는 반응이지만 반응하는 기관이 달라 다른 반응으로 다루어집니다. 다만, 몸 반응이 정확하게 일어나면 기 반응은 그 후에 자연히 일어납니다. 본인이 원하든 원치 않든 간에 기 반응이 따라옵니다.

에 있고 자신의 몸을 약간만 관찰하면 충분히 느낄 수 있다. 몸 반응이 주로 생리적인 반응이라면 기혈 반응은 몸 반응 중에서 몸의 항상성 유지와 관련이 있는 반응이다.

이 지구상에서 생존하는 생물체는 생명물질 – 생명에너지 – 생명의식의 세 부분으로 이루어져 있다. 생명물질은 일정하게 고정된 형체를 이루며 사람의 몸에 해당되는 부분이다. 생명에너지는 생명물질 속에 흐르는 액상의 물질로 사람의 혈액이나 각종 분비물, 신경세포물질 등이 여기에 속한다. 생명의식은 생물체가 종족을 보존하고 생존하고자 하는 본능적인 부분으로 사람의 정신이나 의식도 여기에 해당된다.

사람의 몸은 물 70%, 단백질 15%, 지방 10% 기타 등의 '물질'로 이루어져 있으며, 다른 생물체처럼 몸(생명물질) – 기혈(생명에너지) – 정신, 의식, 마음(생명의식)의 세 구성요소로 되어 있다. 사람도 기본적으로 세 구성요소가 유기적으로 연결된 메커니즘으로 조절되고 통제된다.

이 중에 생명물질(몸)에서 일어나는 생리적인 반응이 몸 반응이고, 생

몸 반응과 기 반응의 차이점은 그 반응의 선후관계에 따라 확연하게 다릅니다.

몸 반응이 일어난 후 기 반응이 자연스럽게 일어난 경우에 몸이 맑아 맑은 기운을 가집니다. 이런 사람은 기운이 가지는 맑고 탁함을 세세하게 읽을 수 있어 좋고 나쁜 기운을 확연히 느낄 수 있습니다.

기 반응은 있지만 몸 반응이 일어나지 않는 경우는 기운의 맑고 탁함을 세밀하게 구별하지 못합니다. 몸 반응이 일어나지 않아 음식물이 맑고 탁한지를 구별하기 어렵고, 그로 인해 음식물을 가려 먹지 못해 몸 자체의 탁기를 많이 지니고 있기 때문입니다.

이처럼 몸 반응이 일어나고 기 반응이 자연히 생긴 것과 기 반응만 일어나고 몸 반응이 일어나지 않는 경우는 나중에 기를 다룰 때 현격하게 차이가 납니다.

명에너지의 흐름이 기혈 반응에 속한다. 그리고 생명의식은 의식과 관련된 것으로 본능적인 요소, 무의식과 의식 등이 있다. 우리는 의식을 깨우기 위해 명상(冥想)을 하거나 선(禪)을 하기도 한다.

살아있는 모든 생물체는 생명을 유지하기 위해서 반드시 에너지의 대사가 필요하다. 이 에너지의 대사가 생명에너지이고 바로 기의 실체이므로 살아있는 사람은 누구나 할 것 없이 항상 기혈 반응이 일어난다. 그런데 사람들은 반응을 인식하지 못해서 없는 것처럼 여길 뿐이다. 기혈 반응도 몸 반응처럼 몸이 체득하여 인식할 때만 반응으로 느낄 수 있다. 마치 음식의 맛을 미각이 인식해야 감지하듯이.

이처럼 기혈 반응은 이상한 현상이 아니라 살아있는 생물체라면 반드시 일어나야 하는 반응이다. 이러한 기혈 반응에 대한 설명은 사실 중고등학교 생물 교과서에 나오는 설명만으로도 가능하다. 외부 환경이 주는 자극에 대한 반응이 몸 반응이며, 몸 반응의 기저에 흐르는 메커니즘이 기혈 반응인 것이다. 이것은 과학적인 사실들이며 다만 보는 관점에 대한 사고의 통합이 필요한 부분이다.

1. 몸의 기혈(氣血) 반응

기혈(氣血)이란 우리 몸속으로 흐르는 유동적인 물질로 몸의 윤활유 역할을 하는 액상(液上)의 물질을 말한다. 이런 기혈 반응의 주요 기능은 외부 환경의 자극에 대해 몸의 항상성을 유지하기 위한 자동 조절 기능이다. 기혈 반응은 기와 혈의 두 가지 측면으로 나누어 볼 수 있다.

첫째, 혈은 크게는 혈관을 타고 도는 혈액(림프액도 포함)과 각종 호르몬(외분비선과 내분비선을 포함)을 포함한다. 외분비선에는 침, 땀, 눈물, 콧물 등이 있고, 내분비선은 각종 호르몬인 갑상선, 부신피질 등과 각종 효소들이 있다.

혈액의 역할은 장 기관이 소화 흡수한 영양분과 산소를 신체의 각 기관과 조직에 공급하고 그 대신 노폐물과 이산화탄소를 운반한다. 혈액은 외부에서 침입한 병원균이나 이물질들을 죽여 면역성을 유지하며 체온을 조절하는 기능을 한다. 호르몬은 몸의 항상성을 유지하며 몸의 신진대사를 조절한다.

이런 혈 반응을 통해서 피가 맑으면 혈액의 순환이 좋아지고, 영양분과 산소를 세포조직과 뼈 속까지 원활하게 공급하여 몸을 튼튼하게 만든다.

잠깐, 쉬어 갑시다!

여러분이 길가에 서 있는 나무나
산속의 나무를 안으면 어떤 일이 생길까요?

여러분 중에 기 반응이 일어나는 사람이면 나무를 안아 보면 나무의 기운(氣運)이 본인에게 들어오는 것을 느낄 수 있습니다. 나무에 따라 기운이 크게 느껴지는 것도 있고 적게 느껴지는 것도 있습니다. 또 어떤 나무의 기운은 뜨겁고 어떤 나무는 서늘한 기운을 가지고 있습니다.

이것은 나무의 수령과 수종, 지역과 지형, 음지와 양지의 여부, 나무가 생존하려는 생명의식, 나무의 건강상태에 따라 다르게 나타납니다.

몸 반응이 먼저 일어난 후 기 반응이 자연히 일어난 사람은 지금 나무의 상태를 더욱 세세하게 느낄 수 있습니다. 나무가 썩었거나 큰 가지가 부러진 상태이면 몸 반응에서 나무의 지금 상태가 그대로 나타납니다. 이런 나무를 안아 보면 가슴이 답답하거나 아프고, 장(腸)이 메스껍거나 통증이 옵니다. 머리가 아플 수도 있습니다. 그래서 기운이 교류됨을 알 수 있습니다.

이것이 혈의 작용이다.

이러한 혈은 기와 동전의 앞면과 뒷면의 관계라고 말했듯이, 혈 반응이 일어나면 그 뒤에는 기 반응이 동반되고 기 반응이 일어나면 혈이 따라온다. 그래서 기와 혈은 나누어서 구별할 수가 없다. 몸 반응과 기혈 반응은 별개의 반응이지만 기와 혈은 따로 구분하여 설명하기가 어렵다.

둘째, 기에 대해서 아직까지 정확하게 어떤 메커니즘을 통해 형성되고 발현되는지 확정된 실체가 없고 설(說)만이 분분하다. 인도 요가에는 기라는 표현은 쓰지 않지만 '프라나' 라는 생명에너지의 존재를 다루는데 기의 의미를 가진다.

이처럼 기적(氣的)인 현상은 분명히 존재하고 있다. 그러나 현실적으로 몸에서 일어나는 기를 설명하기 어렵기 때문에 존재를 일반화하는 데 걸림돌이 된다. 이것은 마치 몸 반응의 존재와 비슷하다. 몸 반응은 누구에게나 일어나는 현상인데, 어떤 이는 정확하게 일어나고 어떤 이는 모르기 때문에 현상을 객관적으로 설명하기 어렵다.

기 반응도 마찬가지다. 현상은 존재하는데 사람에 따라 느끼고 못 느끼는 차이가 있기 때문에, 이것을 사람들에게 설명하고 이해시키기가 어렵다. 과학적으로 설명하기가 어렵기 때문에 쉽게 와 닿지 않는다. 사실 객관적인 설명이 어려울 뿐이지 현상 그 자체가 없는 것은 아니다. 아마 기에 대해 너무 추상적으로 다룬 결과일 것이다.

그래서 기에 대해 누구나 알 수 있고 접근이 가능한 과정이 필요하다. 이런 과정에서 기는 특수한 현상이 아닌 일반적인 현상이라는 것을 알아야 한다. 그러기 위해서 객관화할 수 있는 과학적인 지식 체계를 통해 설명해야 사람들이 이해할 수 있고 적용할 수 있다.

지금까지 기라고 하면 기 반응이 일어나는 사람만이 몸을 통해 알 수 있는 현상으로 취급되었다. 오로지 몸의 체험을 통해 기 현상을 설명할 수 있어서 특별한 사람의 전유물처럼 여겨지게 되었다. 물론 기는 몸의 체험을 통해서만 설명이 가능하다.

그러나 이것은 특별한 사람에게만 일어나는 현상이 아니라 누구에게나 일어나는 보편적인 현상이다. 이처럼 예나 지금이나 기는 개인의 신체적인 특질에 따라 오는 현상으로 인식되고 있는 경우가 대부분이지만 일반 사람에게도 일어나는 보편적인 현상이지 특수한 현상이 아니다.

지금의 시대에서 볼 때 기 현상을 어떻게 설명하는 것이 설득력을 가질까? 그것은 과학적인 방법으로 접근하여 기의 실체를 설명해야 한다. 기에 대한 추상적인 요소를 제거하고 구체적인 모습으로 다루어야 한다.

그 출발이 되는 것은 기의 발생은 바로 물질(육체나 몸)을 통해 일어나는 현상이라는 점이다. 물질(物質)이 존재하지 않으면 그 물질의 기도 없다. 기운은 물질 속에서 생성되어 그 속에서 순환되고, 다른 물질 간의 에너지 이동을 통해 기운을 주고받는다.

기의 실체에 접근하는 데 가장 중요한 핵심은 기는 물질에서 일어나는 현상이라는 것이다. 그래서 물질에서 일어나는 과학적인 법칙이 기에도 똑같이 적용된다. 즉 물질의 법칙, 물리(物理)의 법칙이 기운에도 그대로 적용되므로 과학적인 접근을 통해 구체적인 설명이 가능하다.

물질에서 일어나는 법칙을 살펴보면 물질의 상태가 변화할 때 일어나는 열의 발생, 파동 현상으로 발생하는 소리(음파)나 진동, 물질에서 일어나는 빛의 파장, 전기적인 신호 등을 들 수 있다. 또한 물질 간에 일어나는 에너지의 이동은 파동 현상으로 이루어진다. 물체 서로 간에 일어나는 공명 현상(동조화 현상)등도 적용된다. 우주에서 발생되는 우주자기장과 지구의 중력 등도 기와 관련되어 있다.

이처럼 기운에서 발생하는 현상을 과학적인 접근을 하려면 '기는 물질 속에서 일어나는 현상이다' 라는 가정에서 출발하면 가능하다.

기는 물질에서 일어나는 현상이므로 모든 물질, 즉 생물이나 무생물 속에도 존재한다. 바위같이 움직이지 않는 무생물이나 살아 움직이는 생물이나 그것을 이루고 있는 물질에서 저장된 에너지가 바로 기이다. 다만 생물이 가진 기와 무생물의 기가 발생하는 생성의 차이가 있을 뿐이다.

살아있는 생물체에는 반드시 기운이 내재하고 있다. 무생물의 기는 어떤 형태로 존재할까? 무생물은 그 속에 어떤 형태로든지 저장되고 축적된 에너지를 가지고 있다. 이 축적된 에너지가 기라고 볼 수 있다. 그러므로 지구상 모든 물체는 기라는 현상이 있고 기는 물질이 가진 에너지의 형태이고, 파동에너지이다. 이 에너지는 물질 속에서 순환되기도 하고 외부 세계의 다른 물질과 서로 에너지를 주고받기도 한다. 즉 에너지의 이동과 전달이 다른 생물체와 기의 교류인 것이다.

여기서 기의 출발점이 정신이 아닌 물질로부터 시작된다고 가정하였다. 기 현상은 정신과는 관계없는 것일까? 그것은 아니다. 기의 발생은 물질로부터 이루어지지만 조절과 통제는 정신을 통해 가능하다. 정신이

컨트롤 박스에 해당된다.

여기 서술된 기 현상은 개인적인 기 반응뿐만 아니라 다른 사람에게서 일어난 기 반응의 공통적인 요소를 발췌한 것이다. 임상의 관찰을 통해 나름대로 분석하여 검토한 것이다.

이제 기의 실체를 풀어보자.

기란 신경계와 밀접한 관련이 있다는 것이다. 기의 통로는 다름 아닌 신경계와 신경세포를 통해서 이루어진다고 본다. 우리 몸의 구석구석까지 퍼져 있는 신경세포의 네트워크가 기의 통로이다.

신경세포의 역할을 살펴보면 신경세포는 우리 몸의 정보를 전달하는 통로이다. 신경세포는 다른 신경세포와 연결해 정보를 전달한다. 신경세포끼리 네트워크를 형성하여 그것을 통로로 삼아 정보의 전달이 이루어진다. 전달 경로는 신경세포에 가해진 전기적인 신호가 신경전달물질의 방출로 변환되어 전달된다. 기의 통로도 바로 신경세포 내에서 정보를

잠깐, 쉬어 갑시다!

물체 간에 일어나는 공명 현상이 기(氣)에서는 어떤 형태로 일어날까요?

이 세상에 존재하는 모든 물체들은 저마다 고유의 흔들림(진동)을 갖고 있습니다. 고유의 흔들림은 고유 진동수라 합니다. 이와 관련되어 나타나는 현상이 공명(공진) 현상입니다. 이것은 어떤 물체가 다른 매체의 진동에 자극되어 그와 동일한 진동수를 내며 에너지가 증폭되는 현상을 말하며 동조화 현상이라고 합니다.

이것을 기적(氣的)인 현상에서 보면, 기운이 센 사람이 주위에 있으면 몸에서 갑자기 열이 나거나 화끈거리는 것, 머리가 띵하거나 어지러운 증상이 생기기도 합니다. 또한 옆 사람의 좋지 않는 몸 상태가 그대로 본인에게 전이(轉移)되는 경우도 있습니다. 이런 현상들이 기의 공명 현상, 동조화 현상이 아닐까 합니다. 아마 공명 현상은 기가 서로 통할 때 일어나는 반응인 것 같습니다.

전달하는 신경 네트워크가 아닌가 싶다.

그럼 기의 실체는 무엇일까?

조심스럽게 말한다면 신경전달물질이 될 수 있다. 기의 파워는 신경전달물질의 전달 속도와 전달량과 관련지을 수 있다.

신경계에는 크게 중추신경계와 말초신경계로 나눌 수 있다. 중추신경계는 뇌신경과 척수신경이 있고, 말초신경은 온몸의 구석구석까지 퍼져서 몸을 통제하고 조절한다. 중추신경계 중에서 뇌신경은 몸을 조절하는 통제센터 구실을 한다.

예전 과학이 발달하기 전에는 마음이 뜨거운 가슴에 있는 것이라 여겼으나, 현대에 들어와서는 과학의 영향으로 뇌신경이 인간의 사고기능 등을 담당하는 부위이며 마음이라 밝혀졌다.

이것을 정리해 보면 기의 통로는 신경세포이고 뇌의 명령(의식)을 전달하는 통로도 신경세포이다. 이처럼 기나 의식이 신경계라는 동일한 네트워크를 통해서 흐른다는 점이다. 뇌 의식(정보)의 전달경로는 신경전달물질의 방출로 이루어지고, 기의 실체가 신경전달물질이라 가정하면 어떤 상관관계를 찾을 수 있다. 이 관계가 이루어지면 기와 의식이 서로에게 미치는 영향을 설명할 수 있다.

이런 관계는 기에 대한 고언(古言)을 통해서도 엿볼 수 있다. 고언에는 신(神), 심(心) ⇒ 기(氣) ⇒ 혈(血) ⇒ 정(精)이란 말이 있다. '마음 가는 곳에 기운이 가고, 기운 가는 곳에 혈(피)이 흐른다. 혈이 가는 곳에서는 정(힘)이 생긴다' 라는 뜻이다. 이 의미를 음미하면 기와 의식의 상관관계를 잘 알 수 있다. 이것은 기에 대한 오랜 체험 속에서 이루어진 글이기 때문이다.

기가 신경전달물질이고 기의 통로가 신경세포라는 가정 하에서 보면, 마음과 기운은 같은 통로를 이용하여 이동하므로 같이 움직인다. 둘이자 하나이고 하나이자 둘인 것이다. 즉 신경세포가 기운의 통로요 마음의 전달 통로인 것이다. 다만 마음과 직접적인 관련이 있는 신경세포는 뇌신경인 것이다. 기혈 반응은 신경과 혈에 관련된 반응을 말한다.

이것이 여기서 세운 하나의 가설이다. 기에 대한 임상을 통해 분석한 결과 나온 과정물이다. 좀 더 설득력을 갖추기 위해서 과학적인 검증이 필요하고 지속적인 노력이 따라야 하며 이 가설은 하나의 단초이고 시작에 불과하다.

기의 종류는 헤아릴 수 없이 많다. 생물체뿐만이 아니라 무생물에도 기(에너지)가 존재한다. 모든 만물에 기운이 존재하므로 그 수만큼 기운의 종류도 다양하리라 생각한다. 이렇게 다양한 기운의 종류도 공통적인 요

잠깐, 쉬어 갑시다!

우리가 평소에 잘 먹는 마른 오징어에 기운이 있을까요?

마른 오징어는 생명력은 없지만 영양분은 오징어 속에 저장되어 있습니다. 이것을 먹으면 영양분이 우리 몸에서 에너지화되어 힘이 생깁니다. 힘이 생긴다는 말은 오징어의 영양분이 우리 체내로 흡수되어 에너지로 전환된다는 뜻입니다.

이러한 에너지의 이동이 바로 기의 이동인 것입니다. 그래서 살아있는 생물체가 주고받는 에너지의 교류도 일어나지만, 무생물 속에 저장된 에너지도 개체 간의 이동을 통해 일어날 수 있습니다.

소로 묶어 보면 몇 가지의 형태로 나눌 수 있다.

여기서는 차를 마신 후 나타나는 기운을 다루었다.

2. 기혈(氣血)의 발현 형태

기 운동을 한다든지 차 기운을 느낀다든지 기가 발생하는 과정은 다르지만, '기' 라는 기운이 발현되는 형태는 비슷하다. 사람의 기는 몸을 통해서만 일어난다. 몸이라는 물질에서 일어나는 현상은 같은 것이기에, 이 사람 다르고 저 사람 다른 것이 아니다. 다만 기가 발현되는 형태가 다르게 느껴지는 것은 기의 세기에 따른 기운을 느끼는 감각의 범위가 다르기 때문이다. 그런 형태의 기 자체가 없는 것은 아니다. 여기서 일어난 기현상은 차를 마시면서 나타나는 기운의 반응을 기록한 것이다.

1) 열기와 냉기 반응

차를 마시면 일어나는 기혈 반응 중에서 먼저 열감에 대한 반응이 나타난다. 열기를 느낀다거나 냉기를 느끼는 반응인데, 열기에 대한 반응이 가장 먼저 일어난다.

일반적으로 차를 마시면 몸속의 유해물질이나 노폐물 등이 빠져나가 장기가 맑아지고 민감해진다. 민감해진 장 기관을 통해 차의 기운을 느낄 수 있는데, 장이 따뜻해지거나 몸에서 열이 나고 더워지는 발열현상이 그것이다.

이렇듯 발열 현상이 먼저 일어나는 이유는, 사람은 항온동물로서 체온이 일정한 범위를 벗어나면 치명적이므로, 체내에 있는 에너지 중에서 열을 발생시켜 체온을 유지하는 것이 중요하기 때문이다.

체내에 열이 증가하면 피부세포의 모공을 통해 열을 땀으로 배출함으로써 몸의 항상성을 유지하려는 긍정적인 반응이 일어난다. 이와 반대로 차를 마시면 몸에서 냉기나 한기를 느끼는 경우도 있다. 이때는 몸이 싸늘하게 차가워지거나 체온이 떨어지고 온몸에 힘이 싹 빠지는 부정적인 반응이 일어난다.

이처럼 열감 반응 이후 냉기에 대한 반응을 보이기 시작하면 기혈 순환

잠깐, 쉬어 갑시다!

피부 반응 중에 피부가 시원해지는 증상이 있습니다.
이 반응은 피부가 시원해지면서 바람이 일어나는 느낌이 납니다.
옛날에도 이런 피부 반응을 노래한 시인이 있었습니다.

중국의 다시(茶詩)인 노동의 칠완다가(七碗茶哥)에 보면,

첫째 잔은 목구멍과 입술을 적시고
둘째 잔은 외로운 번민을 씻어주네
셋째 잔은 메마른 창자 찾나니 생각나는 글자가 5천 권이 되고
넷째 잔에 가벼운 땀이 솟아 평생의 불평 모두 털구멍으로 흩어지네.
다섯 잔째는 기골이 맑아지고
여섯 잔만에 선령과 통하였다네.
일곱째 잔은 채 마시지도 않았건만
느끼노니 두 겨드랑이에 맑은 바람이 솔솔 일어나네.

여러분 중에서도 이런 경험을 한 적이 있을 것입니다. 차를 마실 때 겨드랑이에 시원한 바람이 일어나는 경우입니다.

이것도 차를 마실 때 일어나는 기혈 반응이라 볼 수 있지요. 물론 이 현상은 몸에서 발생하는 열과 대기의 기온 차이 때문에 일어나지만, 차를 마셔 몸에 열이 많이 생기지 않으면 느끼지 못합니다.

이 빠르게 이루어지고 차를 마시면 손바닥이 빨갛게 되거나 욱신거리기 시작한다.

열기의 반응으로 인해 이어지는 기혈 반응을 살펴보면 다음과 같은 반응이 뒤따라온다.

첫째는 체내의 열이 많이 발생하면 열기로 인해 근육이 풀리고 신경이 이완된다. 우리가 뜨거운 탕 속에 들어가면 열기 때문에 몸이 풀리는 현상과 비슷하다. 또한 신경이 이완되면 전기적인 반응이 뒤따라 일어나고 마음도 편안해진다. 기운과 마음은 같은 통로를 이용하므로 같이 움직인

잠깐, 쉬어 갑시다!

차를 마시면 몸에서 열이 나고 땀이 나면 기혈 반응이 좋다고 말할 수 있습니까? 그 차(茶)는 좋은 차(茶)입니까?

몸에서 열이 나고 땀이 나면 기혈 반응으로 볼 때 좋은 현상이라 볼 수 있습니다. 그러나 몸 반응으로 보면 결론이 달라질 수 있습니다. 사람의 몸 맑기에 따라 반응이 다르게 일어나기 때문입니다. 그래서 사람의 몸 맑기와 차 맑기의 대응관계 속에서 살펴야 합니다.

첫째, 사람의 몸 맑기에 따라 반응이 다릅니다.

같은 차를 두 사람이 마실 경우를 생각해 봅시다. 한 사람은 몸에 열이 나고 훈훈해지는 긍정적인 반응을 보인 반면, 다른 사람은 몸이 싸늘하게 식거나 장이 아픈 부정적인 반응을 보인다면 그 차는 좋은 차라고 할 수 없습니다. 이처럼 서로 다른 증상을 보이는 것은 사람의 몸 맑기가 다르기 때문입니다.

긍정적인 반응을 보인 사람은 몸 맑기가 차 맑기보다 더 탁하기 때문에 맑은 차가 기혈을 틔워 몸에 열이 나고 훈훈해집니다. 부정적인 반응을 보인 사람은 몸 맑기가 차 맑기보다 더 맑아 오히려 탁한 차가 기혈을 막아 몸이 싸늘하게 차지고 장

다. 몸의 긴장이 풀리면 신경이 이완되고 마음도 풀리는 이유이다.

둘째는 피부 반응이 일어난다. 열기로 인해 피부조직의 세포나 털구멍, 혈관조직을 확장하여 열을 발산한다든지 땀을 배출하게 된다. 이때 피부조직의 모공이 열리면서 일어나는 반응을 말한다. 피부 반응은 피부 속에 있는 노폐물과 몸 안의 독성이 빠져나오는 과정에서 일어난다.

피부가 따끔거리면서 톡톡 쏘는 듯한 통증이 오는 경우, 피부에 가려운 증세가 일어나거나 좁쌀 같은 두드러기가 생기는 경우도 있다. 피부가 빨갛게 발진이 일어나는 경우, 뾰루지가 톡 불거져 생기는 경우도

이 메스껍거나 아픕니다.

이때는 차에 문제가 있는 경우입니다. 이것은 두 사람의 몸 맑기와 같은 차 맑기를 비교했을 때 일어날 수 있는 상황입니다.

둘째, 차 맑기에 따라 반응이 다릅니다.

한 사람이 서로 다른 차를 마실 경우를 생각해 봅시다. 한 종류의 차를 마시면 부정적인 반응을 보이는 반면, 다른 종류의 차를 마시면 긍정적인 반응을 보인다면 차 맑기가 달라서입니다.

긍정적인 반응을 보인 차는 마시는 사람의 몸 맑기보다 차 맑기가 맑아 기혈을 틔우고 몸이 훈훈해지는 긍정적인 반응을 보입니다. 반면 부정적인 반응을 보인 차는 마시는 사람의 몸 맑기보다 차 맑기가 탁해 차가 오히려 기혈을 막아 몸이 차지고 장이 메스껍거나 아픈 반응을 보입니다.

마시는 사람의 몸 맑기가 정점에 도달해 몸 반응이 일어나는 사람이면 긍정적인 반응을 보인 차는 원료나 보관의 이상이 없는 차이고, 부정적인 반응을 보인 차는 원료나 보관에 문제가 있는 차입니다. 이것은 한 사람의 몸 맑기와 두 가지 차의 맑기를 비교했을 때 일어나는 상황입니다.

있다.

이런 피부 반응이 일어난 후에 차를 마시면 피부가 촉촉해지고 시원해지는 반응이 일어난다. 피부 반응은 한꺼번에 일어나는 것이 아니고 기혈 반응이 일어나는 동안에 일어났다 없어졌다 한다. 그럴 때마다 피부가 더 촉촉해지고 매끄럽고 윤기가 난다.

피부 반응이 일어난 다음에 피부에서 일어나는 다른 반응이 있다. 몸에서 차향(茶香)이 난다, 몸에서 단내가 난다, 몸에서 젖내가 난다, 몸에서 향내가 난다 하는 것도 일종의 피부 반응으로 볼 수 있다. 이것은 몸속의 호르몬 변화와 관계되는 기혈 반응이다.

2) 전기적인 반응

기혈 반응이 발현되는 형태 중에서 전기적인 반응이 일어난다. 신경이 이완되면 손발이 저리거나 지글거리는 현상이 나타난다. 살이나 근육 조직, 뼈 속에 흐르는 신경이 느슨하게 풀리면서 일어나는 반응이다.

신경이 이완되면 여러 가지 현상들이 일어난다. 초기의 현상은 살이나 근육 조직에 있는 신경에서 먼저 나타난다. 손발 끝이 찌릿찌릿하거나 저리며 톡톡 쏘는 듯한 반응이 오기도 한다.

이런 증세가 좀 더 진전되면 그 다음에 뼈 속의 신경이 이완되는 현상이 나타난다. 갑자기 근육이 화끈거리면서 뜨겁게 느껴지고, 뼈가 불에 덴 듯한 증상이 나타난다. 뼈가 욱신거리면서 아프기도 한다. 그러다가 한편으로 시원해지는 느낌, 즉 뜨거우면서도 시원한 증상이 일어난다. 이것은 뼈 속의 신경이 살아 움직이는 증상으로 '뼈 속에 기운이 들어간다' 라고 말한다.

3) 진동현상

차를 마시면 일어나는 기혈 반응 중에서 몸이 떨리는 진동 현상이 일어난다. 몸의 진동은 신경세포들이 극도로 긴장을 하면 세포조직을 떨게 하기 때문에 일어난다. 진동 현상은 몸 안에 파동을 일으켜 기혈을 뚫어준다.

작게는 몸의 일정한 부위에서 맥박이 뛰는 것을 느낄 수 있고, 몸 전체가 하나의 맥박처럼 뛰는 경우도 있다. 체내에 미세한 진동이 계속해 일어나고 몸이 저절로 움직이는 자발(동)공도 일어난다. 또한 독경을 하거나 독송을 하는 경우, 소리 내어 주문을 외우는 경우 등 외부의 소리도 우

잠깐, 쉬어 갑시다!

우리가 전기장판 위에서 잠을 자고 나면 머리가 띵하고 무기력감에 빠집니다. 심하면 배가 아프고 식은땀이 나기도 합니다. 왜 그럴까요?

이 현상은 전기에서 발생하는 전자기장의 영향 때문에 일어납니다. 어떤 사람은 전기장판 위에서 잠을 자더라도 아무렇지도 않고 따뜻하기만 하다는데, 어떤 사람들에게 이 같은 증상이 일어나는 이유는 사람의 몸 맑기에 따라 다른 반응이 나타나기 때문입니다.

몸이 탁한 사람은 전기장의 파장을 느끼지 못하지만 맑은 사람은 짧은 순간에 감지할 수 있습니다. 몸이 맑은 사람은 전자파가 미치는 나쁜 영향을 몸이 인식하여 가려내기 때문입니다. 그것이 배가 아프다든지 식은땀이 난다든지 하는 몸 반응으로 나타납니다.

그래서 몸이 맑은 사람은 전자파의 위해적인 요소를 피할 수 있지만, 몸이 탁하여 느끼지 못하는 사람은 전자파가 주는 나쁜 영향을 받을 수밖에 없습니다.

이처럼 전자파의 영향도 몸으로 읽을 수 있고 몸 맑기를 측정할 수 있습니다. 여러분은 전기장판에서 편안하게 주무십니까?

리 몸에 들어와 진동을 일으킨다. 맑은 향을 맡아도 몸 내부에서 미세한 진동이 일어나고, 음식물을 먹어도 미세한 떨림이 일어난다.

몸에 진동이 발생하면 기혈이 뚫리면서 근육이 풀리고 신경이 이완되는 현상이 일어난다. 열기와 전기적인 현상이 일어난 다음에 진동 현상이 온다.

4) 소리 현상

소리 현상은 정신이 집중되면 일어나는 반응이다. 정신을 고도로 집중하면 뇌신경이 극도로 각성되어 뇌신경세포의 미세한 진동이 일어난다. 이 진동이 곧 뇌파인데 귀가 인식할 때에 소리 현상으로 나타난다.

이런 현상은 명상(冥想), 참선(參禪)은 물론, 무슨 일에 골몰하거나 정신을 집중하여 책을 볼 때도 일어난다. 소리현상은 귀에서 가볍고 경쾌한 매미 울음 같은 소리가 계속해서 나거나 무겁고 둔중한 종소리처럼 울리기도 한다. 어떤 때는 머릿속에서 찡 하고 가볍고 날카로운 파공음이 지나가기도 한다.

참선을 하거나 기도하는 사람들 중에 이명(耳鳴) 현상으로 병원에 가지만 원인을 찾지 못하는 경우가 많다. 아마 정신이 집중되면 일어나는 소리 현상일 수도 있다. 오히려 기뻐해야 할 일인 것 같다.

5) 빛의 현상

소리 현상이 청각으로 인식되는 것이라면 빛의 현상은 눈의 시신경 쪽에서 나타나는 현상이다. 정신을 집중하면 뇌신경세포에 미세한 떨림이 일어나는데 이것이 파장으로 나타나는 것이 뇌파이다. 이 뇌파를 시신경에서 인식하게 되면 빛의 현상으로 나타나게 된다.

머리가 어질어질하면서 아지랑이가 피어오르는 경우, 눈앞에 하얀 빛이 반짝거리거나 아른거리는 현상, 명상 중에 여러 가지 빛깔이 보이는 것 등은 빛의 현상이라고 알 수 있다. 마음공부를 봄으로 느낄 때 소리와 빛이 그림자처럼 따라다닌다.

6) 압력의 현상

압력의 현상은 몸에서 기운의 압력을 느끼는 것이다. 기운의 압력을 기력(氣力)라고 한다. 기력은 기감(氣感)과는 약간 다르게 느껴진다. 기감이 하나의 점(點)적인 부분이라면 기력은 선(線)이나 면(面)에 해당되는 것이다. 그래서 기력은 기감과는 달리 하나의 흐름(선)으로 이루어지거나 면으로 확대되는 현상을 말한다.

예를 들어보면, 기운(기력)이 들어오면 일정한 부위가 뻐근하게 느껴지거나 뻣뻣해진다. 묵직한 압력으로 누른다는 느낌도 들고 묵직한 힘이 들어오는 것도 느낀다. 머리 뒤쪽이 뻣뻣해지고 머리의 일부분이나 전체가 묵직한 압력으로 누른다. 얼굴이 벌겋게 된다거나 귀에 압력을 느끼

잠깐, 쉬어 갑시다!

기도를 하거나 절을 해도 소리 현상이 나타납니까?

기도를 하거나 절을 해도 소리 현상이 나타날 수 있습니다. 소리 현상은 정신이 집중되면 누구에게나 일어나는 반응입니다.

기도나 절은 정신을 집중하는 하나의 방법으로 명상(冥想)이나 참선(參禪)과는 집중하는 형태가 다를 뿐입니다. 실제로 행(行)하여 정신이 집중되면 소리 현상이 일어납니다.

며 멍해진다. 척추를 타고 뜨거운 압력이 일어나기도 한다. 목젖이 간질거리거나 목소리의 변성이 일어난다. 머리에 압력을 느끼며 빛의 현상이 일어나기도 한다.

이것은 기가 몸의 내부에서 순환되는 과정에서 일어나는 현상들이다. 기운이 순환된다는 것은 몸에서 묵직하거나 뻣뻣한 압력을 느끼는 것을 말한다. 기운의 압력은 기의 힘, 즉 기력을 말하고 기운의 파워를 나타낸다.

기력은 기감이 나타나고 나서 기운이 모아져야 비로소 기력이 생긴다. 모아진 기운이 몸의 내부에서 차츰 순환되면서 압력의 형태를 띠게 된다.

압력의 현상은 기운의 한 형태이지만 기운을 순환시키는 힘, 기운을 돌리는 힘이다. 그 힘은 몸속에서 발생하는 압력 때문에 이루어진다. 몸에서 발생하는 호흡의 압력, 복압(腹壓)을 통해서 형성된다. 마치 피가 심장의 박동으로 온몸으로 순환되듯이. 그래서 호흡은 기운을 몸 전체로 순환시키는 펌프 역할을 한다.

이외에도 기운이 발현되는 형태는 여러 가지의 종류가 있지만 여기서는 크게 여섯 가지로 기술하였다. 그 중에 소리와 빛의 현상은 정신의 집중으로 나타나는 현상에 가깝고, 압력은 기가 순환되는 과정에서 일어나는 현상이다. 그래서 기운의 반응은 세 가지로 축약할 수 있는데 열감 반응, 전기적 반응, 진동 현상으로 나눌 수 있다.

기 반응의 형태는 이들만의 특징적인 요소가 있다.

첫째, 일정한 순서를 가지면서 일어난다.

둘째, 일정한 순서에 의해 발생되어 반복 순환되는 연결 구조를 가지고 있다.

셋째, 반복 순환되지만 한 단계가 끝나고 다음 단계로 넘어가는 것이 아니라 상호 중첩되어 일어난다.

넷째, 반복 순환되어 되돌아올 때 다음과 같은 현상이 일어난다.

기운의 파워가 강해진다. 내부적으로 파워가 강해 기운을 인식하는 범위가 넓어져서 미세한 움직임까지도 읽어낼 수 있다. 외부적으로 외부 대상과 에너지의 교류를 직접적으로 느낄 수 있다. 외부 대상에 영향을 주고받는 것을 체험적으로 안다.

기운이 발현되는 형태는 물질의 상태가 변화될 때 일어나는 현상과 같다. 즉 물질 속의 에너지를 발생시키거나 이동 전달시킬 때 일어나는 현상이다. 그래서 물질에서 일어나는 법칙이 기운의 세계에서도 똑같이 적용된다.

3. 기혈(氣血)의 소통

기혈의 소통은 기의 흐름으로 기운이 순환되는 것을 말한다. 기를 온몸에 순환시키기 위해서는 돌리는 힘이 필요한데, 그 힘이 기력이다.

이 기력이 생겨야 내부적인 순환이 이루어진다. 기력은 우리 몸에서 압력으로 느껴진다. 몸의 압력은 호흡을 통해 발생된 압력으로, 기의 소통을 위해서는 호흡의 압력이 필요하다. 마치 혈액의 흐름이 심장의 박동으로 이루어지듯이.

기의 소통에는 내부적인 소통과 외부적인 소통이 있다.

내부적인 소통을 기의 순환이라고 한다. 내부적인 순환도 여러 단계를 거쳐서 이루어진다. 먼저 상체의 기혈이 어느 정도 뚫리면 하체의 기혈이 뚫린다든지, 상체 중에도 줄기에 해당되는 큰 기혈의 흐름이 어느 정도 이루진 다음 작은 기혈로 흐르는 등의 단계를 거친다.

외부적인 소통은 에너지의 이동으로 기의 교류라고 한다. 외부의 대상과 기운(에너지)을 주고받는 것을 말한다. 이것은 내부적인 순환이 어느 정도 일어난 다음 외부적인 교류가 가능하다.

기운의 교류는 에너지의 파동으로 이루어진다. 가장 크게 작용하는 기운의 교류는 아마 우주에서 발생되는 자기장이라고 할 수 있다. 지구와 태양사이에도 이런 자기장이 형성되고, 이것이 지구에서 중력의 형태로 나타난다. 이 에너지가 가장 광범위하면서 크게 작용하는 기운이라 할 수 있다.

지금까지 차를 마시고 느낀 것과 기 운동을 통해 느낀 기운을 공통적으로 묶어 다루었다. 기에 대해 여러 가지 이야기가 많지만 여기서는 경험한 사실을 토대로 기의 구체적인 형태로 접근하고자 하였다. 여기 서술된 현상은 기의 기초적인 형태를 다룬 것이다.

제2장 몸으로 읽는 차(茶) 이야기

몸으로 읽는 차 이야기는 몸 반응을 통해 차의 실체를 살펴본 것이다. 이런 몸 반응은 생물체가 외부 환경과 주고받는 자극-반응의 가장 단순화된 형태이다. 이 기본적인 시스템은 사람에게도 거의 유사한 형태로 적용된다. 우리가 음식을 먹거나 음료를 마실 때 일어나는 몸의 반응도 일종의 자극-반응의 시스템이다. 음식이나 음료를 마시는 것이 자극이라면 몸의 변화는 반응인 것이다.

이런 몸 반응은 먹고 마시는 행위 속에 항상 일어나는 변화이므로, 이 점을 고려하여 차를 마실 때 몸에서 일어난 변화를 설명한 것이다. 맛과는 별개로 존재하는 몸 반응을 해석하여 정리하였다.

※ 여기서 '읽는다'는 의미는 몸 반응으로 나타난 변화의 사실을 있는 그대로 표현한다는 뜻이다.

제1절 몸으로 읽는 차(茶)

I. 몸 반응과 차(茶)의 관계

몸 반응이란 앞에서 살펴본 것처럼 음식을 먹거나 음료를 마시면 몸에서 일어나는 어떤 변화를 말한다. 이 변화는 자극에 대한 몸의 반응으로 물리적인 반응이자 생리적인 반응인 것이다.

이런 몸 반응이 차를 마실 때도 항상 일어난다. 차도 마시는 음료라는 점에서 보면 다른 음료와 차이가 없기 때문이다. 차를 마시는 행위(자극)에 대해 우리 몸은 일정하게 변화(반응)를 한다.

차를 마시면 속이 불편하다, 속이 아프다, 속이 편안하다, 몸이 훈훈해진다, 땀이 난다 하는 것은 차를 마시는 사람이면 누구나 한번쯤 경험했을 것이다. 이것이 차를 마시면 일어나는 몸의 변화, 즉 몸 반응인 것이다.

차는 몸의 변화뿐만 아니라 맛이 주는 미각적인 요소도 있다. 여기서는 주로 몸 반응에 대한 이야기를 다룬다.

몸 반응은 차 맛의 분석과 평가와는 별개의 부분으로 존재한다. 맛의 분석만으로 알 수 없는 부분도 몸 반응을 통해 읽어낼 수 있다. 즉 원료의 이상 여부나 화학 첨가물의 사용 등을 몸 반응으로 알 수 있다. 차를 마시면 배가 아프다든지 속이 메스껍다든지 몸에 열이 난다든지 하는 것은 맛과는 상관 없이 일어나는 몸 반응이다. 이를 통해 맛으로 분석할 수 없는 부분까지 읽을 수 있다.

그러나 정작 중요한 것은 몸 반응이 일어나면 어떻게 해석하고 대처해야 하는지를 정확하게 모른다는 것이다. 여기서는 이런 반응을 어떻게 접근하여 해석해야 하는지를 설명하였다.

만약 여러분에게 이런 몸 반응이 일어난다면 어떤 반응을 보일까? 당황스럽기도 하고 혹시 몸에 해로운 차가 아닐까 하는 의구심을 가질 것이다. 심지어 내 건강에 이상이 생겨 그런 것이 아닐까 불안해하기도 한다. 물어도 속 시원하게 대답을 해주는 사람이 없다. 대답하는 사람마다 다 말이 다르다. 어느 말이 맞고 어느 말이 틀린지 구별이 안 된다. 말하는 사람마다 '자기 말이 맞다' 고 한다면 참으로 난감한 상황에 부딪칠 것이다.

차 맛에 대해 언급한 다서는 있지만 몸 반응에 대해 설명한 다서는 아직까지 없다. 참고할 책이 없어 궁금증을 해결할 수 없다. 차를 오래 마신 차인들도 그런 몸의 변화를 대수롭지 않게 생각한다. 개인의 신체적인 특질에서 오는 현상으로 치부하거나 선입견이나 의식에서 오는 반응이라고 무시하거나 코웃음을 친다. 이 문제는 차를 마시는 대부분의 사람들이 경험한 사실이다. 아마 여러분 중에도 이런 경우가 있을 것이다.

여러분은 이 문제를 어떻게 해결할 것인가? 분명히 몸에서 어떤 반응이 일어났다. 이 반응을 해석하고 설명해야 하는데 접근방법조차 모른다면, 이제는 이런 몸 반응에 대해 진지하게 고민하며 해결점을 모색해야 할 때이다. 어떻게 해석하고 대처해야 할지를 고민해야 한다. 예전처럼 대수롭지 않게 생각하거나 선입견이나 의식의 현상으로 다루면 이 문제를 해결할 방법이 없다. 이 문제는 사람의 건강과 직결되기 때문이다.

여태까지 몸 반응에 대한 합리적이고 체계적인 접근법이 없어 몸 반응을 제대로 해석할 수 없었지만 현실적으로 몸 반응 자체가 없는 것은 아니다. 몸 반응은 항상 일어난다는 사실이다. 물론 실제로 몸 반응이 일어나지 않는 사람도 있지만 그것은 몸이 인식하지 못해 일어나는 현상이지 몸 반응 자체가 전혀 없는 것은 아니다.

지금은 몸 반응을 다른 시각으로 보아야 할 때이다. 이런 반응은 건강하지 못해서 일어나는 반응으로 여겼으나 몸 반응은 건강하기 때문에 일어나는 반응이라는 점이다. 그래서 건강하려면 몸 반응이 반드시 일어나야 한다.

특히 몸이 예민하고 민감한 사람일수록 몸 반응이 더 많이 일어난다. 이런 사람은 음식을 먹거나 음료수를 마실 때 속이 더부룩하거나 메스껍고 아프기도 곧잘 한다. 이쯤 되면 자신의 건강에 이상이 생긴 줄 알고 병원을 찾는다.

몸 반응에 대한 지식이 없어 자신의 반응이 몸 반응인 줄도 모른다. 장이 약해서 일어나는 것이라고 생각한다. 주위 사람들도 '장이 안 좋아서 그래' 라고 말하기도 한다. 이렇게 되면 몸 반응을 건강하지 못해서 일어나는 것으로 잘못 오해하기 시작한다. 그래서 병원을 찾아가는 사람들이 우리 주변에 많이 있다. 이처럼 몸 반응이 일어나면 건강하지 않아 그런 줄 알고 고민하는 사람들이 의외로 많다

이런 문제를 해결하기 위해 몸 반응에 대한 체계적인 해석이나 정리가 꼭 필요한 부분이다. 음식을 먹거나 음료를 마실 때 몸 반응이 일어나면 참고할 수 있는 정보가 필요하기 때문이다.

더욱이 지금 시대는 먹을거리나 마실 거리가 너무 불안하다. 원재료 자체가 시비(施肥)와 농약으로 인해 건강하지 못한 농산물이 넘쳐나고 있다. 항생제를 너무 많이 먹은 축산물이나 어패류 등이 우리 식탁에 올라온다. 제조 과정에서 맛을 내기 위해 첨가된 화학첨가물로 포장된 식품들이 진열대를 메우고 있어 먹을거리에 대한 불안감이 점점 더 고조되고 있다.

이런 불안한 먹을거리를 확인할 수 있는 방법이 바로 '몸 반응'이다. 몸 반응은 누구나 훈련하면 일어나는 반응이고 실제로 생활 속에서 바로 활용할 수 있다. 몸 반응을 통해 건강한 먹을거리를 가려먹음으로써 우리의 심신(心身)을 더욱 건강하게 유지하는 방편이 될 수 있다. 이 책의 주된 목적은 몸 반응 훈련을 통해 심신을 건강하게 유지하는 것이다.

흔히 말하기를 몸 반응은 개인적인 특질에 따른 몸의 이상반응이라고 한다. 그러나 임상 관찰을 해 본 결과, 그것은 훈련을 하면 누구에게나 일어나는 반응이다. 몸 반응은 몸이 이상신호를 보내는 아주 정상적인 반응인 것이다.

일단 몸 반응 훈련을 통해 몸 반응이 일어나면 정확도와 신속성, 일관

성이 갖추어진다. 누구나 알 수 있도록 동일한 반응이 일어나 신뢰도는 여러분이 생각하는 이상으로 정확하다. 우리 몸은 신비로울 정도로 정교한 시스템으로 이루어져 있어, 몸으로 경험하여 습득된 지식이나 행동들은 정밀한 기계만큼 정확도가 높기 때문이다.

그래서 우리는 몸 반응을 통해 음식이나 음료 등 좋고 나쁨을 구별할 수 있다. 우리가 실생활에서 가장 많이 애용하는 차, 커피, 와인 등도 몸으로 읽을 수 있다. 제품에 사용된 원료의 이상 유무와 제조 과정에서 화학 첨가물의 사용여부까지도 알 수 있다. 특히 차는 보관 상태가 양호한지의 여부도 읽을 수 있다.

차도 마시는 음료라는 점에서 보면 입을 통해 마시지만 결국 온몸으로 마시는 것이다. 입을 통해 알 수 있는 것은 맛의 분석과 평가 등 미각적인 부분에 한정된다. 원료의 이상 여부와 보관 상태가 양호한지의 여부 등 맛만으로 느끼기에는 일정한 한계가 있다. 그것은 맛을 넘어선 몸의 반응으로, 즉 온몸의 감각을 통해 읽어야만 온전하게 알 수 있다.

원료 상태는 어떠한지 보관 상태가 좋은지 나쁜지 등을 모르고 오로지 차 맛이 좋은지 나쁜지를 논한다는 것은, 차의 한 부분만을 보고 전부인 것처럼 판단하는 우(愚)를 범하는 것이다.

차는 원료 – 제다 과정 – 보관이라는 세 구성 요소로 이루어져 있다. 지금 마시는 차는 이처럼 세 요소가 다 갖추어진 차를 전부 마시기 때문에, 맛만 가지고 차의 모든 것을 따질 수 없다. 맛을 넘어선 부분은 몸 반응을 통해서만 차가 어떤지를 알 수 있다.

차 맛을 논하는 것은 맛이 좋은지 나쁜지를 구별하는 것으로, 그것은 차를 잘 만든 것인지 못 만든 것인지를 따지는 제다 기술의 차이를 판별할 때 쓴다.

Ⅱ. 몸으로 읽는 차의 조건

요즈음 차를 마시는 것이 대중화되어 보편적인 일이 되었다. 이제 차 하면 모르는 사람이 없을 정도로 차에 대한 관심이 높아져, 취미 수준에서 차를 마시던 사람도 거의 전문가 수준의 지식을 갖춘 이가 많다. 차에 관한 서적의 출판도 다양하고 종류도 많다.

그러나 지금까지 출판된 다서에는 차의 역사, 차의 효능, 차의 종류와 제다법 등 차에 관한 정형적인 소개 형식에 머물고 있는 실정이다. 처음 차를 접하는 사람이나 조금 알고 있는 사람도 차를 실제로 구입하려면 어려움이 많은데, 이는 차를 지식으로 다루기엔 한계가 있기 때문이다.

또한 어느 차가 좋은지, 어떤 방법으로 마시는 것이 좋은지, 어떤 맛을 음미해야 하는지 등 마시고 즐기는 방법들이 제대로 소개되어 있지 않다. 그래서 차에 많은 관심을 두고 실체를 찾는 사람에게는 뭔가 부족하고 빠진 듯 한 느낌이 든다.

차를 마신다는 것은 지식적인 부분만이 아니고 마시는 행위가 선행되어야 하기 때문에, 여기서는 차에 접근하는 방법을 기존의 방법과는 다른 방식으로 시도했다. 차에 관한 학문적인 탐구가 아닌 차를 마시면서 실제로 일어났던 사실을 토대로, 어떤 차를 선택하여 어떻게 마시는 것이 건강에 좋을까에 초점을 맞추었다.

보통 사람들은 차를 구매하는 데는 신중을 기하지만 마시는 방법에는 그다지 관심을 보이지 않고 잘 아는 것처럼 소홀히 다루는 것을 볼 수 있다. 약을 복용하는 법이 있듯이 차도 우려내는 법이 있어 제대로 우려 마셔야 건강에 도움이 된다. 이 점을 무시하고 차를 마시면 건강하려고 마신 차가 오히려 건강을 해칠 수가 있다는 점을 주의해야 한다.

차를 건강하게 마시려면 다른 무엇보다 두 가지의 선택에 신경을 써야 한다.

첫째는 건강한 차가 어떤 차인가 하는 '차의 선택' 이다.

둘째는 건강하게 우려 마시는 방법이 무엇인가 하는 '방법의 선택' 이다.

'몸으로 읽는 차 이야기' 는 차를 마시는 과정에서 습득된 경험칙을 바탕으로 다른 다서의 이론이나 글에 얽매이지 않고 차 이야기를 자유롭게 전개하고자 한다. 차에 접근하는 방법을 이전의 방식과는 다르게 살펴봄으로써, 초보자에게는 차를 즐기는 법과 이미 차를 잘 알고 있는 애호가에게는 다른 견해가 있음을 알려주는 가교의 역할을 할 것이다.

차에 관한 일반적인 지식에 대한 것이라기보다 단순히 차를 마시는 행위에 중점을 둔 것이다. 차를 품평하듯 엄격한 잣대 위에서 차를 다루는 것이 아니다. 평소 차를 우려 마시는 방법으로 가볍게 맛을 이야기하고, 좋다 또는 별로다 등 격식 없이 평(評)하는 것을 내용으로 삼았다.

그 내용을 살펴보면 차를 우려 마시는 순서에 맞춰 서술하였다.

첫째는 차 우리는 법과 차 마시는 법.

둘째는 색향미(色香味)에 따른 맛의 분석과 평가.

셋째는 품평(品評) 방법에 대한 나름대로 방식을 정리하여 소개하였는데, 이것은 우리가 차를 마시면서 어울려 이야기하는 담론(談論)이다.

1. 차 읽기의 전제 조건

몸 반응을 통해 차를 해석하려면 먼저 차를 마시기 위한 전제 조건을 설정해야 한다. 전제 조건을 설정하는 것은 차를 마실 때 일어나는 여러 가지 변수를 통제하기 위함이다. 이런 변수를 통제하는 주된 이유는 맛의 변화가 외부 요인에 영향을 받지 않고 일정하게 우려져야 객관적인 판단이 가능하기 때문이다.

이 전제 조건 속에 차를 마셔야 몸 반응의 일관성도 유지된다. 차를 마시기 위한 전제 조건은 차를 객관적으로 다루기 위한 메뉴얼 과정이라고 보면 된다.

차를 마시기 위해 필요한 준비물이 있어야 한다. 크게 차, 물, 다구, 불, 그리고 우리는 사람이 필요하다. 이런 준비물을 일정한 조건으로 고정시

잠깐, 쉬어 갑시다!

차(茶)의 기본적인 맛이란 어떤 것을 말합니까?

차의 기본적인 맛이란 차가 지닌 공통적인 맛을 말합니다. 매운맛, 여린 단맛(감칠맛), 짠맛, 신맛, 쓴맛, 떫은맛, 단맛 등 7가지의 맛을 말합니다. 줄여서 기본 맛이라고 합니다.

여기서는 차의 오미(五味)라는 표현을 쓰지 않고 기본적인 맛이라는 용어를 사용합니다. 왜냐하면 차는 오미 이외에도 다른 맛이 존재하기 때문입니다.

켜야 한다.

만약 준비물을 변하지 않게 고정하지 않는다면 같은 종류의 차라도 물, 다구, 불 등이 다르면 맛도 다르게 변한다. 우리는 사람의 숙련도와 기술에 따라 우리는 방법이 다르다. 또한 마시는 사람에 따라 미각의 발달 정도가 달라 맛이 다르게 느껴진다.

그러면 차, 물, 다구, 불, 우리는 사람에 따라 맛이 각각 다르게 변하기 때문에 이 모두가 변수인 셈이다. 이런 유동적인 변수를 통제하지 않고 차를 마시면 마실 때마다 달라진다고 해도 과언이 아니다.

같은 차일지라도 물마다, 다구에 따라, 우리는 사람의 방법에 따라, 그리고 마시는 사람의 입맛에 따라서 달라지므로 '차 맛은 모두 다르다' 라는 결론밖에 내지 못해 객관적인 맛의 평가가 불가능하다.

맛을 평가하기 위해 맛의 객관화가 이루어져야 하고, 객관적인 맛을 이끌어내기 위해서는 이러한 유동적인 변수를 통제할 필요가 있다.

다른 요소에 영향을 받지 않고 차 그 자체의 맛만을 우려낼 수 있어야 한다. 주어진 전제 조건에 따라 우려내면 누가 차를 우리더라도 같은 맛이 나와야 맛을 객관적으로 다룰 수 있다.

다만 우려진 맛의 평가는 사람이 하는 것으로 주어진 전제 조건에서 우려진 맛도 마시는 사람의 입맛에 따라 다를 수 있다. 그러나 입맛에 따른 주관적인 맛도 맛의 훈련을 통해 미각을 발달시키면 어느 정도 객관적인 맛의 평가가 가능해진다.

이제 전제 조건을 설정해 보자. 우선 물, 다구, 불, 우리는 사람 등은 고정 변수로 두고 변하는 것은 오직 차뿐이라고 가정한다. 사람의 입맛에 따른 미각의 차이는 고려하지 않는다.

1) 준비물

차를 마시기 위해 필요한 준비물은 크게 차, 물, 다구, 불 등이 필요하다. 여기서 준비물에 대한 다른 견해는 일단 접어두고 객관적인 맛을 평가하기 위한 일정한 조건을 제시한다.

(1) 차

어떤 종류의 차라도 괜찮지만 원료에 이상이 없는 차를 준비한다. 화학비료나 농약에 전혀 영향을 받지 않고 자란 무공해의 차를 말한다. 지금은 차나무에 화학비료나 농약을 뿌리지 않지만 이전에 그런 방법으로 재배된 차, 토양이 오염된 곳에서 자란 차도 여기서 제외한다.

여기에 사용한 차는 우리 녹차와 보이차 청병(생차) 1~2년생이다.

(2) 물

찻물의 선택에 대해서 여러 가지의 견해가 있다. 차만큼 논란의 여지가 많으나 여기서는 맑고 가벼운 물을 준비한다. 맑은 물이란 각종 미네랄이 풍부한 물이 아니라 순수한 물, 즉 증류수를 말한다.

그러나 증류수는 시중에서 구하기도 쉽지 않고 보관상 어려움도 많다. 가정집에서 손쉽게 구할 수 있는 정수기 물을 사용해도 된다. 다만 필터링이 많이 되어 증류수에 가까운 맑은 물이면 좋다. 맑은 물이 아니면 물 자체의 메스꺼움이나 통증을 유발하기 때문이다.

여기서는 수돗물을 역삼투압 방식으로 정수한 물을 사용한다. 수돗물을 정수한 것과 지하수를 정수한 것은 차이가 나기 때문이다. 수돗물은 침전과정을 거치면서 여과가 많이 되어 훨씬 좋다.

(3) 다구

다구는 유리 제품, 도자기 제품(토기, 도기, 자기 등), 금은 제품, 옥 제품, 돌 제품, 주석 제품 등 여러 가지 종류가 있다. 맛에 가장 영향을 적게 미치는 유리 제품을 사용한다.

유리 제품을 사용하는 이유는 앞서 마셨던 차 맛을 다기가 품고 있지 않아서 이전에 마신 차의 영향을 받지 않기 때문이다. 또한 새 다기가 주는 영향을 최소화할 수 있어 차 자체의 맛만을 우려낼 수 있다. 실험실 기자재를 유리 제품으로 쓰는 이유도 이런 점 때문일 것이다.

찻물이 잘 스며들지 않는 경질 백자를 써도 무방하다. 여기서는 유리 제품을 사용한다.

(4) 불

요즈음 가정에서 간편하게 사용하는 전기포트 종류를 쓴다. 전기포트라도 플라스틱 제품은 피한다. 이런 제품으로 물을 끓이면 플라스틱의 맛과 냄새가 나서 온전한 차 맛을 낼 수 없고, 차를 마시면 가슴이 답답하고 속이 메스꺼운 몸 반응이 일어나기 때문이다.

물을 끓이는 도구는 유리 제품을 사용하는 것이 가장 좋다. 물맛 자체에 영향을 줄 수 있는 변수를 줄일 수 있지만 깨지기 쉬워 다루기가 힘든 단점이 있다.

무난한 전기용 스테인리스 포트나 스테인리스 주전자를 사용해도 괜찮다. 여기서는 전기용 스테인리스 포트를 사용한다.

이상에서 차를 마시기 위한 준비물들을 모두 갖춰 차 맛에 영향을 주는 요인을 최소화하기 위해 물, 다구, 불 등을 일정하게 고정시켜 놓았다.

이제는 차를 우리는 사람을 통제해야 한다. 사람에 따라 달라지는 맛의 변화를 주지 않기 위해서이다. 우리는 사람을 통제하는 가장 좋은 방법은 우리는 방법을 메뉴얼화시키는 것이다. 그렇게 함으로써 차를 우리는 사람의 숙련도나 기술에 따라 맛이 영향을 받지 않고 고정시킬 수 있다.

(맛의 평가 도구)

비커 컵

차호

유리 숙우

유리 주전자

스테인리스 주전자

전기 주전자

가스 버너

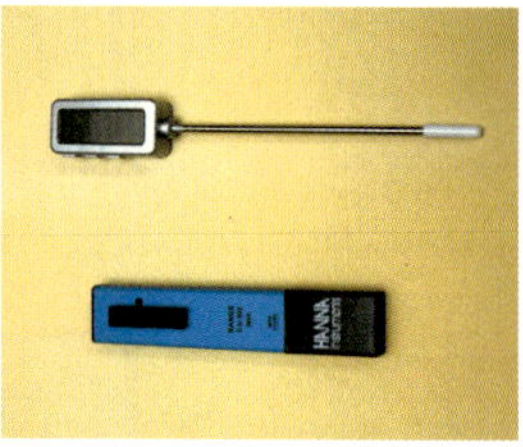

온도계/TDS

타이머/저울

2) 차 우리기

이미 차를 잘 알고 있는 사람에게 우리는 방법을 이야기하는 것은 우스운 일이다. 여기서 차 우리는 방법을 이야기하는 것은 사람에 대한 변수를 통제하기 위함이고, 사람에 따라 달라지는 맛을 고정시켜 객관적인 맛을 내기 위해서이다.

우려내는 맛을 일정하게 고정하려면 차를 어떤 방법으로 우려야 하는

잠깐, 쉬어 갑시다!

'차 맛이 진하다' 와 '짜다' 의 의미는 무엇입니까?

'차 맛이 진하다' 와 '짜다' 등은 맛에 관한 표현인데, '차 맛이 진하다' 라는 표현에는 두 가지의 의미가 있습니다.

하나는 차를 우릴 때 우려진 찻물의 농도가 진하게 우려졌다는 뜻입니다. 찻물의 농도가 진하면 진하고 강한 맛을 내는 짠맛이 대부분을 차지합니다. 짠맛의 성분이 많이 우려져 나와 정말로 짠맛을 느낍니다. 우리가 흔히 차를 마실 때 진하게 우리면 '짜다' 라고 말하는데, 이때 '진하다' 와 '짜다' 가 같은 의미로 쓰입니다.

다른 하나는 차를 연하게 우리더라도 차 자체의 구성성분에 따른 맛의 농도가 진하게 느껴지는 경우가 있습니다. 이때에는 '수성이 두텁다' 라는 의미입니다. 수성이 두텁다는 것은 차 맛이 꽉 찬 상태에서 찻물의 흐름이 매끄럽고 기름지게 느껴지는 정도를 말합니다. 야생차와 재배차를 비교하면 수성의 두터움과 엷음의 차이를 느낄 수 있습니다.

가를 메뉴얼처럼 정해 놓아야 사람에 따른 영향을 최소화할 수 있다.

차를 우려 마시기 위한 준비물 중에서 물, 다구, 불 등은 변하지 않는 고정변수로 두고, 차만 변할 수 있는 조건을 설정했다. 차가 변할 수 있는 조건은 어떤 방법으로 우리느냐에 따라 변한다.

(1) 차 우리는 기준

차를 우리는 기준은 사람마다 제각기 다르다. 같은 사람이라도 마시는 차의 종류에 따라 양이나 우리는 시간 등을 다르게 하거나 같은 차라도 사람마다 차를 다르게 우린다. 이렇게 다르게 우리는 이유는 한마디로 차를 연하게 마시느냐 아니면 진하게 마시느냐의 문제에 해당된다.

차를 우리는 농도에 관련된 문제는 마시는 사람의 취향에 따라 다르지만, 여기서는 차의 농도를 최대한 연하게 우려 마시는 것을 기준으로

'차 맛이 짜다' 라고 표현할 때 우려진 맛의 농도가 '진하다' 의 의미를 나타낼 때가 있고, 연하게 우리더라도 차 자체의 성분 중에 짠맛이 많이 날 때 '차가 짜다' 라고 합니다. 짠맛이 주된 맛으로 느껴질 때 표현입니다. 주된 맛이란 여러 가지의 맛 중에서 가장 많이 들어오는 맛을 말합니다.

차의 짠맛은 우리 입맛에서 어떤 맛으로 느껴집니까?

짠맛을 말로 표현하면 어떤 이는 국간장 맛, 담배 맛이라 합니다. 차의 담배 맛은 연미향이라 하는데, 차를 많이 덖으면 구수한 맛과 짠맛이 강하게 결합되어 담배 맛을 냅니다.

그 반대의 표현으로는 '맛이 연하다', '맛이 싱겁다' 등이 있습니다. 음식에도 이런 표현이 있는데 국물이 진하면 '짜다' 라고 말합니다.

한다.

오늘날 차는 한약의 탕처럼 끓여 마시는 것이 아니라 우려 마시는 것이므로 한약의 탕처럼 진하게 마시는 것을 피하는 것이 좋다. 옛날 연고차나 고형차를 갈아서 탕으로 끓일 때는 농도를 조절하기 어려웠지만, 지금의 차는 대부분 포다(泡茶)하여 우리므로 맛과 향을 즐기기 위해서 연하게 우려 마셔야 한다. 진하게 마시면 오히려 건강에 해로울 수 있다.

중국인이나 대만인의 경우 대부분 차를 진하게 우려 마신다. 이는 식생활이나 문화적인 차이일 수 있다. 차를 즐기는 방법이 다르고 강한 맛과 향을 즐기는 일상을 견주면 차를 진하게 마시는 습성이 몸에 배일 수 있다.

그렇지만 우리는 중국인과 생활문화도 식습관도 다르므로 차를 즐기는 방법도 다를 수 있다. 그런데도 유독 중국인처럼 차를 진하게 우려 마시는 이유가 무엇인지 아직 답을 찾을 수가 없다. 아마 중국인이나 대만인이 마시는 음다풍(飮茶風)에 영향을 받은 듯하다. 이렇듯 차는 진하게 마시는 것이 정설인 것처럼 되어 있지만 이제는 우리만의 음다풍을 찾아 만들려는 지혜와 노력이 필요하다.

만약 여러분이 차를 마셔 건강해지고 싶다면 반드시 명심하고 지켜야 될 약속이 있다. 그것은 차를 진하게 마시면 안 된다는 것이다. 음식을 짜게 먹으면 건강에 좋지 않듯이 차도 진하게 마시면 건강에 좋지 않다. 차가 진하다는 것은 짜다는 말이므로 짜게 마시면 장에 부담을 준다. 건강을 위해 마신 차 때문에 건강을 해치는 일이 생길 수 있다. 그런 일은 없어야 한다. 이것은 임상으로 확인된 사실이다. 왜 그런지 이유를 알아야 한다.

차를 진하게 우리면, 첫째는 차의 성분이 너무 많이 우려져 나와 장을 아리게 하거나 심하면 장에 통증을 유발한다. 건강을 위해 마신 차가 오히려 건강을 해치는 상황이 생길 수 있다.

차를 진하게 마시면서 '짜다' 라고 말하는데 그 표현 속에는 합당한 이치가 숨어 있다. 차를 진하게 우리면 진한 맛 속에 대부분 짠맛이 많이 포함되어 몸에 부담을 줄 수 있다.

또 차를 진하게 마시면 짠맛 때문에 차를 마신 후 맹물을 찾는 일이 일어난다. 차를 마시면 몸에 수분 공급이 충분한데도 물이 먹고 싶다면 어찌된 일일까? 차를 마시고 나서 또 목이 말라 맹물을 마시는 아이러니한 일이 생긴다.

둘째는 진한 맛은 오히려 혀를 마비시켜 미뢰(味蕾)의 감각을 무디게 만든다. 진한 맛에 길들이기 시작하면 자꾸 더 진하게 마시려는 경향이 있다. 음식을 짜게 먹으면 자꾸 더 짜게 먹으려는 경향이 있는 것과 같다. 왜냐하면 미각이 강한 맛에 길들여지면 점점 더 강렬하고 강한 맛에만 반응하기 때문이다. 이처럼 차를 진하게 마시는 습성은 미각을 살리는 역할을 하는 것이 아니라 오히려 둔감하게 한다.

차는 연하게 마시면 마실수록 미각이 강하게 반응을 하지 않아 오히려 발달한다. 미각이 예민하면 진한 차보다는 연하게 우리더라도 섬세하게 맛을 읽어낼 수 있다. 여러분도 이제부터 연하게 마시는 습성을 기르도록 해 보자. 처음에 맛을 읽기가 어렵겠지만 어느 정도 시간이 지나면 익숙해질 것이다.

(2) 차 우리는 기준의 변수

일반적으로 차 우리는 기준에 영향을 미치는 변수는 차의 양, 물의 온도와 양, 우리는 시간의 장단 등 크게 세 가지로 볼 수 있다. 이 변수를 잘 통제해서 다루어야 제대로 된 맛을 우려낼 수 있다.

그 외 다구나 물의 선택도 변수로 작용하지만 앞에서 변하지 않는 고정변수로 설정했으므로 여기서는 일정한 것으로 가정한다.

① 차의 양

모든 음식이 제대로 된 맛과 향을 갖기 위해서 맛을 내는 양념을 적당히 넣어야 하듯, 차의 양도 적정량을 사용해야 차를 맛있게 우려낼 수 있다. 근래 중국차를 마시는 사람들이 늘어나면서 차를 진하게 마시는 음다풍이 형성되고, 그렇게 마셔야 제대로 된 맛을 알 수 있다는 생각이 팽배해 있다.

그래서 우리 녹차는 연하게 마시면서 중국차는 진하게 마시는 사람들을 볼 수 있는데, 특히 보이차(普洱茶)는 더 진하게 우려 마셔야 하는 줄 알고 있다.

이런 상황에서 우리는 다른 시각으로 차에 접근해 보자. 차를 맛과 향을 즐기는 음료라는 관점에서 보면, 차 종류에 따라 양을 같게 하더라도 충분히 그 차가 지닌 맛과 향을 맛볼 수 있다. 이것은 한 종류의 차에서 가장 좋은 맛과 향을 우려낼 수 있는 조건이면, 다른 종류의 차에도 똑같이 가장 좋은 맛과 향을 우려낼 수 있기 때문이다. 그래서 차의 종류에 따라 차의 양이나 우리는 시간 등이 달라질 필요가 없다는 점을 여기서 강조한다.

보통 사람들에게 차를 연하게 우려 주면, 차가 싱거워 맛이 없는 것처럼 이야기를 하거나 차 마시는 법도 모르는 문외한 취급을 한다. 그것은 잘못된 생각일 수 있다. 처음부터 차를 연하게 마시는 습성이 몸에 배어 있다면 진하게 마시는 것이 오히려 몸에 부담을 줄 수 있다.

차를 진하게 마시느냐 연하게 마시느냐 하는 논쟁은 개인적인 음다 습성에 해당된다. 진하게 마신다고 해서 맛을 잘 분석할 수 있는 것은 아니다. 연하게 마시더라도 진하게 마시는 것만큼 맛의 분석과 평가가 가능하다. 오히려 맛의 감각이 더 예민해진다.

그렇다면 차의 양은 어느 정도 해야 되는지 처음 차를 마시는 사람들이 궁금해 하는 부분이다. 객관적인 맛을 평가하기 위해 양에 대한 하나의 기준을 세워야 한다. 그 기준에서 여러 번 마셔보면 자기 나름대로 양에 대한 개념을 세울 수 있다.

다서에 보면 약간의 차이는 있지만 양을 제시하고 있다. 녹차를 기준으로 볼 때 1인일 경우 3g, 2~3인인 경우 4g, 5인일 경우 5~6g 정도의 양을 넣어야 한다고 적고 있다.

차 품평회의 경우에 90ml의 뚜껑이 있는 컵 용기에 3g를 넣고 5분 동안 우려서 평가를 한다. 이렇게 3번을 우려서 3회 평가를 한다.

여기서는 차를 연하게 우려 마시는 것이 핵심적인 사항이다. 150ml－2.5g 정도를 넣거나 250ml－4g 정도의 양을 사용한다. 사람 수에 따라 넣는 g을 달리한 것이 아니라, 차를 우리는 다관의 크기에 따라 몇 g 정도를 사용하는지에 기준을 맞추었다.

일반적으로 물의 온도와 양, 우리는 시간의 장단 등을 일정하게 한다면, 차의 양이 적으면 맛이 싱겁고 많으면 맛이 진하게 우려 나온다. 누구나 알 수 있는 주지의 사실이다.

처음 우린 맛이 싱거울 때 차의 양이 적다고 봐야 한다. 두 번째 우릴 때 물의 양을 적게 하거나 우리는 시간을 조금 길게 하면 된다. 반대로 맛이 진할 때는 물의 양은 늘릴 수 없으므로 우리는 시간을 짧게 해야 된다.

② 물의 온도와 양

물의 선택은 결정되어 고정되었다. 물을 다룰 때 어려운 점은 물의 온도를 측정하는 일이다. 물의 온도는 어떻게 측정하는 것이 좋을까? 차를 우릴 때마다 물의 온도를 온도계로 일일이 측정할 수는 없지만 물 온도에 대한 자료를 확보하기까지 일일이 확인해야 한다. 대략적인 물 온도

잠깐, 쉬어 갑시다!

'맛이 연하다', '싱겁다'의 의미는 무엇입니까?

'맛이 연하다'는 두 가지의 뜻이 내포되어 있습니다.

하나는 찻물의 농도와 관련된 것입니다. 차를 우릴 때 우려진 농도가 묽게 우려졌다는 의미입니다. 농도가 묽으면 진하고 강한 맛을 내는 짠맛이 적어 싱겁게 느껴지기 때문에 '맛이 싱겁다'라고 표현하기도 합니다.

다른 하나는 차 자체의 성분에 따른 맛의 농도(맛의 다소)가 적어 연하고 싱겁다

에 대한 데이터가 확보되면 그것을 물 온도의 수치로 쓴다.

숙우에서 한 김을 뺄 때의 온도는 몇 도인가, 두 김을 뺄 때의 온도는 몇 도인가 등을 실제로 측정한다. 한 김과 두 김의 차이에 대한 감을 잡아야 한다. 여기서 한 김 또는 두 김이라는 뜻은 끓인 물을 차호에 바로 붓지 않고 숙우에 따라 한 김을 빼고 다른 숙우에 옮기면 두 김을 뺀 것이 된다.

다른 방법은 물을 따른 숙우를 손바닥으로 감싸 물의 온도를 측정하기도 한다. 물의 양이 120ml 정도이면 보통 잔에 3잔, 150ml 정도는 4잔, 250ml는 5~6잔 정도 우릴 수 있다.

물의 온도는 맛에 어떤 영향을 줄까? 우리는 조건이 일정하고 물의 온도가 높으면 차가 진하게 우려진다. 뜨거운 물은 찻잎 속의 성분을 많이 용해시켜 추출한다. 그래서 진하게 우려져 진하고 강한 맛과 향이 난다.

물의 온도가 낮으면 맛이 연하게 우러나온다. 맛과 향도 약하고 싱겁다. 그래서 진하고 강한 맛으로 마시고 싶으면 물의 온도를 높이고, 여리고 연한 맛을 위주로 할 때는 물의 온도를 낮추어야 한다. 물의 온도도 너무 높거나 너무 낮아도 제대로 된 맛과 향을 즐길 수 없다. 물의 온도도 적당해야 맛과 향을 적절하게 우려낼 수 있다.

는 뜻입니다. 차를 진하게 우리더라도 차 자체의 맛이 연하고 싱겁게 나올 때를 말합니다. 이때 맛이 연약한 경우로 '수성이 엷다' 라고 합니다.

'맛이 싱겁다' 는 것은 우려진 찻물의 농도가 연하게 우려질 때를 나타내기도 하고, 차 자체의 성분 중에서 맛의 농도가 엷을 때를 표현하기도 합니다. 진하게 우리더라도 맛 자체가 엷게 나올 때를 말하는 것으로 '수성이 엷다' 라고 합니다.

이처럼 두 가지 표현은 같은 의미로 사용되기도 하고, 표현에 따라 다른 의미를 나타내기도 합니다.

일반적으로 맛이 진하게 우려진다면 물의 온도를 낮추거나 우리는 시간을 짧게 해야 된다. 맛이 연하게 우러나오면 물의 온도를 높이거나 우리는 시간을 길게 해야 된다.

③ 우리는 시간의 장단(長短)

적정량과 적정 온도로 차를 우린다고 가정할 때 우리는 시간이 길면 맛이 진하게 우러나와 짠맛이 많고 뒷맛은 쓰고 떫다. 우리는 시간이 너무 짧으면 연하게 우러나와 싱겁고 뒷맛에 물맛이 들어온다.

일반적으로 맛이 진하게 우러나오면 우리는 시간을 짧게 하거나 다음에 차의 양을 적게 넣으면 된다. 맛이 연하게 우러나오면 우리는 시간을 길게 하거나 다음 우릴 때 차의 양을 많이 넣으면 된다.

여기에 주어진 실험적인 조건은 객관적인 맛을 내기 위한 변수의 통제도 있지만, 차를 연하게 우려 마시는 방법을 기술한 것이기도 하다.

이상의 변수(차의 양, 물의 온도와 양, 우리는 시간의 장단)들은 각기 하나씩 따로 작용하는 것이 아니라 공통적으로 작용하여 총체적인 맛을 결정한다. 다만 설명의 기술상 각각의 변수로 열거하였다.

(3) 우리는 방법

차를 우리는 데 고려해야 할 변수를 앞에서 몇 가지로 나열하였는데 그 외에도 많은 변수가 영향을 미친다. 여기서는 큰 영향을 미치는 변수들을 주로 다루었다. 이 변수들을 통제하는 이유는 동일한 조건에서 같은

맛을 우려내기 위함이고, 그 의미 속에는 차를 연하게 우려 마시는 방법을 강조한 것이다.

차호를 사용하여 차를 우리는 방법을 포다법(泡茶法)이라 한다. 포다법은 평소 차를 마실 때 우리는 방법이다. 차호에 차를 넣고 물을 가득 붓는다. 어느 정도 시간이 경과한 후 차를 우려내는 것을 말한다. 여기서 차를 우리는 데 사용하는 다구는 유리 제품을 쓴다.

① 차를 우릴 때는 150ml-2.5g-8초 혹은 250ml-4g-8초에 우려낸다.

8초라는 것은 차호에 물을 가득 부어 채운 후 8초가 지난 다음부터 차를 우리기 시작하여 25초에 완료하는 것을 말한다.

차를 차호에 많이 넣어 우리는 사람이 있고, 차호에 물을 붓고 오랫동안 포(泡)를 한 후 진하게 우려 마시는 사람도 있다. 차의 종류에 따라 차의 양이나 물의 온도, 우리는 시간의 차이를 두어 우리는 사람도 있다. 어떤 방법을 선택하든지 간에 차를 진하게 마시느냐 연하게 마시느냐의 문제로 결론을 내릴 수 있다.

차를 우릴 때 우리는 간격에 따라 두 가지의 의미가 있다. 하나는 우리는 시간을 일정한 간격으로 하여 포의 횟수가 늘어감에 따라 맛의 변화가 어떻게 일어나는지를 관찰하는 것이다. 맛의 변화에 초점을 맞춘 것이다. 다른 하나는 차 우리는 시간을 포의 횟수에 따라 차츰 늘리는 것으로 일정한 맛을 유지하기 위한 것이다.

(그림 1) 맛의 곡선

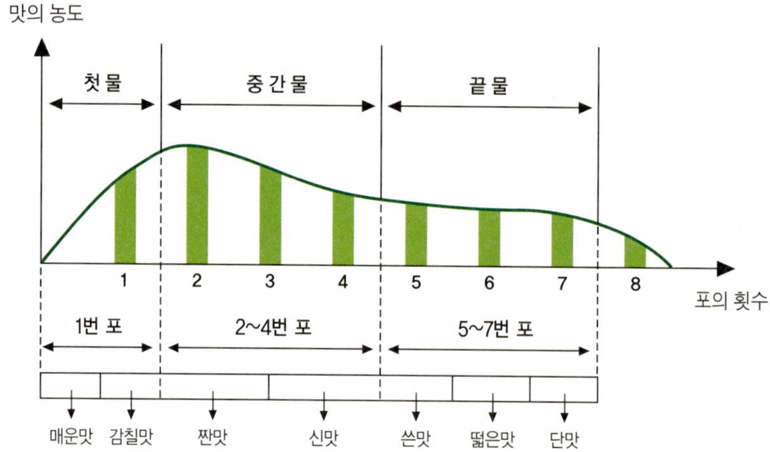

(전체 우리는 포에 따른 맛의 변화)

여기서는 차의 종류를 불문하고 우려 마시는 방법을 일률적으로 고정한다. 차를 마시는 것이 맛과 향을 즐기는 것이라면 차 종류에 따라 차의 양이나 우리는 시간 등이 달라질 필요가 없다고 본다. 한 종류의 차에서 가장 좋은 맛과 향을 우려낼 수 있는 조건이면 다른 종류의 차에도 똑같이 적용되기 때문이다. 차는 종류에 상관 없이 모두다 우려 마시는 것이기에….

다만, 녹차의 경우는 물의 온도를 약간 떨어뜨려 우린다. 끓인 물을 차호에 바로 붓지 않고 숙우에 따라 한 김을 뺀 다음 다른 숙우에 옮겨 두 김을 뺀다.

이처럼 우리는 방법을 일률적으로 고정시키는 이유는 차 종류에 관계없이 동일한 조건에서 우려진 맛을 기준으로 평가해야 되고, 이것이 좀 더 합리적인 방법이 될 수 있기 때문이다. 그 이면에는 차 종류와 상관없이 연하게 우려 마시기 위함이다.

② 우리는 포(泡) 사이의 시간적 간격을 일정하게 한다.

앞에서는 차 우리는 시간을 일정하게 고정한 것이고, 여기서는 차를 우릴 때 한 포와 한 포 사이의 시간적 간격을 일정하게 하는 것을 말한다.

차를 우리는 것이 숙달되면 우리는 포 사이의 시간적 간격이 거의 일정하므로 크게 영향을 미치는 변수는 아니다. 포다법은 포의 횟수가 늘어감에 따라 맛의 변화를 읽는 재미가 있다. 한 포씩 우릴 때마다 차 맛이 다르기 때문이다.

③ 첫 번째 우린 포(泡)를 버리지 않는다.

차를 마실 때 우리의 녹차는 세다(洗茶)를 하지 않고 마시지만 중국의 녹차나 오룡차, 철관음, 보이차 등은 한두 번 우려내고 나서 마신다. 이것은 청결문제와 관련된 위생상의 이유인 듯하다.

그러나 차를 평가할 때는 첫 번째 우린 차도 마셔야 한다. 첫 포도 품평의 대상이기 때문이다. 또한 맛 중에서 맑고 가벼운 맛에 속하는 매운맛과 여린 단맛(감칠맛)은 대부분 첫 포에 우러나온다. 첫 포를 버리면 이런 맛을 맛볼 수 없다.

여기서의 품평방법은 첫 포에서부터 셋째 포까지 우린 맛을 보고 평한다. 품평도 엄격하게 하는 것이 아니라 차를 우려 마시는 과정에서 이루어진다.

3) 차 마시기

차의 출발은 우려 마시는 것부터 시작하므로 차에 관한 지식이나 학문적인 탐구 이전에 마시는 행위가 선행되어야 한다. 차는 마시는 행위가 차의 전부라고 할 정도로 중요한데, 결국에는 자연스럽게 차 마시는 일상의 행위만 남아 있기 때문이다.

그러나 정작 우리에게 마시는 방법에 대한 상세한 지침을 주는 책들은 드물다. 아마 차를 우리는 법이나 마시는 방법은 모두가 잘 알고 있다는 전제에서 그럴 것이다.

잠깐, 쉬어 갑시다!

'맛이 흩어진다' 와 '맛이 꽉 차 있다' 의 의미는 무엇일까요?

'맛과 향이 흩어진다' 는 표현을 흔히 씁니다. 이 표현에는 두 가지 의미가 있습니다.

첫 번째, 맛의 농도에 관한 표현으로 찻물에 우려진 맛의 농도의 묽기 정도를 나타냅니다. 전체적인 포의 횟수에 따른 맛의 변화를 보면, 맑고 가벼운 맛 ⇒ 진하고 강한 맛 ⇒ 탁하고 무거운 맛 ⇒ 맹물맛의 순서로 맛이 빠져나갑니다. 이렇듯 차를 우리면 맛은 일련의 순서대로 우러나고 일정한 연결 구조를 가지고 있습니다.

맑고 가벼운 맛은 주로 찻잎의 겉표면에 있는 맛(겉맛)으로 매운맛과 여린 단맛(감칠맛)입니다, 진하고 강한 맛은 찻잎 속에 있는 맛(속맛) 중에서 진하게 나오는 맛인데, 짠맛과 신맛입니다. 탁하고 무거운 맛은 속맛 중에서 쓴맛과 떫은맛을 말합니다.

차를 어떻게 마셔야 하는가를 아는 것은 결코 쉬운 일이 아니다. 자연스럽게 차를 마시는 행위가 일상으로 몸에 배어나기 위해서 세월의 향기가 묻어나야 하기 때문이다.

여기서 차를 마시기 위한 전제 조건을 갖춤으로써 과정상의 일관성을 구비할 수 있다. 차 우리는 법뿐만 아니라 차 마시는 법을 설정한 것도 일정한 통제에 따라 일관성을 가지기 위함이다. 이제부터 차 마시는 방법에 대해 간략하게 알아보자.

(1) 우린 차를 마시기 전에 항상 다음의 순서를 행한다.

차를 마시기 전에 먼저 눈으로 찻물색(수색)을 보고, 코로 차향을 맡는 습관을 들인다. 그리고 입 안에서 맛을 느낀다.

차 맛뿐만 아니라 향을 판단하는 것은 초보자나 애호가에게도 여전히 어려운 일임에 틀림이 없으나 중요한 것은 의식적인 노력, 즉 훈련이 필

맹물맛은 겉맛과 속맛이 다 우러나오면 물맛이 느껴지는 부분을 말합니다. 차 맛 속에 맹물맛이 들어와 맛과 향이 뚝 떨어질 때 '맛이 뚝 떨어진다', '맛이 흩어진다' 라고 합니다. 이때 차를 마시면 속이 메스껍기 때문에 맛이 흩어지기 전까지 우려 마십니다.

두 번째, 차의 품질을 평할 때 표현입니다. 차의 품질이 떨어질 때 맛과 향이 흩어집니다. 차향이 모아져 한줄기로 피어올라야 하는데 확 퍼져서 올라오거나 치받는 경우에 쓰는 표현입니다.

'맛이 꽉 차 있다' 라는 것은 차가 지닌 기본적인 맛이 다 살아있는 온전한 맛이 날 때를 말합니다. 차가 지닌 제각기의 맛들이 다 어우러진 것으로 '맛과 향이 풍부하다', '맛이 다 들어 있다' 라고 합니다. 와인의 맛으로 표현하면 아마 Full-body라고나 할까요?

요하다. 훈련을 통해 미각이 예민해질수록 맛과 향을 다른 사람보다 더 많이 즐길 수 있기 때문이다.

초보자의 경우 처음에는 찻물색을 보되 색으로 판단하지 말고 향을 맡되 향으로 판단하지 말아야 한다. 선입견 없이 몸으로 체득될 때까지 아무 생각 없이 그냥 보고 그냥 맡아야 한다. 오랜 시간이 지나면 자연히 눈을 틔우고 코가 뚫려 비로소 차를 읽는 능력이 갖추어질 것이다.

(2) 마실 때 혀의 움직임을 주시해야 한다.

차를 마실 때 처음 혀끝을 찻물에 적신다. 적신 혀끝을 목 안쪽으로 약간 말아 혀끝에 닿은 찻물을 가볍게 공기와 함께 빨아들인다. 입 안에 들어온 찻물을 머금은 채 혓바닥으로 찻물을 굴린다.

중국식 차 품평, 와인의 감별, 커피 등을 평가할 때 공기를 세게 빨아들

저자들의 찻 자리

인다. 이는 평가하려는 탕 자체가 진하게 우려져 강한 맛으로 결합되어 있기 때문에 맛을 분리시키기 위해 강하게 공기를 빨아들여야 한다. 그러나 여리고 연한 맛을 가진 탕은 맛의 결합이 느슨하게 풀려 있어 공기를 가볍게 빨아들여도 된다.

(3) 목젖의 반응과 장(腸)이 편안한가를 살핀다.

입에서 맛을 느끼고, 목젖에서 수성의 정도를 알고, 장에서 속이 편안한가를 관찰한다. 미각이 발달하면 입에서 느끼는 맛을 목젖에서도 느낄 수 있다.

목젖의 감각은 예민하여 약간의 변화에도 민감하게 반응하는데, 예민한 사람인 경우 목젖에 반응이 일어나면 모두 다 좋지 않은 차로 여기지만 그것은 잘못된 판단이다.

음식물의 좋고 나쁨에 관계없이 긍정적이든 부정적이든 목젖의 반응은 일어나므로, 반응에 대한 판단으로 가장 중요한 기준점은 장 반응이다. 만약 목젖의 반응이 강하게 일어나더라도 장 반응이 편안하면 차의 원료와 보관에 이상이 없기에 잘못된 것이 아니다. 이는 음식 등 그 자체의 성질에서 오는 반응이다.

잠깐, 쉬어 갑시다!

우린 차가 너무 진하면 물을 타서 연하게 마셔도 되나요?

차를 마실 때 우린 차가 진하더라도 그냥 짜게 마시는 경우가 있습니다. 우려진 차에 물을 타는 행위가 결례인 줄 알고 진하더라도 그대로 마십니다.

그러나 차도 하나의 음식이요 음료인 점을 감안해 간을 잘 맞추어야 합니다. 차가 너무 진하게 우려지면 가볍게 말을 하고 물을 조금 타면 될 듯 싶습니다. 차를 연하게 마시는 것이 건강을 위한 방법입니다.

(4) 한 잔의 차를 두 모금이나 세 모금으로 나누어 마신다.

또한 입 안의 한 모금은 세 부분으로 끊어 읽는다.

차는 물 마시듯 마시는 것이 아니므로 조금씩 나누어 마신다. 적은 양을 입 안에 넣고 음미해야 맛의 감각에 집중할 수 있기 때문이다. 한 잔의 차를 두 번이나 세 번으로 나누어 마시면 두세 번에 걸쳐 맛을 깊게 음미할 수 있다.

또한 한 모금을 마신 차는 세 부분으로 끊어 읽는다. 즉 맨 먼저 들어오는 첫맛, 중간에 들어오는 중간맛, 끝에 들어오는 뒷맛으로 나누어 읽는다.

(5) 전체적인 포의 횟수는 맹물맛이 들어오기 전까지 우려 마신다.

차를 마실 때 몇 번까지 우려 마셔야 하는지 궁금해하는 사람들이 많다. 주로 초보자일 때 궁금한 점이다. 그러나 이것은 정답이 없는 물음이다.

잠깐, 쉬어 갑시다!

차와 와인은 맛에서 어떤 상관관계가 있을까요?

차는 마시는 음료이고 와인은 주류(酒類)에 속합니다. 이들은 전혀 다른 별개의 영역에 있는 것 같지만 맛의 부분에서 공통적인 요소가 있습니다. 그들이 지닌 맛이 각각 다른 맛처럼 느껴지지만 공통적인 맛이 존재하기 때문입니다.

차의 기본적인 맛을 와인에서도 느낄 수 있기 때문에 차 맛을 잘 읽을 수 있는 사람은 와인의 맛도 잘 느낄 수 있습니다.

차의 품평이나 와인의 감별은 색향미를 가지고 판단하는데 판단을 위한 방법은 본질적으로 비슷합니다. 다만 와인은 마시는 맛의 농도가 거의 결정되어 있는 데 반해, 차 맛은 우리는 횟수에 따라 맛의 농도가 달라지는 차이점이 있습니다.

차를 마시는 사람마다 다르고 차의 종류와 차를 마시는 방법에 따라 다르다. 또한 맛을 즐기는 때와 장소에 따라 맛을 느끼는 정도가 달라 일률적으로 말하기가 어렵다.

그러나 차 맛에 맹물맛이 들어오기 전까지 우린다고 보면 된다. 맹물맛이 들어올 때 맛과 향이 뚝 떨어지므로 이후에 맛은 물론 몸 반응으로 볼 때 여기까지가 적당하다. 이때 우린 차를 마시면 속에 메스꺼운 반응이 일어난다.

전체적인 포의 횟수에 따른 맛의 변화를 보면 일정하게 순차적으로 일어난다. 포다법으로 한 포씩 우릴 때 전체적인 맛의 변화는 맑고 가벼운 맛 ⇒ 진하고 강한 맛 ⇒ 탁하고 무거운 맛 ⇒ 맹물맛의 순서로 들어온다.

처음, 맑고 가벼운 맛은 주로 찻잎의 겉표면(겉맛)에 있는 맛으로 매운맛과 여린 단맛(감칠맛)을 말한다. 맑고 가벼운 맛이 많으면 많을수록 원료의 품질이 좋고 제다를 잘한 차이다.

두 번째, 진하고 강한 맛은 찻잎의 속에 있는 맛(속맛)으로 짠맛과 신맛이 주된 맛이다. 진하고 강한 맛은 두 번째 포에서 가장 많이 우러 나오는데 주로 짠맛이 많다. 그래서 짠맛이 첫 번째 포의 주된 맛으로 들어오면 구수한 맛이 나는 제다를 잘못한 차이든지 원료의 품질이 좋지 못한 차에 속한다.

세 번째, 탁하고 무거운 맛은 찻잎의 속맛으로 가장 늦게 우러나는데 쓴맛과 떫은맛이 주된 맛이다. 탁하고 무거운 맛이 우려질 때 뒷맛에서 물맛이 약간 들어온다. 또한 탁하고 무거운 맛 뒤에는 단맛이 붙어 있다.

단맛은 무거운 맛으로 전체적인 맛으로 들어온다. 이때의 단맛은 첫 포의 감칠맛과는 다르다.

전체적으로 포를 우리는 횟수가 많아지면 맛이 엷어지고 뒷맛에 맹물맛이 들어온다. 맹물맛이 들어올 때 차 맛이 뚝 떨어져 흩어진다. 차 맛과 물맛이 분리되는 시점이다.

이상의 맛들이 균형 잡힌 맛으로 들어올 때 '맛이 꽉 차 있다', '맛이 다 들어있다', '맛이 풍부하다' 라고 한다. 또한 차의 싱그러운 맛이 들어

잠깐, 쉬어 갑시다!

차(茶)는 하루에 얼마 정도 마시는 것이 좋습니까?

사람의 몸에서 배출되는 하루의 수분량은 사람에 따라 다르지만 약 2.4~2.6L 정도가 된다고 합니다. 이 수분은 대소변이나 땀 등으로 몸 밖으로 배출됩니다. 사람의 몸은 수분이 빠져나간 양만큼 채워져야 몸의 균형을 이루기 때문에 우리가 섭취해야 할 하루의 수분량은 최소한 2.4L 정도는 되어야 합니다. 어떤 사람은 자기 몸무게의 1/20 정도 물을 마셔야 한다고 말하는 이도 있습니다.

몸의 70%가 물로 구성되어 있는 만큼 물은 우리 몸에서 중요합니다. 같은 조건이라면 물을 많이 마시는 사람이 마시지 않는 사람보다 건강할 확률이 높습니다. 왜냐하면 물은 우리 몸에 있는 독소나 노폐물을 배출하는 신진대사 작용을 하고 이로 인해 오장육부가 정화되어 맑아지기 때문입니다.

이런 점에서 볼 때 차를 하루에 최소한 2.4L 이상 마셔도 아무런 문제가 없습니다. 여기서는 하루에 최소한 3L 이상 마시라고 권합니다. 다만 차는 원료에 이상이 없는 차이고 물은 미네랄이 없는 순수한 물, 즉 맑은 물이라야 합니다.

맑은 물은 많이 마시면 마실수록 건강해집니다. 맑은 물이라야 위장이나 신장에 부담을 주지 않기 때문입니다. 특히 건강상 이유로 차를 마시려면 많이 마시는 것이 좋습니다. 차가 건강한 차이고 물은 맑은 물이면 몸이 받아주는 한계점까지 마셔도 됩니다.

그러나 한 가지 명심해야 할 사실은 차를 연하게 마셔야 한다는 것이다. 이것만은 꼭 기억해야 합니다. 그렇지 않으면 몸에 부담을 줄 수 있습니다.

올 때 '맛이 살아있다', '맛이 살아 움직인다' 등으로 표현한다.

진하게 우리더라도 물맛이 주된 맛일 때 '맛의 고저(높낮이)가 없다', '맛의 강약이 없다', '살아있는 맛이 없다' '맛이 밋밋하다', '맛이 단조롭다' 라고 표현한다.

차 맛에 맹물맛이 들어올 때 '끝 맛에 맹물맛이 돈다(섰다)' 라고 한다. 몸 반응을 보면 속이 메스껍다. 또한 맹물맛이 들어오기 직전에 거칠고 역한 맛이 나는데, '맛이 흔들린다' 라고 한다.

(그림 2) 맛의 곡선

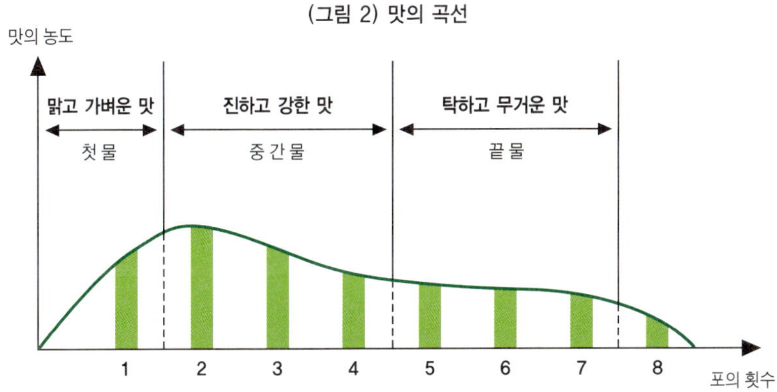

⑦번 설명 : 차 맛이 흔들린다. 끝맛에 맹물맛이 들어온다.
⑧번 설명 : 차 맛과 물맛이 분리되는 시점이다. 차맛이 뚝 떨어진다. 차 맛이 흩어진다. 몸 반응으로 보면 메스껍다.

2. 전제 조건의 중요성

이렇듯 차 우리기와 차 마시기를 일정한 방법으로 메뉴얼화 시키는 이유는 실험적인 조건을 통제해야 동일한 조건이 주어지기 때문이다. 동일한 조건에서 이루어진 결과물이라면 비로소 객관적인 방법으로 이루어진 것으로 볼 수 있다.

이렇게 될 때 차를 우리는 사람에 따라 맛이 달라지는 변수를 고정시킬 수 있다. 사람에 따라 달라지던 차 맛도 일정한 맛을 낼 수 있고 이 차를 마시면 거의 동일한 맛과 향을 느낄 것이다. 그래서 다른 외부 조건에 영향을 적게 받는 차 그 자체의 맛의 분석과 평가가 가능하다. 이 전제 조건이 성립되어 다루어진 결과의 내용이 동일하면 객관적이라 볼 수 있다.

'몸으로 읽는 차 이야기'에서는 전제 조건을 먼저 설정하고 이 조건에서 일어난 몸 반응과 맛 분석에 대해 설명하고 있다. 여기서 설명된 몸 반응과 맛의 분석은 이 전제 조건의 범위 내에서 이루어진 것이므로 범위를 벗어나면 다른 반응과 맛이 일어날 것이다.

이런 전제 조건을 설정한 근본적인 이유가 단순히 동일한 차 맛과 향을 내기 위한 것만은 아니다. 여기에는 중요한 의미가 포함되어 있다.

첫째, 차를 연하게 마시기 위함이다.

차를 진하게 마시면 차의 성분이 너무 많이 용출되어 아무리 좋은 차라도 장을 아리게 하거나 심하면 통증을 유발시킨다. 이렇게 되면 차를 많이 마시지 못한다.

또 진하게 마시면 짠맛이 많이 드러나 차를 마셔도 물을 마시고 싶은 욕구가 생긴다. 차를 마시면 갈증이 해소되는데 오히려 유발하는 현상이 일어난다. 차를 마시면 미각이 발달하여 미세한 맛을 느껴야 하는데, 짠맛은 진하고 강한 맛이기에 혀가 마비되어 미각을 둔감하게 한다.

그러나 차를 연하게 마시면 장에 부담도 주지 않으며 많은 양을 마실 수 있고, 그로 인해 물을 많이 마실 수 있어 건강할 수 있다. 또 미각이 발달하면 맛에 대해 섬세하게 읽을 수 있으며 맛 감각이 살아있다.

우리기 전의 차의 양(250ml - 4g)

우린 후의 차의 양

둘째, 차를 양(量)적으로 많이 마시기 위함이다.

많은 양의 차를 마시려면 먼저 맑은 물을 사용하여 연하게 마셔야 한다. 여기서 맑은 물은 물속에 미네랄이 없는 순수한 물을 말한다.

찻물의 선택에 대해 물 이야기에서 언급하겠지만, 차를 우리는 물은 물 자체가 장에서 흡수가 잘 되어야 한다. 물 자체가 몸에서 소화 흡수가 잘 되려면 맑은 물이어야 한다. 그러면 차를 아무리 많이 마셔도 장에 흡수가 빨라 부담도 주지 않고 많이 마실 수 있다.

즉 위장에 부담을 주지 않는 물이라야 좋은 찻물이다. 물 자체가 장을 더부룩하게 하거나 메스꺼움이나 통증을 일으키면 많이 마실 수 없고, 마시더라도 소화 흡수가 되지 않는다. 장에서 흡수가 잘되는 물은 미네랄이 전혀 없는 순수한 물, 즉 맑은 물이다. 이것은 몸 반응을 통해 확인된 사실이다.

우리는 미네랄이 풍부한 물이 좋다고 생각한다. 대중 매체를 통해 그렇게 알고 있다. 그러나 몸 반응으로 물을 읽어볼 때, 미네랄(광물질)이 풍부한 물일수록 장에서 흡수가 되지 않아 더부룩하거나 메스껍고 장에 아픈 통증을 유발시킨다.

물속에 용해된 미네랄은 무기 미네랄이다. 무기 미네랄은 사람의 몸에서 거의 흡수되지 않는다. 다만 식물은 토양에 있는 미네랄을 자신의 영양분으로 삼기 때문에, 식물이 필요로 하는 물에는 미네랄이 풍부한 물이 좋다.

사람은 식물이 무기질 미네랄을 치환하여 유기질 미네랄로 만든 것을 먹어야 흡수가 잘 된다. 즉 식물이 만든 과일이나 채소류 등이 가진 미네랄을 섭취해야 잘 흡수될 수 있다.

그래서 물속에 녹아있는 미네랄이 가능한 많이 걸러진 물이 좋은데, 정수기를 사용하여 정수한 물이 무난하다. 정수한 물이라도 역삼투압 방식으로 미네랄 등이 완전히 필터링 된 증류수에 가까운 물이 좋다. 여기서는 이런 물을 맑은 물이라 한다.

(미네랄 유무에 따른 찻물색 비교)

이렇게 볼 때 순수한 물에 가까운 증류수가 찻물로 가장 좋겠지만, 증류수는 구하기도 힘들고 보관도 어려워 일상의 음용수로 사용하기는 곤란하다. 차를 많이 마시기 위한 조건은 원수(原水)가 수돗물로 정수시킨 맑은 물이어야 한다.

셋째, 차가 지닌 본래의 맛과 향을 우려내기 위해서이다.

차는 제각기의 맛과 향이 있는데, 이것을 있는 그대로 즐기려면 물, 다구, 불에 최대한 영향을 받지 않게 해야 한다. 이러한 것들이 차 자체의 맛을 그대로 우리는 데 방해가 된다면 물에 따라, 다구의 쓰임에 따라, 끓이는 도구에 따라 각각 다른 맛이 나므로 차를 객관적으로 평하기가 곤란하다. 그래서 여기서는 차 맛을 그대로 우려내는 다구를 사용한다는 전제 조건이 중요하다. 차 본래의 맛을 추구하는 사람은 온전한 차 맛을 원하므로 차에 영향을 주는 요소를 배제하는 것이 바람직하다.

이상에서 차 마시기와 차 우리기를 매뉴얼화하여 우리는 사람에 따라 달라지는 변수를 일정하게 고정시켰다. 다섯 가지 변수 중에 차를 제외한 물, 다구, 불, 사람은 변하지 않는다는 조건에서 차만 체계적으로 검토할 수 있는 토대를 설정하였다.

이 전제 조건에서 몸 반응과 맛의 분석 및 평가가 행해진 것이다. 이 조건을 벗어나면 몸 반응과 맛 평가가 달라질 수 있는 소지는 있지만, 무엇보다도 전제 조건을 설정함으로써 몸 반응과 맛의 분석 및 평가가 주관적인 것에 머물러 있지 않고 객관화될 수 있는 것이다.

차를 많이 마시면 몸속의 칼슘이 빠져나가 뼈가 약해진다는 말이 있는데 어떻게 생각하는지요? 또 차의 성분이 철분의 흡수를 방해하여 뼈를 약하게 만든다는 말도 있는데 이 점은 어떻게 생각합니까?

차를 마시면서 많은 사람으로부터 이런 질문을 수없이 받았습니다. 위 질문은 차를 마시는 사람들이 많이 궁금해하는 사항입니다. 여기 답변은 의학적인 문제를 해결하기 위한 것이 아닙니다. 상식적인 수준의 답변입니다. 다만, 몸의 메커니즘 측면에서 설명할 수 있는 문제이고, 몸 반응의 임상을 통해 확인된 사실을 기록한 것입니다.

대부분 사람들은 차를 많이 마시면 몸속에 있는 칼슘 등 영양분들이 빠져나가 뼈가 약해진다고 알고 있습니다. 차를 많이 마시면 이뇨작용이 활발하여 그렇다고 말합니다. 또한 차의 성분 중에는 철분의 흡수를 방해하는 작용도 있어 뼈가 약해진다고 믿는 사람도 있습니다. 어떤 책은 그렇게 적고 있습니다. 의료계에 종사하는 사람 중에서 그렇게 이야기하는 사람이 많습니다. 이런 이유로 차를 많이 마시는 것을 꺼리거나 아예 마시지 않는 사람도 있습니다.

여기서는 다른 관점으로 이야기하고자 합니다.

첫째는 차를 마시면 일어나는 이뇨작용이 과연 사람의 건강에 해(害)를 끼치는가 하는 점입니다. 즉 이뇨작용 자체의 문제입니다. 사람들은 차의 이뇨작용 효능을 잘못 알고 있는 것 같습니다. 이뇨작용으로 몸속에 있는 유용한 영양분을 모두 다 배출한다고 여겨 오해가 생긴 것 같습니다. 이뇨작용은 몸속에 있는 유용한 영양소를 모두 배출하는 메커니즘이 아닙니다.

둘째는 차의 성분이 철분의 흡수를 방해한다고 하는데, 차는 이뇨작용뿐만 아니라 음식물을 분해하여 소화 흡수하는 작용도 뛰어납니다. 음식물을 분해하여 소화 흡수시키는 기능이 소화제만큼 뛰어나므로 철분의 흡수를 방해하는 것이 아니라 오히려 흡수력을 촉진시킵니다. 이뇨작용으로 몸 밖으로 배출되기 전에 소화 흡수하는 기능이 먼저 일어나므로 이 점을 고려해야 합니다.

이 두 가지의 측면에서 살펴봅시다.

첫째, 차가 이뇨작용을 활발하게 하는 것이 몸속에 있는 칼슘 등 영양분을 빠져나가게 하는지의 문제입니다.

몸의 메커니즘 측면에서 보면, 차를 많이 마시면 차의 이뇨작용으로 몸속에 있는 독소나 노폐물이 많이 배출됩니다. 배출되는 과정에서 몸에 유해한 성분인 독소나 노폐물뿐만이 아니라 당, 나트륨이나 칼슘 등의 전해질, 소량의 아미노산 등 몸에 필요한 성분도 포함되어 있습니다.

그러나 신장에서 노폐물과 유용한 성분을 다 배출하는 것이 아닙니다. 노폐물은 소변으로 배출되지만 몸에 필요한 성분은 세뇨관에서 재흡수됩니다. 물이나 나트륨, 칼슘 같은 전해질의 약 70% 등 몸에 필요한 물질의 대부분이 여기서 재흡수 되어 모세혈관으로 되돌려집니다. 70%는 분리수거하여 재활용하는 것입니다.

이처럼 몸의 기능은 정교한 시스템으로 통제되고 조절됩니다. 그래서 칼슘이 전부다 빠져나간다는 것은 쓸데없는 걱정입니다. 오히려 차를 많이 마시면 몸속의 독소나 노폐물이 빨리 걸러져 피가 맑아집니다. 피가 맑으면 혈액순환이 좋아집니다. 혈액 속의 영양분과 산소를 세포 조직이나 뼈 조직 속에 있는 모세혈관까지 충분하게 공급되므로, 차는 근육을 튼튼하게 하고 뼈 조직을 건강하게 만듭니다.

경험적으로 볼 때 차를 많이 마시면 건강해지는 첫 번째 이유가 이뇨작용 덕분입니다.

둘째, 차는 음식물 등을 분해하여 소화 흡수하는 기능이 높다는 사실입니다. 철분 등의 영양분 흡수를 방해하는 것이 아니라 분해하여 소화 흡수력을 높인다는 것입니다.

최근에 미디어를 통해 보도된 자료에 의하면, 암환자가 먹는 항생제에 차를 섞어 복용시켰더니 항생효과가 30% 증가했다는 내용입니다. 임상 실험으로 검증된 사실을 보도하였습니다. 이처럼 차는 음식물을 분해하고 소화 흡수력을 높인다는 것이 임상 실험을 통해 입증되었습니다.

이를 통해 보면 차는 철분 등 영양분의 흡수를 방해하는 것이 아니라 소화 흡수력을 높입니다. 또 차의 성분에 들어있는 칼슘도 몸에 흡수되어 뼈의 조직을 튼튼하게 합니다. 더욱이 차의 이뇨작용으로 피가 맑아지면 혈액순환이 좋아져 뼈에 영양분을 충분히 공급하는 이중의 효과가 있습니다. 임상을 통해 누구든지 확인이 가능합니다.

Ⅲ. 차로 읽는 몸 이야기

차를 어떻게 읽을 것인가? 하는 문제는 어떤 방법으로 차에 접근해야 하는가의 접근 방법에 대한 것이다. 여러 접근 방법이 모색되는 근본적인 이유는 차에 대해 모든 것을 알고 싶어 하는 인간의 지적 욕구가 아닐까 싶다.

차를 마시는 사람의 주된 관심은 차 맛이 좋은지 나쁜지에 집중되어 있어 맛을 결정하는 제다 과정에 많은 비중을 둔다. 지금도 맛은 차를 보는 가장 중요한 요소이다.

그러나 차도 하나의 식품인 점을 감안하여 '차'를 전체적인 관점에서 보면 제다 과정은 한 부분에 속한다. 차는 원료 – 제다 과정 – 보관의 관계가 유기적으로 연결되어 있기에, 차의 모든 것을 온전하게 파악하려면 원료의 문제와 보관 상태의 문제도 같이 다루어야 한다. 이렇게 해야 차에 대해 완전하게 접근할 수 있다.

이 말은 차를 온전히 읽기 위해서는 맛은 물론 몸의 변화도 함께 논해야 된다는 의미이다. 몸 반응을 통해 차를 해석하고 설명할 수 있어야 한다. 그렇게 함으로써 맛으로 평가할 수 없는 부분까지 설명이 가능하다.

'차를 우려 마신다' 함은 지금 내 앞에 있는 차를 마시는 것이다. 차가 현재 내 앞에 있기 위해서 생산한 시점부터 지금 마시는 순간까지 시간적인 경과의 의미가 함축되어 있다. 시간적인 경과는 차의 보관을 말한다. 또한 차 맛에는 제다 과정의 맛뿐만 아니라 원료 자체가 주는 맛도 존재한다.

이렇듯 차를 마신다는 것에는 아래의 의미가 내포되어 있다.

첫째, 보관의 의미가 내포되어 있다. 지금 이 자리에 차가 존재한다는 것은 시간적인 흐름인데, 보관 상태는 차를 마시는 매 순간마다 포함되어 있어 차의 맛과 향에 영향을 미치는 중요한 요소이다.

이 시간적인 요소는 어느 차든지 모두 다 적용되지만, 특히 장시간 보관을 요하는 후발효차인 보이차, 육보차, 금첨차, 천량차, 육안과 등은 보관을 가장 중시한다. 차를 마신다는 것은 곧 차의 보관 상태를 마신다고 본다.

둘째는 원료의 의미가 내포되어 있다. 지금 차를 마신다는 것은 잘 만들었느냐의 문제뿐 아니라 원료가 좋은지 나쁜지의 판단도 들어 있다. 그래서 차의 판단은 원료의 이상 유무를 판단해야 한다. 원료를 떠나서는 차의 맛과 향을 온전히 읽지 못한다. 이처럼 차를 마신다는 것은 원료 속에 포함된 맛과 향을 함께 마시는 것이다.

이런 점을 검토할 때 차를 마신다는 것은 원료 – 제다 과정 – 보관의 세 요소를 모두 다 마시는 것이다. 제다 과정의 맛 부분만 따로 떼어내어 마시는 것이 아니다. 그래서 보관이나 원료 문제는 몸 반응을 통해 판단하는 요소로 제다 과정보다 선행되어 거론되어야 한다.

1. 몸 반응과 차의 세 요소

우리가 먹고 마시는 음식물은 원료 – 조리 과정 – 보관의 세 요소로 이루어져 있다. 차도 마시는 음료라는 점에서 다른 먹을거리와 비슷하게 원료 – 제다 과정 – 보관의 세 요소가 유기적으로 연결되어 차라는 음료를 만들어낸다. 이 세 요소는 차를 만들기 위한 공정인데 유기적으로 연결된 일련의 과정이다.

이 공정은 제다 과정을 살펴보면 알 수 있다. 제다 과정은 차 종류만큼 다양하지만 그 과정 속에 있는 공통적인 요소를 찾아 묶어 낼 수 있다. 이 공통적인 요소는 차 종류를 불문하고 기본적인 틀로 적용될 수 있다.

이 공통적인 요소는 다섯 과정으로 이루어져 있는데, 채엽 – 덖음 – 유념 – 건조 – 포장으로 나누어 볼 수 있다. 이 다섯 과정은 원료(채엽) – 제다 과정(덖음 – 유념 – 건조) – 보관(포장)의 세 요소로 다시 묶을 수 있다. 이렇게 다섯 과정이 세 요소로 연결되어 일련의 절차를 이룬다. 이 가운데 한 요소이라도 공정이 잘못되면 차가 제대로 만들어지지 않는다.

차가 제대로 만들어졌는지 보관 상태는 양호한지 등은 어떻게 판단하는가?

차를 판단하는 요소로 외형상의 판단, 색향미(기)의 판단, 우린 잎(葉底) 보기 등이 쓰인다. 이 판단 요소를 원료, 제다 과정, 보관의 측면에서 보면 그 쓰임은 다음과 같다.

원료는 외형상 판단이나 우린 잎 보기 등 관능검사를 통해 판단한다. 원료의 이상 문제를 맛과 향으로 구별하기는 일정한 한계가 있다. 맛과 향으로 원료의 이상 유무를 구별할 수 없다면 다른 방법은 몸 반응이다.

제다 과정은 차를 잘 만들었는지의 여부를 따진다. 제다를 잘했는지 못했는지는 맛의 평가로 판단한다. 맛의 평가(품평)는 색향미로 판단하므로 관능검사를 통해 이루어진다.

보관은 외형상 판단이나 품평을 통해 보관이 양호한지의 여부를 가린다. 그러나 품평이나 외형상 판단으로 보관 상태를 온전히 가려내기가 현실적으로 어렵기 때문에, 보관의 판단은 몸 반응이 필요하다.

이런 판단 요소만으로 원료의 이상 여부, 맛의 분석이나 품평, 보관 상태의 양호 여부등 차의 성질을 언급하기에 많은 제약이 따른다. 미각과 시각 등 감각이 갖는 한계가 있기 때문이다.

차를 분석하는 또 다른 방법, 몸 반응이 필요한 이유이다. 하나의 방법이 추가되는 만큼 차를 정밀하게 분석하여 읽어낼 수 있다. 몸 반응으로 차의 보관이나 원료 문제를 판단할 수 있다면 몸 반응을 어떻게 신뢰할 수 있느냐 하는 의문이 생긴다. 왜냐하면 몸 반응은 사람마다 다를 수 있다는 것이 일반적인 생각이기 때문이다. 그러나 몸 반응은 사람에 따라 다르지 않고 거의 동일한 반응이 일어난다는 점에서 신뢰성을 얻을 수 있다. 몸 반응이 동일하게 일어난다는 것은 어떤 기준으로 판단하는가를 살펴보면,

첫째는 몸의 변화, 즉 몸 반응은 매번 일정한 부위에 일정하게 반응해야 한다. 둘째는 반응속도가 신속해야 하고 정확하게 반응해야 한다. 셋째는 먹고 마시는 음식에 따라 간헐적인 반응이 아니라 일관성이 있어야 한다. 넷째는 누구에게나 적용할 수 있는 보편성이 있어야 한다. 즉 누구든지 몸 반응 훈련을 통해 숙달시키면 동일한 반응이 일어나야 한다.

이상의 조건이 갖추어지면 차의 판단 요소로 몸 반응을 사용할 수 있

다. 맛감각이 예민한 사람은 신선도가 떨어진 음식을 먹었을 때 음식의 맛이 이상하다고 말하지만, 몸 반응이 일어난 사람은 배가 아프다거나 설사의 반응을 보일 수 있다. 이렇듯 몸 반응을 통해 차뿐만 아니라 식음료 등 여러 가지를 판단할 수 있다. 심지어 냄새나 향까지 몸 반응으로 읽을 수 있다.

하지만 이런 몸 반응에 대해 부정적인 견해를 가진 사람도 있다. 몸 반응이 일어나는 것은 어떤 선입견을 갖고 있거나 생각에 따른 의식적인 반응이라고 여긴다. 의식의 작용이 전혀 없다고 부정을 못하지만, 그렇다고 몸 반응이 억지로 의식을 사용하여 일어난 반응도 아니요, 의식을 한다고 몸 반응이 즉각 일어나지도 않는다는 사실이다.

또한 몸 반응은 차뿐만 아니라 커피나 와인, 음료수 등 모든 음식물에 일정하게 반응하기 때문에 의식을 통해 일어난다고 하기에는 설득력이 부족하다. 아무것도 모르는 상태에서 먹고 나면 똑같은 몸 반응이 일어나므로 어쩌면 몸 반응이야말로 '체계적이고 객관적이다' 라고 할 수 있다.

몸 반응으로 차를 판단하면 어느 요소를 가장 먼저 적용해야 할까?

사람들은 차를 마시면 맛을 먼저 판단하지만 여기서는 보관을 가장 먼저 판단한다. 특히 보관상의 문제를 잘 알 수 있는 차는 후발효차 계통이지만 차 종류를 불문하고 적용해야 된다.

녹차나 청차(靑茶)는 1년 이내에 마셔야 그 차가 지닌 맛과 향을 제대로 음미할 수 있다. 보관 상태가 양호한 정도에 따라 일수의 차이는 있다. 1년 이내라 하여 녹차나 청차는 보관에 영향을 받지 않는 것 같지만 보이차의 보관만큼이나 까다롭고 어렵다. 차 애호가들은 녹차나 청차도 보관에 주의를 기울인다.

사람들은 대체로 음식물은 보관 자체에 신경을 쓰지만 차는 그냥 방치해 두는 경우가 많다. 보관의 개념 자체가 없는 경우도 있고 보관 방법을 잘 몰라서 방치하는 경우도 있다. 또 보관 방법 자체가 잘못된 방법인 경우도 있다. 이렇듯 차도 보관 문제가 중요한 요소인데도 사람들은 잘 아는 것처럼 대수롭지 않게 취급한다.

그럼 차를 어떻게 보관하는 것이 가장 좋은 방법일까?

차도 하나의 식품이기 때문에 식품 보관의 일반적인 원칙에 따르면 된다. 차 생활을 오랫동안 한 차인은 보관에 신경을 쓰고 나름대로 노하우를 가지고 있다. 보관은 차의 맛과 향을 제대로 보존하기 위해 꼭 필요하다.

차에 습기가 들어가지 않도록 밀봉하여 상온보관을 하든지 녹차의 발효가 진행되지 않게끔 냉동보관을 하든지 나름대로 보관의 노하우를 발휘한다. 맛과 향을 알고 즐기는 차인일수록 맛과 향을 유지하기 위해 보관에 더욱 신경을 쓴다. 이쯤 되면 보관하는 방법만 보더라도 맛을 제대로 아는지의 여부를 알 수 있다.

보관과 관련해서 우리는 흔히 이런 경험을 한다. 올해 만든 녹차를 보관하여 내년에 마시거나 장마철이 지난 다음에 마시면 "어… 그 맛이 아니네. 묵은 맛이 나네"라는 보관과 관련된 말이 먼저 나온다. 이때는 맛을 평가하는 것이 아니고 보관이 잘된 것인지를 먼저 따진다.

이처럼 여기서는 먼저 보관 상태를 판단한 후 맛에 대한 평가를 한다. 차를 품평할 때 보관 상태는 언급하지 않는다. 아마 보관이 양호하다는 전제하에 맛을 평가하기 때문이다. 소비자가 차를 사서 마시는 경우에 이런 전제가 주어지지 않는다. 만약 소비자가 보이차를 구매하는 경우에 맛의 평가뿐 아니라 보관에 대한 판단도 같이 해야 한다. 특히 보이차는 보관을 판단하는 것이 가장 중요하기 때문이다.

이 점을 고려해 차를 판단할 때 항상 보관 상태를 먼저 판단하고 그 다음 맛의 분석을 평가한다. 차를 만드는 공정순서와 다르게 보관-원료-제다 과정의 순으로 분석하여 판단한다. 오랫동안 보관하는 차는 보관 상태를 가장 먼저 판단하고, 지금 만든 차는 원료 상태를 먼저 판단해야 한다. 보관과 원료는 몸 반응으로 동시에 읽을 수 있다.

아무리 좋은 원료를 써서 만든 차라도 또한 훌륭한 기술로 제다를 잘한 차일지라도 한순간 보관이 잘못되어 변질되면 마시기 곤란한 차가 되어 버린다. 보관이 잘못된 식품을 폐기처분하는 것과 똑같이 차 보관의 실패는 마실 수 없는 차로 대가를 치러야 한다.

차도 크게 보면 식품에 속하기 때문에 그 범주 내에서 판단하는 것이 오류를 범할 확률도 적다. 이와 같이 차 보관의 중요성은 아무리 이야기해도 지나침이 없다.

보이차에 고의로 습(濕)을 먹인 소위 '습창 보관된 차'는 어떻게 구별할까요?

고의로 높은 습도에서 보관한 차를 '습창차, 장난친 보이차'라고 합니다. 습창차는 건창차와는 몸 반응뿐 아니라 맛도 차이가 많이 나지만 소비자가 구별하기는 어렵습니다.

습창차와 건창차를 전체적인 무게감으로 구별하면, 건창차는 맑고 가벼운 맛이 납니다. 맛이 깔끔하고 잡내가 없고 수성이 매끄럽습니다. 약간 깊은 맛이 나고 차 맛이 꽉 차 있는 느낌이 들어 맛들이 살아있습니다. 습창차는 탁하고 무거운 맛이 나고 맛이 텁텁하며 수성이 거칠어 입 안이 꺼칠꺼칠합니다. 맛이 싱겁고 끝맛에 항상 맹물맛이 있습니다.

맛과 향으로 구별하면, 습창차는 습기의 영향으로 맛과 향에서 습내가 올라옵니다. 습내는 역하고 탁한 향이라 속이 메스껍고 구토감이 일어납니다. 습내는 텁텁한 먼지 냄새에 가깝습니다. 사람들은 습내를 발효향으로 잘못 알고 있습니다. 이것 때문에 습창과 건창을 구별하는 데 근본적인 어려움이 있습니다.

건창 보관된 차에서 나는 발효향은 생(生) 진흙에서 나는 맑고 시원한 흙내가 납니다. 이것을 니기향(泥氣香)이라고 합니다. 하지만 습창 보관된 차는 텁텁한 먼지 냄새와 역한 향이 첫 포에서 올라옵니다.

색으로 구별하면, 습창과 건창은 거의 구별되지 않습니다. 그런데도 사람들은 보이차는 무조건 색깔로 판단하는 습성이 있어 판단을 그르치는 경우가 많습니다. 보이차는 보관 조건이 다르면 색으로 판단되지 않습니다. 굳이 색으로 판단하면 색도보다 선명도로 해야 합니다. 찻물색이 흐리거나 탁하지 않고 선명하거나 투명해야 합니다. 맑고 투명한 색을 가질수록 보관이 잘된 것을 나타냅니다.

몸 반응으로 읽어보면, 습창차는 통증의 반응과 메스꺼운 반응이 동시에 일어나지만 메스꺼운 반응이 훨씬 많습니다. 차를 한 모금만 마시더라도 장이 거북스럽고 더부룩하든지 가스가 찬 듯합니다. 심하면 메스꺼워 헛구역질이 나고 구토감이 일어납니다. 트림과 방귀도 나옵니다. 배가 살살 아프다든지 쥐어짜듯이 아프기도 합니다.

목젖이 따갑고 붓기도 합니다. 눈은 동공이 빽빽하고 충혈이 일어나고 심하면 눈물이 납니다. 콧물이 나기도 하고 훌쩍거리기도 합니다. 머리는 어지럽고 아프기도 합니다. 가슴이 답답하고 가슴 밑에 통증이 일어납니다.

몸에 열이 확 치솟다가 뚝 떨어져 한기가 일어나고 심하면 떨리는 기혈반응이 일어납니다. 온몸이 찌뿌듯하면서 근육과 뼈가 아픈 경우도 일어납니다. 손발이 붓거나 몸이 붓는 사람도 있습니다. 습창차는 화학비료나 농약이 든 건창차와는 몸 반응이 확연하게 다릅니다.

이와 같이 습창차와 건창차를 구별하는 가장 좋은 방법은 몸 반응입니다. 몸 반응으로 판단한 후에 맛과 향으로 확인하는 것입니다.

1. 보이차가 습도(습기)와 관련된 경우는 어떤 것이 있습니까?

보이차가 습도와 관련된 경우는, 차에 물(습기)을 뿌리고 미생물 효소를 주입하여 쾌속으로 발효시킨 보이차의 숙병(熟餠)이 있습니다. 또 생산된 보이차를 저장 보관하는 과정에서 습도를 조절하여 발효를 빨리 시켜 습창에 보관된 차인 습창차도 관련 있습니다. 소위 장난친 보이차, 손 탄 차, 가짜 보이차 등의 이름으로 불립니다.

우리나라의 발효차도 제다 과정에서 습도를 조절하여 만드는 경우가 있습니다. 이처럼 제다 과정에 물을 사용하는 경우도 있고, 저장 보관하는 과정에서 습기를 주는 행위도 있습니다. 이것은 엄밀히 의미가 다르지만 차를 빨리 발효시키고자하는 점에서 같습니다.

이 경우에 몸 반응으로 읽어보면 숙병보다 청병, 습창보다 건창, 발효차보다 비발효차가 훨씬 맑고 가볍습니다. 이처럼 습기와 관련된 차는 그렇지 않는 차보다 부정적인 반응이 심합니다. 왜냐하면 차에 영향을 주는 요인인 습기의 작용이 추가되었기 때문입니다.

2. 보이차에 고의로 열을 가한 '열창보관'을 했다면 어떻게 구별할 수 있을까요?

몸 반응으로 읽어보면, 차를 마시면 갑자기 열이 확 치솟았다가 몸이 싸늘하게 식습니다. 보관을 잘못하여 열을 먹은 차는 가해진 열로 인해 확 치받거나 솟구치는 열이 발생합니다. 진정한 발효에 오는 열이 아니고 보관이 잘못되어 발생하는 열입니다.

차의 기운을 논하는 사람이라면 '생차라서 기운이 너무 세다' 하면서 몸을 친다고 합니다. 이것은 몸 반응으로 열기에 대한 반응을 정확하게 읽지 못해 일어나는 현상입니다. 치받으며 솟구지는 열은 진열(眞熱)이 아니라 허열(虛熱)입니다. 건창으로 보관된 차라면 열기는 서서히 올라오는 열감으로 나타납니다.

맛으로 구별한다면, 열 때문에 빨리 발효된 맛이 들어옵니다. 처음에 열내와 발효가 급격하게 된 강한 신맛이 텁텁하게 들어옵니다.

중간에 쓰고 떫은맛이 나오지만 전체적으로 밋밋하고 싱겁게 느껴집니다. 차가 살아있는 제각기의 맛이 나지 않습니다. 발효가 빠른 시간 안에 급격하게 진행된 결과입니다. 사람들은 쓰고 떫은맛이 적게 들어와 맛이 부드러워졌다고 여깁니다. 밋밋하고 싱거운 맛을 잘못 읽은 것입니다.

끝맛에는 항상 맹물맛이 감돕니다. 진하게 우려도 꽉 찬 맛으로 들어오지 않습니다. 맛 감각이 예민하고 민감한 사람은 느낄 수 있지만 연(年) 수가 오래되면 알 수 없습니다. 그래서 습창보다 열창은 맛으로 잡아내기가 더 어렵기 때문에 몸 반응으로 읽어야 합니다.

2. 몸 반응과 차 보관

앞에서 언급한 바와 같이 음식처럼 차도 보관이 중요하다. 음식이나 차를 보관하는 이유는 오랜 시간을 두고 먹기 위해 필요하다. 오랜 시간이 지나도 항상 같은 맛의 차를 마실 수 있다면 그만큼 좋은 일이 어디에 있을까? 차 애호가에게는 행복한 순간일 것이다.

이처럼 지금 바로 섭취할 것이 아닌 바에야 나중에 먹으려면 보관을 해야 한다. 냉동저장을 하든지 건조시켜 보관을 하든지 간에 음식물은 용도에 따라 제각기 보관 방법이 다르다.

차도 하나의 식품인 점에서 식품을 보관하는 일반적인 보관 방법에 크게 벗어나지 않는다. 보통 차인들은 차 보관 방법이 다른 유사 식품과 다르다고 생각하여 다른 보관 방법을 만들어 낸다. 때론 보관 방법에 대해 갑론을박하기도 한다. 이것은 차 보관에 대한 일반적인 원칙이 없기 때문이다. 차의 독특한 성질에서 오는 보관상의 유의점도 있지만 크게 보면 다른 식품과 거의 같다. 차는 종류를 불문하고 보관이 생명이다.

여기서는 몸 반응에 따른 차 보관 방법이 어떤지를 녹차와 보이차를 중심으로 알아본다.

1) 몸 반응과 보관 요인

음식이나 차의 보관에 영향을 미치는 요인은 크게 습도, 온도와 열, 직사광선(햇빛), 공기의 접촉, 냄새(잡내), 보관 용기 등 여섯 가지로 살펴볼 수 있다. 어떤 요인이 차 보관에 영향을 미쳤는가에 따라 몸 반응이 달라진다. 예를 들면 습기를 먹은 차와 열기를 먹은 차는 몸 반응이 약간 다르다.

(1) 습도

차 보관에 가장 크게 영향을 미치는 요인으로 습도를 들 수 있다. 습도는 차뿐만 아니라 음식물에도 많은 영향을 미친다. 습도가 미치는 영향은 음식이나 차나 모두 비슷하다.

습도가 높으면 음식물이나 차는 부패나 발효가 빨리 일어나고 습도가 낮을수록 천천히 진행된다. 차는 습기를 흡수하면 발효 속도가 빨라지는데 습기가 찻잎 속의 성분을 빠르게 분해하여 발효를 빨리 진행시키기 때문이다.

발효가 급격하게 진행된 차 맛을 읽어 보면, 맛은 싱겁고 겉맛만 번지러 하게 돈다. 뒷맛이 싱겁기 때문에 항상 끝에 물맛이 들어온다. 이렇듯 맛이 싱거워 겉맛만 돌아 쓰고 떫은 거친 맛이 없어 부드럽게 느껴진다. 사람들은 이 맛을 오히려 부드럽고 순한 맛으로 여겨 '맛이 부드러워지고 순해졌다' 고 표현한다. 정확하게 말하면 맛을 잘못 읽은 것이다. 그것은 맛이 순하고 부드러워진 것이 아니라 밋밋하면서 끈적거리는 맛이다. 습기로 인해 텁텁하고 역한 맛이 나며 수성은 무겁다.

찻물색은 붉은 색상에 가깝고 선명도는 떨어져 흐릿하게 나타난다. 발효가 급격하게 진행된 차는 쓰고 떫은 거친 맛이 변질되어 순하고 부드럽게 느껴질 뿐이다. 몸 반응으로 보면 속은 더부룩하고 메스껍고 심하면 헛구역질과 구토의 증상도 일어난다. 그러나 천천히 발효된 차, 즉 보관이 잘된 차는 맛이 맑고 가벼우며, 깔끔하고 매끄럽다. 각각의 맛들이 살아있다.

보관과 가장 밀접하게 관련된 차는 보이차이다. 많은 사람들이 보이차에 대한 환상을 가지고 있기 때문에 오해와 불신도 많다. 때로는 보이차에 대한 잘못된 경험과 지식이 많아서 차를 판단하는 데 어렵기도 하지만, 근본적인 이유는 소비자가 잘못된 차를 판별해야 함에도 그럴 만한 능력을 갖추지 못했기 때문에 잘못된 보관 방법을 따르게 되는 것이다.

일반적으로 보이차는 발효시켜 마셔야 되는 차로 알고 있다. 더욱이 발효 방법에 상관없이 빨리 발효시켜도 괜찮다고 생각한다. 둘 다 같은 맥락이지만 보이차에 대한 잘못된 지식에서 오는 보관에 대한 가장 큰 오해이다.

첫째, 보이차는 발효되어야 마시는 차라는 관념이 너무 강하다. 보이차는 발효시켜 마실 수 있는 차이기도 하지만 발효되지 않아도 마실 수 있는 차이다.

이제 보이차에 대한 관점을 달리하여 보자. 보이차는 꼭 발효되어야 마실 수 있는 차이고 발효되지 않으면 못 마시는 걸까? 그 이유를 면밀히 분석해 보면 특별히 마시면 안 되는 합당한 이유를 찾을 수 없다. 고작 이유라고 해봐야 1~2년 된 생차를 마시면 속이 냉하거나 위장 장애가 올 수 있다는 점을 든다. 이것은 보이차는 발효시켜 마셔야 된다고 배운 지식이 전부이자 이유이다. 지식이 주는 한계이다.

사실 우리의 경우 수년 동안 그해 만든 1년생 보이 생차를 매일 3L 이상씩 마셨다. 지금도 매일 한결같이 마시고 있다. 이렇게 보면 보이차는 발효되지 않더라도 생차로 마실 수 있다. 속이 냉하거나 위장 장애도 없고 오히려 속이 따뜻해졌고 편안하다.

이 사실은 우리 경우에만 해당되는 사항이 아닐 것이다. 이런 일이 가능한 이유는 다름 아닌 차 마시는 방법과 원료의 차이에서 온다. 보이차를 마시는 방법을 달리하여 연하게 우려 마시면 된다. 또 하나는 원료에 이상이 없는 차, 즉 비료나 농약을 치지 않은 무공해 차를 마시면 절대로 몸에 해를 입는 일이 없다. 만약 이 두 가지를 갖추었는데 그런 일이 생긴다면, 맑은 물을 선택하고 차에 영향을 주지 않는 다구를 사용해야 한다.

보이차를 마시는 사람들은 그 해 만든 생차(生茶)를 마시면 마치 큰일이 나는 것처럼 이야기한다. 녹차나 청차를 마시는 사람이 1년생 생차를 못 마시는 이유를 알 수가 없다. 녹차나 청차도 보이차로 볼 때 1년생에 해당되기 때문이다. 아마 보이차에 대한 잘못된 지식과 편견 때문일지도 모른다.

보이차를 마시는 사람 중에는 녹차를 마시면 속이 쓰리고 아파서 보이차를 찾는 이가 많다. 연(年) 수가 있는 보이차를 마시면 괜찮은데 1~2년 생차를 마시면 녹차와 같은 반응이 온다고 말한다. 이런 증상은 연(年) 수의 차이에서 일어나는 반응이 아니라 원료의 이상 때문에 오는 반응이다. 보이차의 연(年) 수가 오래되면 발효에서 오는 열이 있기 때문에 편안할 수 있지만, 몸 반응이 일어나면 오래된 연(年) 수의 보이차도 화학 비료나 농약 때문에 오히려 장이 잠긴다. 몸 반응을 잘못 해석하여 일어나는 착오이다.

이 경우를 보면 하나는 녹차든 보이차든 마시는 차에 화학비료와 농약 때문에 그런 반응이 일어날 수 있다. 다른 하나는 먼저 마신 녹차로 인해 마시는 사람의 장이 나빠져 과민반응이 일어난 경우이다. 또 이 두 가지의 이유가 혼재되어 있을 수 있기에 사례를 따져서 판단해야 한다.

둘째, 보이차는 발효시켜 마시는 차이므로 빨리 발효시켜도 괜찮다고 생각한다. 그래서 상온 보관을 당연하게 여긴다.

이처럼 보이차는 발효시켜야 된다는 생각에 빠져 발효 방법은 관계없이 그저 빨리 발효시키는 데만 열중한다. 이것은 진정한 의미의 발효 조건을 몰라서 하는 이야기이다.

발효시키는 방법에 따라 맛은 현격하게 차이가 난다. 겉맛이 도는 발효와 깊은 맛이 나는 발효의 차이이다. 공장용 된장과 집에서 담근 된장 맛의 차이라고 보면 될 것 같다.

저온 숙성하여 천천히 시간을 두고 발효시킨 묵은 김치는 시원하면서 깊은 맛이 난다. 반면 상온에서 빨리 발효시킨 김치는 익은 김치라도 시원한 맛이 나지 않고 싱거운 맛이 난다. 이처럼 빨리 발효시킨 보이차 맛은 밋밋하게 겉맛이 돌아 싱겁고 뒷맛은 물맛이 들어온다.

보이차는 상온에 보관해야 된다는 말이 통용되는 이유는 무엇일까?

이 말은 보이차는 발효시켜야 마시는 차라는 인식과 관련지을 수 있다. 보이차를 발효시키려면 상온에 보관해야 되기에 이런 말이 통용되는 이유다. 옛날에는 보관 기술이 뛰어나지 않아 보관 방법이 한정되어 있기 때문에 보이차뿐만 아니라 녹차, 청차 등 모든 차가 상온에서 보관하여 마셨다.

근래 들어오면서 녹차나 청차 계통은 밀봉하여 저온 보관이나 건냉 보관 방법을 사용하였다. 차를 조금 아는 사람들은 저온 보관이나 건냉 보관한다.

이처럼 녹차나 청차는 건냉 보관을 하는데 보이차는 안 되는 이유가 있을까? 아마 사람들은 이 물음에 이렇게 답할 것이다. 보이차는 발효시켜 마시는 차인데 건냉 보관하면 발효되지 않아 마실 수 없어 그렇다고 대답할 것이다. 보이차를 건냉 보관한다고 해서 발효가 되지 않는 것이 아니라 발효가 천천히 진행될 뿐이다. 마치 김치냉장고에서도 김치가 숙성되는 것처럼.

차라는 하나의 관점에서 보면 녹차, 청차, 보이차는 모두가 찻잎을 사용하여 만든 것이고, 습기나 열을 피해야 하므로 보관 방법이 달라질 이유가 없다. 그래서 보이차를 보관하는 방법으로 건냉 보관이 가능하다. 다만 실제로 건냉 보관이 어려워 현실화되지 못했을 뿐이다. 이점 때문에 보이차는 차선책으로 상온에 보관해도 된다고 말하는 것이다.

보이차를 상온에 보관해도 된다는 의미에는 몇 가지 전제 조건이 있다. 습기를 막아야 하고 고온과 열이 많은 장소는 피해야 한다. 직사광선과 잡냄새가 있는 장소에 두어도 안 된다. 따라서 통풍이 양호하고 서늘한 곳에 밀봉하여 두어야 하는 것이다.

사람들은 보이차가 상온에 보관해도 된다는 것만 알고 있다. 상온 보관을 하더라도 주의할 전제 조건이 있는 줄 모른다. 보이차의 보관 조건은 식품 보관의 일반적인 원칙에서 파생된 것이다. 음식의 보관뿐 아니라 모든 종류의 차 보관에 적용되는 일반적인 사항이므로 보이차에도 당연히 적용된다.

오늘날 과학적인 상식에서 보더라도 보이차는 건냉 보관이 최선의 방법이다. 건냉 보관이 현실적으로 어려운 방법이기 때문에 상온 보관이 아직도 통용되고 있다고 본다. 날씨가 더운 홍콩에서는 서늘한 지하실에 보이차를 보관하는 상인들이 있다. 지하 공간의 습도만 줄일 수 있다면 제대로 된 자연적인 보관 방법이다.

이상에서 보듯이 차를 잘 보관하려면 먼저 습기를 막는 방법을 강구해야 하는데 보이차도 마찬가지이다. 결론적으로 차는 습기와는 상극이라고 보면 된다.

(2) 온도와 열

습도와 비슷하게 차에 영향을 미치는 것으로 온도와 열을 들 수 있다. 열을 가하면 물체의 온도는 높아지고 온도가 높으면 분해속도가 빨라진다. 그래서 열이 많은 고열에는 음식물이나 차의 분해속도가 빨라 부패나 발효의 진행이 빨리 일어난다.

즉 온도가 높든지 열기가 많으면 식품이나 차의 성분을 빨리 분해하여 맛과 향에 영향을 미친다. 온도가 낮든지 열이 발생하지 않으면 차도 아주 천천히 분해되어 맛과 향을 유지할 수 있다.

이것은 모든 차를 보관하는 데 적용되는 일반적인 원칙이다. 이 원리를 이용한 것이 차(茶) 전용 냉장고이다.

잘 아는 지인 중에 녹차에 일가견이 있는 차인이 있다. 이 분은 이런 원리는 잘 모르지만 오랜 차 생활 속에서 스스로 이 원리를 터득하여 보관 방법으로 쓰고 있다. 녹차를 여러 방법으로 보관하고 그 차를 마시면서 맛과 향이 가장 잘 보존된 것을 찾았던 것이다.

요즈음 녹차를 보관할 때 겹겹이 밀봉하여 습기와 공기가 들어가지 않게 한다. 그런 후 냉동실에 넣어 발효가 진행되지 않게 냉동 보관을 한다. 봄 차를 한여름을 넘기고 겨울에 마시더라도 봄에 난 맛과 향을 즐길 수 있다고 한다. 이제는 중국차를 보관하는 데도 냉동 보관을 한다. 오룡차나 철관음 등도 같은 방법으로 보관하여 차 맛을 즐긴다. 만약 녹차를 상온에 보관하면 묵은 맛과 향이 올라온다. 이 묵은 맛과 향은 발효된 맛으로 시래기 말린 맛과 비슷하다.

그러나 냉동 보관을 하는 데도 주의할 점이 있다.

차 전용 냉장고라면 그리 큰 문제는 발생하지 않는다. 다만 차 전용 냉장고 자체의 냄새가 배이지 않게 해야 한다. 차 전용 냉장고에 보관하지 않을 때에는 밀봉 상태가 좋지 않으면 냉동실에 보관된 다른 음식물의 냄새가 배일 수 있다.

차를 냉동 보관할 수 없는 상황이라면 차선책으로 상온에 보관해야 한다. 상온에 보관하더라도 온도와 열에 의한 영향을 최대한 적게 받기 위해 종이포장이나 나무상자에 포장을 한다.

종이는 열에 의한 영향을 적게 받고 방습 효과도 있다. 종이포장할 때 사용되는 종이는 종이 이외의 다른 냄새가 가급적 적게 나는 것이 좋다. 종이포장을 할 때 겹으로 하는 것이 좋은데, 종이와 종이 사이에 공기층이 생겨 열에 의한 급격한 변화와 습기를 칸칸이 막아주는 역할을 하기 때문이다. 나무상자는 습기와 열에 강한 오동나무 상자가 좋은데 접착제의 냄새가 스며들지 않게 주의해야 한다.

이렇듯 차를 보관할 때 열과 온도에 영향을 적게 받는 방법은 건냉 보관이다. 그러나 녹차를 냉동 보관하는 사람들도 보이차를 접하면 어떻게 보관해야 할지 몰라서 그냥 상온에 보관한다. 상온에 보관하더라도 주의할 사항이 있는 줄도 모른다. 식품 보관에 대한 기본적인 지식만 있어도 보이차 보관 방법은 쉽게 결정할 수 있다.

보이차도 차나무에서 딴 찻잎으로 만든 차이고 기본적인 제다 과정도 다른 차와 별반 차이가 없다. 이 점에서 보이차의 보관 방법이 다른 차와 다를 이유가 없다. 보이차의 가장 좋은 보관 방법은 다른 종류의 차처럼 건냉 보관이나 저온 보관이다. 와인을 저온 보관하여 숙성시키듯이….

보이차는 발효되어야 마시는 차라고 여기는 사람들에게 보이차를 건냉 보관이나 저온 보관하게 하면 이해되지 않을 것이다. 보이차를 건냉 보관이나 저온 보관하면 시간을 두고 천천히 발효가 진행되어 맛과 향이 깊어진다. 깊은 맛으로 인해 시원한 맛이 들어온다. 차 맛은 맑고 가벼우며 더욱 깔끔한 맛이 나고 잡내가 없다.

일반적으로 보이차는 상온에 보관해야 된다고 알고 있지만, 맛과 향을 제대로 음미하기 위해 건냉 보관이나 저온 보관이 좋다. 다만 건냉 보관이나 저온 보관이 현실적으로 어려우면 상온에 보관한다.

상온 보관을 해도 주의할 점이 있다. 습기를 막아야 하고 고온에 보관해서는 안 되고 열도 피해야 한다. 서늘하고 통풍이 있는 곳이 좋다. 통풍을 고려하는 것은 통풍이 되지 않으면 밀폐된 공간에서 열기가 높아지고 고온이 될 확률이 높기 때문이다. 또한 공기의 흐름이 없어 잡내가 한곳에 머물면서 스며들 여지가 많다. 이처럼 주의할 사항을 고려해야 보이차를 상온에 보관할 수 있다.

(3) 직사광선(햇빛)

차를 햇빛이 비추는 곳에 두면 차의 표면이 붉게 변하는 양화현상이 일어난다. 햇빛이 비추면 빛을 받는 곳에서 열이 발생하여 차 성분의 분해 속도가 빨리 진행된다. 찻잎이 붉게 변하는 양화현상도 발효가 급격하게 진행되어 일어나는 것이다.

차가 직사광선을 받으면 맛이 싱겁고 밋밋하다. 그래서 차를 상온에 보관하더라도 직사광선은 피하고 햇빛이 안 들어오는 서늘한 장소에 보관해야 한다. 차를 진열하더라도 햇빛을 직접적으로 받지 않게 전시해야 한다.

(4) 공기의 접촉

차를 발효시키는 데는 산소가 필요하다. 산소는 접촉하는 물질에 산화작용을 일으킨다. 산소는 차뿐만 아니라 음식물, 철, 고형체 등에도 산화작용하여 부패 혹은 발효시킨다.

차를 잘 보관하려면 공기와 접촉하는 것을 피해야 하고, 가급적 접촉하는 면을 줄여야 한다. 공기 중에서 발생하는 산화작용을 지연시켜 발효가 서서히 일어나게 해야 한다. 발효 진행 속도가 서서히 이루어지면 차는 깊은 맛이 나온다. 그러므로 공기와 접촉을 줄이고 습기의 흡수를 막기 위해서 밀봉하여 보관해야 한다.

밀봉을 하더라도 밀봉 방법의 문제를 고려해야 한다. 현실적으로 밀봉이 가장 잘 되는 것은 유리 계통이나 비닐류이다. 유리는 밀봉상태는 좋지만 보관을 위해 규격화된 제품이 없어 많은 비용을 지불해야 한다.

우리 주위에서 손쉽게 구할 수 있는 것이 비닐류이지만, 비닐류의 선택도 주의를 요한다. 될 수 있는 한 비닐냄새가 적게 나는 것을 택해야 한다. 오랫동안 밀봉하면 차에 비닐냄새가 배일 소지가 있기 때문이다.

오랫동안 보관할 차는 될 수 있는 한 종이로 밀봉하여 겹으로 싸는 것이 좋다. 그런 후 다시 비닐류로 싸든지 하는 것은 본인이 결정하면 된다. 지금 마시는 차는 종이포장지에 싸고 그 위에 비닐류를 싸도 무방하다.

이처럼 모든 종류의 차는 밀봉 보관을 해야 제대로 된 맛과 향을 유지하며 즐길 수 있다. 보이차도 마찬가지이다. 보이차도 밀봉 보관하면 서서히 발효되면서 나오는 깊은 맛과 향을 즐길 수 있다. 잘 보관된 연(年) 수에 따른 맛과 향이 풍부하고 산뜻하다. 밀봉을 풀고 차를 마실 때 차가 공기와 접촉이 이루어지면서 보관 연(年) 수에 어울리는 맛과 향이 우러져나온다. 세월의 연(年) 수를 속일 수는 없다.

잠깐, 쉬어 갑시다!

공기와 접촉을 피하여 천천히 발효가 진행된 차는 어떤 면에서 좋습니까?

공기와 접촉을 피한 차는 확실히 발효가 천천히 진행됩니다. 같은 연(年) 수라도 다른 방법으로 보관한 차보다 발효 맛이 훨씬 적게 나올 수 있습니다. 하지만 맑고 깔끔한 맛과 깊은 맛은 이렇게 보관한 차에서 훨씬 많이 나옵니다. 이렇게 보관된 차라도 일단 마시기 시작하여 공기와 접촉하면 맛이 세월의 연(年) 수까지 올라갑니다.

(5) 냄새(잡내)

차는 수렴성이 강해 다른 냄새나 향을 쉽게 빨아들이는 성질이 있다. 따라서 다른 냄새나 향을 흡수하지 못하도록 밀봉하여 보관해야 한다. 습기가 있는 곳에 차를 두면 수분을 흡수하면서 더 빨리 냄새와 향을 흡착하게 된다. 잡내가 있으면 차가 가진 순수한 맛과 향을 잃어버린다.

같은 차라도 녹차와 오룡차를 한 공간에 보관하면 녹차에 오룡차 향이 배어 있다. 강하고 진한 오룡차가 약한 향의 녹차 속으로 스며든다. 이처럼 강하고 진한 향이 약한 향 쪽으로 이동된다.

보이차의 경우에 청병(생차)과 숙병을 같이 보관하면 그런 현상이 일어난다. 진하고 강한 숙병의 숙미향이 청병 속에 스며들어 숙병의 맛과 향이 배어 있다. 간혹 차를 마실 때 향을 피우는 경우가 많은데 세심한 주의가 필요하다. 피우는 향이 차에 스며들어 마시지 못하는 경우가 있기 때문이다.

(6) 보관 용기

차를 보관할 때 사용하는 용기는 다양하다. 다양한 보관 용기만큼 보관

잠깐, 쉬어 갑시다!

보이차를 만들 때 줄기 부분을 쓰는 이유는 무엇인지요?
긴압 정도에 따라 맛의 차이는 어떻습니까?

보이차는 긴압하면 차의 속과 겉이 단단해집니다. 겉 표면은 단단하게 긴압되어도 공기와 접촉하는 면이므로 발효가 되지만, 속은 조밀하게 긴압되면 공기가 유통할 수 없습니다. 공기의 유통이 없으면 발효가 잘 되지 않습니다.

찻잎의 줄기 부분은 긴압해도 많이 압축되지 않으므로 줄기의 공간이 생깁니다.

하는 방법에 대한 견해도 분분하다. 어떻든 간에 차는 보관하는 용기와 보관 방법에 따라 맛과 향에 굉장히 차이가 난다.

보관 용기의 종류를 살펴보면 도자기나 옹기, 항아리 종류, 비닐류, 플라스틱 제품, 종이류, 나무상자, 주석상자, 유리병, 쿠킹호일 등 여러 가지가 있다. 위 종류에서 하나의 보관 용기를 사용하는 것보다 여러 가지 보관 방법을 함께 병용해야 한다.

보관에 대한 견해는 사람마다 차마다 다르지만, 현재 많은 사람들이 보이차를 보관할 때 항아리나 독을 이용한다. 이에 대해 몇 가지 주의해야 할 사항이 있다.

사람들은 보이차는 발효되어야 마실 수 있는 차라는 인식이 강해서 포장지를 벗긴 채로 항아리나 독에 보관을 한다. 이것은 공기와 접촉하는 면이 많아 차가 급격하게 발효되고 항아리나 독의 냄새가 배일 소지가 있다.

항아리와 독에 보관하려면 용기 자체의 문제점을 파악해야 한다. 항아리나 독을 다른 용도로 사용한 적이 있는 경우 이전에 배인 냄새를 잘 제거해야 한다. 새 항아리나 독인 경우에 항아리 자체의 냄새를 최대한 제

이 통로를 통해 공기가 유통되어 속에도 발효가 일어나게끔 하기 위함입니다. 발효가 잘 되지 않는 것을 방지하기 위해 줄기를 사용한다고 알고 있습니다.

그러나 다년간 보이차를 마셔본 결과 오히려 긴압이 많이 된 단단한 차가 맛이 훨씬 좋다는 것을 알았습니다. 긴압이 많이 되면 될수록 공기와 접촉하는 면이 적어 발효가 천천히 일어나기 때문입니다. 발효가 천천히 진행되면 시원하고 깊은 맛이 나기 때문입니다.

이런 이유로 지금은 단단하게 긴압된 차를 좋아합니다.

(보관용기들)

죽포장

종이포장

종이상자

비닐포장

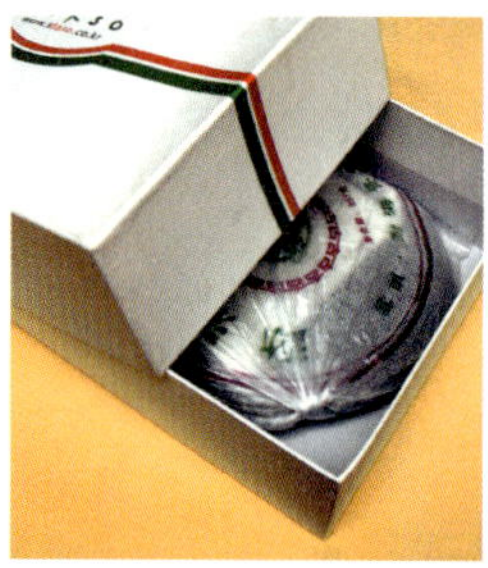

비닐포장+종이상자

유리병

거해야 한다. 그렇지 않으면 차가 항아리의 냄새를 흡수하여 맛과 향의 손실이 있기 때문이다.

항아리나 독을 두는 장소의 선택도 중요하다. 바닥에서 열이 올라오는 곳은 피하고 습기가 많은 곳도 피해야 한다. 습기가 많은 곳에서 항아리가 습기를 막는 역할을 하지만 안쪽으로 들어온 습기는 빠져나가지 못해 항아리 안에 머물면서 차의 변질을 가져 온다.

항아리나 독에 보관된 차를 마셔 보면, 맛이 싱겁고 밋밋하며 잡내가 스며들어 있다. 발효가 과도하게 일어나 싱겁고 밋밋하여 겉맛이 도는 맛을 사람들의 입맛에는 '부드럽고 순하다' 고 느끼는 것 같다. 그래서 항아리나 독에 두면 숙성이 잘된다는 말이 떠돈다. 이것은 맛을 잘못 읽었기 때문이다. 차를 잘 안다는 사람들도 이런 위험한 보관 방법을 권장하는데 안타까운 현실이다.

항아리에 보관한 차는 대부분 맛의 고저가 없어 살아있는 느낌이 없고 푸석푸석하다. 겉맛이 돌고 밋밋하고 단조롭다. 뒷맛은 맹물맛이 돌아 싱겁다. 잡내가 스며들어 역한 맛과 향이 일어난다. 몸 반응으로 읽어보면 습기로 인해 느끼한 맛과 트림이 일어나고, 공기 중 노출이 심해 과도하게 발효되어 메스꺼운 반응이 일어나고 헛구역질과 구토감이 있다.

발효 방법은 식품마다 약간씩 차이는 있지만 건조시켜 보관하는 식품들은 서서히 발효가 진행되도록 하는 것이 가장 좋다. 발효에서 오는 깊은 맛과 향을 향유할 수 있고 건강에도 좋기 때문이다.

참고합시다!

몸으로 읽는 보이차의 보관 방법

보이차를 보관하는 방법에 대해 여러 가지 견해가 있다. 이것은 보이차가 특별한 차라고 생각하여 일어난 일이다. 보이차도 차나무의 찻잎으로 만든 차이므로 다른 차와 별반 다르지 않다. 그래서 보관 방법도 일반적인 보관조건에 벗어나지 않는다.

이처럼 일반적인 사실에 따라 판단하면 보관 문제도 쉽게 해결할 수 있는데, 사람들은 자꾸 특별한 차인 것처럼 취급함으로써 오류가 생긴다. 보이차의 초보자나 애호가들이 가진 오해는 크게 두 가지로 볼 수 있다.

첫째, 보이차는 발효되어야만 마실 수 있는 차라는 관념에 사로잡혀 있다. 녹차나 청차는 마시면서 생차1년생은 마시지 못하는 차로 알고 있기 때문이다.

둘째, 발효시켜 마시는 차이므로 발효 조건은 상관없이 빨리 발효시키면 된다고 생각한다. 그래서 상온에서 보관하는 것이 당연하다고 생각한다.

상온에 보관해도 되므로 열과 온도에 무관하고 습도도 관계가 없는 것으로 생각하기 쉽다. 이런 오류는 보이차를 지식적으로 다루는 데서 오는 한계이고 차를 제대로 읽지 못해 생기는 문제이다.

보이차는 특별한 차가 아니고 그냥 보통의 차일 뿐이다. 보관 방법도 차의 일반적인 보관의 한계를 뛰어넘어 특별한 방법으로 보관하는 것이 아니다. 이 점을 주의하면 보이차를 보관하는 가장 좋은 방법을 찾을 수 있다.

여기서 소개하는 보관 방법은 우리가 일반적으로 알고 있는 보이차의 보관 방법과는 약간 다르다. 이것은 차의 일반적인 보관 조건이나 건냉식품 보관의 큰 테두리 내에서 이루어지는 방법이다. 또한 경험과 체험을 통해 터득한 보관법이다.

모든 종류의 차는 건냉 보관이 최선의 방법이다. 다만 현실적으로 어렵기 때문에 차선책으로 상온 보관을 한다. 상온 보관을 하더라도 보관에 필요한 전제 조건을 충족시켜야 한다. 이런 보관 방법을 선택하려면 먼저 보이차에 대한 인식의 전환이 필요하다. 보이차에 대한 부정확한 정보와 편견을 버리면 된다.

첫째는 발효되어야 마실 수 있다는 생각을 바꿔야 한다. 발효되지 않은 1~2년 된 생차라도 마실 수 있다. 다만 원료에 이상이 없는 차이고 맑은 물이어야 한다. 다구는 차에 영향을 주지 않는 것을 써야 하고 연하게 우려 마셔야 한다.

둘째는 발효 조건을 무시하고 빨리 발효시켜도 된다는 생각을 고쳐야 한다. 그래서 당연하게 여긴 상온 보관에 대한 새로운 인식이 필요하다. 보이차도 다른 차와 마찬가지로 앞에서 제시한 발효 조건에 벗어나지 않아야 한다. 보이차 보관의 문제점을 이 두 가지의 측면에서 살펴보자.

(1) '발효되어야 마실 수 있다' 에 대해

사람들은 '보이차는 발효되어야 마실 수 있다' 라고 알고 있다. 발효되면 당연히 발효되지 않을 때보다 마시기가 훨씬 좋다. 중요한 것은 보이차는 발효되지 않아도 마실 수 있는 차라는 점이다. 원료 문제에 이상이 없으면 누구나가 건강을 해하지 않고 마실 수 있다.

녹차나 오룡차는 보이 생차 1년생에 해당되는데 평소에도 잘 마시고 있듯이, 보이 생차 1년생도 녹차나 오룡차처럼 마실 수 있다. 보이차는 녹차나 오룡차와 다르지만 차라는 큰 테두리 내에서 보면 비슷하다. 이처럼 보이 생차 1년생을 마시더라도 속에 아무런 불편함이 없고 편안하면 당연히 마실 수 있다. 보이차는 발효되어야 마실 수 있다는 것은 지식에서 오는 한계이고 부정확한 인식이다. 몸 반응으로 읽어보면 아무런 문제가 없다.

또한 보이차는 '발효가 빨리 되도록 보관하는 것이 좋다' 라고 여긴다. 발효되어야 마실 수 있다는 생각에 사로잡혀, 발효 조건은 고려치 않고 빨리 발효시키는 데만 열중한다.

차의 포장지를 벗겨 상온 보관을 하거나 항아리나 독에 넣어 보관한다. 밀봉하지 않으면 습기를 빨아들이기 쉽고 잡냄새도 잘 배인다. 빨리 숙성시키고자 하는 의도는 좋지만 그로 인해 다른 부작용이 생겨 결국 차를 마시기 어려운 상태로 만든다. 발효에 대한 잘못된 지식에서 비롯된 생각이다.

원래 보이차는 빨리 발효시켜 마시는 것이 아니라 자연적인 시간이 지난 다음, 즉 세월 속에서 발효되어야 세월의 향기를 담은 진정한 보이차의 맛과 향을 즐길 수 있다.

70년대에 숙병이 개발됨으로써 제다 과정에서 빨리 발효시켜 마시는 방법이 이용되었던 것이다. 자연적인 발효 과정의 시간을 줄이기 위해서이다. 보이차는 빨리 발효시키는 것이 아니라 자연스럽게 서서히 발효가 진행되게 해야 하는 것이다.

김치를 숙성시켜 먹을 때 김치냉장고에 오랜 시간 동안 저온 숙성시키면 깊고 시원한 맛이 나지만, 상온에 두면 숙성은 빨리 되지만 시원한 맛과 깊은 맛이 나지 않는 이치와 같다. 이 사실이 보이차에도 적용된다.

(2) '상온에 보관해도 좋다' 에 대해

대다수 사람들은 보이차는 상온에 보관해도 된다고 알고 있다. 물론 상온에 보관해도 된다. 지금도 상온에 보관하고 있는 것이 현실이므로 틀린 말은 아니다.

다만 한 가지 명심해야 할 사항은 상온 보관을 해도 되지만 차 보관에 영향을 주는 요인은 피해서 보관해야 한다. 보이차는 특별한 차가 아니고 '찻잎으로 만든 차' 라는 점에서 보통 다른 차와 다를 바 없기 때문이다.

이 점을 고려할 때 보이차도 건냉 보관이 최선의 방법이다. 다만 현실 여건상 건냉 보관을 할 수 없으므로 상온 보관을 한다. 차를 상온에 보관하면 습기, 온도와 열로부터 가장 많은 영향을 받는다. 겨울에는 기온이 떨어져 열과 온도에는 괜찮지만, 여름에 기온이 올라가면 차의 발효가 빨리 진행된다. 보이차를 보관해 계절에 따라 맛을 보면, 여름이 되면 맛이 싱거워지는 경향이 있고 겨울에는 단단하고 견고한 맛이 난다. 여름에는 습도도 높고 온도와 열로 인해 차가 빨리 발효되기 때문이다.

상온 보관을 하더라도 습도, 온도와 열로부터 최대한 영향을 덜 받는 보관 방법을 써야 한다. 종이나 나무는 열과 온도를 잘 흡수하지 않는다. 종이로 밀봉하거나 나무상자에 보관하는 방법도 좋다. 두 가지를 병용하여 종이로 밀봉한 차를 나무상자에 보관해도 된다.

이렇듯 보이차를 보관하는 현실적인 방법은 상온 보관을 하되, 보관에 영향을 주는 요인들을 최대한 억제해야 한다.

2) 몸 반응과 보관 방법

위에서 몸 반응에 영향을 미치는 차 보관 요인을 고려하여 보관 방법을 살펴보면, 건냉 보관이 가장 좋은 방법임을 알 수 있다. 이것은 몸 반응을 통해 체험된 보관 방법이다.

차 보관의 핵심적인 사항은 차 종류에 따라 약간씩 차이는 있지만 무엇보다도 차를 만들 당시의 맛과 향을 마실 때까지 보관하는 것이 중요하다. 차를 만들 당시의 상태로 맛과 향의 손실 없이 지금 마실 수 있다면 차인에게 이보다 더 행복한 일은 없을 것이다.

차 종류에 따라 보관상 차이는 거의 없지만 차이를 둔다면 두 가지로 대별할 수 있다.

첫째는 녹차나 청차처럼 더 이상 발효가 진행되지 않게 한 것, 보관기간도 짧은 경우이다. 녹차나 청차는 만들 당시의 상태로 맛과 향의 손실 없이 보관하는 것이 최선의 방법이다.

둘째는 보이차나 천량차처럼 발효가 진행되게 한 것, 보관기간도 긴 시간을 요하는 경우이다. 보이차, 천량차, 금첨차, 육보차, 육안과처럼 발효시켜 마시는 경우에 발효가 서서히 진행되게 하는 것이 가장 좋다. 보관 과정에서 차의 변질에 영향을 주는 요인을 최소화하여 보관하는 것이 최선의 방법이다.

이상 차 종류에 따라 편의상 두 가지의 보관 방법을 나누었지만, 결과적으로 보면 차의 발효 진행을 최대한 억제하는 것이 최선의 방법임을 알 수 있다. 그래서 일반적인 차 보관 방법은 차 종류와 상관없이 건냉 보관으로 귀결될 수 있다. 이것은 몸 반응으로 확인된 사실이다.

중국 운남성에서 발행된 한 일간지의 기사를 보더라도 건냉보관의 필요성을 잘 알 수 있다. 차를 보관하는 방법을 다룬 내용으로, 온도가 0℃ 이하에 차를 보관하면 발효와 품질의 손실을 억제할 수 있다고 적고 있다. 또 공기와의 접촉을 피하고 차 전용 냉장고는 영하 5℃ 이하로 설정하라고 되어 있다. 〈운남경제일보(雲南經濟日報), 2006년 8월 12일자 참고〉

谈谈茶叶保管

일반적으로 차를 보관할 때 0℃ 이하에 놓아둔다면 차의 발효와 품질의 손실을 억제할 수 있다.
〈신문 내용 중 발췌〉

3) 차 보관에 따른 몸 반응

차를 마시면 몸의 변화가 일어나는데 이것이 몸 반응이다. 몸 반응이 일어나 신속성, 정확성, 일관성이 갖추어지면 차 보관 상태의 좋고 나쁨에 대해서 정확하게 알 수 있다.

몸 반응은 오장육부에서 시작하여 오관과 오체를 통해 외부로 나타나며, 온몸으로 반응이 일어난다. 몸 반응이 몸의 한 부위에서만 일어나면 믿을 수 없어 의심스럽지만, 온몸을 통해 반응이 일어나기 때문에 확연하게 알 수 있다.

몸 반응 훈련을 통해 몸 반응이 일어나면 정확하고 신속하게 반응한다. 몸 전체에서 거의 동시에 일어나므로 의심할 여지가 없다.

그러나 사람에 따라 몸의 민감한 부위가 다르므로 반응점이 다르게 보일 수 있다. 한 부위의 반응점을 기준으로 볼 때, 사람마다 다른 부위의 반응인 것처럼 보이더라도 시간이 경과하면 같은 부위에 비슷한 반응이 일어난다. 이처럼 한 부위에서 일어나는 반응은 사람에 따라 빠르게 혹은 늦게 일어나느냐의 시간적인 차이일 뿐이다.

몸 반응이 일어나는 반응형태는 두 가지로 나눈다. 몸이나 장이 잠기는 경우와 풀리는 경우로 대별할 수 있다. 몸이 잠기는 경우는 음식물이나 차로 인해 장기가 긴장하여 불편한 것을 말한다. 장이 더부룩하거나 가

잠깐, 쉬어 갑시다!

보이차를 좋아하는 사람은 보이차의 중심 부분을 고기의 꽃등심에 비유하며 좋아하는 이유가 뭘까요?

여기에는 여러 가지 이유가 있지만 잘못된 정보와 지식도 있습니다. 어떤 사람은 보이차를 긴압할 때 바깥쪽은 좋지 않은 찻잎을 쓰고, 안쪽은 좋은 찻잎을 써서 맛이 좋아 그렇다고 말합니다. 차를 긴압할 때 일일이 그런 작업을 할 만큼 시간적인 여유가 없습니다.

이것은 찻잎을 위에서 쏟아 부으면 길고 무거운 찻잎은 바깥쪽으로 흘러내리고 짧고 가벼운 찻잎은 안쪽에 놓이게 됩니다. 그 상태에서 긴압시키면 안쪽에 찻잎이 짧고 부서진 잎이 많고 바깥쪽은 길고 전체가 살아있는 잎이 많습니다. 찻잎으로 판

스가 차고 심지어 메스껍거나 아픈 경우를 말한다. 방귀나 트림 또는 헛구역질이 계속 나오고 속이 답답하고 불편하다. 반면에 장이 풀리는 경우는 그 반대의 경우로 답답하고 불편한 속이 시원해지거나 편안해지는 것을 말한다.

몸 반응에 대한 판단은 장이 잠기느냐 풀리느냐로 좋은 반응인지 나쁜 반응인지를 결정한다. 주의할 점은 같은 부위에서 일어나는 동일한 반응이라도, 어떤 반응은 장이 잠기는 반응이 오고 어떤 반응은 풀리는 반응이 있다. 이것은 본인이 경험을 통해 직접 알 수 있다.

또한 장이 잠기더라도 좋은 반응인 경우도 있고 나쁜 반응인 경우도 있으니 그때의 몸 상태를 파악하여 결정한다. 잠기는 반응은 장뿐 아니라 머리, 눈, 코, 가슴, 근육, 뼈 등 여러 부위에서 거의 동시에 부정적인 반응이 일어난다. 풀리는 반응도 여러 부위에서 동시에 긍정적인 반응이 일어난다.

단하면 오히려 바깥쪽이 훨씬 더 양질의 찻잎을 사용한다고 볼 수 있습니다. 이것은 잘못된 지식으로 이유가 될 수 없습니다.

아마 다른 이유가 있을 것입니다. 그것은 긴압 정도에 따른 맛의 차이가 나기 때문입니다. 차를 긴압할 때 안쪽이 바깥쪽보다 단단하게 긴압되므로 공기와 접촉하는 면이 적습니다. 그래서 산소에 의한 산화가 서서히 일어나 발효가 천천히 진행되었다고 볼 수 있습니다. 발효가 천천히 진행된 차는 훨씬 맑고 깔끔합니다.

긴압이 많이 된 보이차는 맑고 가벼우며 깔끔하고 산뜻합니다. 입 안에는 여린 단맛(감칠맛)과 뒷맛에서 오는 단맛이 주를 이룹니다. 수성은 매끄럽고 그윽합니다. 그 깊은 맛으로 인해 긴압이 안 된 차보다 2~3포 정도 많이 우러나옵니다. 보이산차와 긴압차의 맛을 비교해 보면 알 수 있습니다.

이같이 여러 부위의 몸 반응이 일어나지만 가장 중요한 반응은 장 반응이다. 음식물을 분해하거나 소화 흡수하는 기관이 위장, 소장, 대장 등이므로 장에서 먼저 반응이 일어나는 것은 당연하다.

장 반응이 빠르게 일어나기 위해서 장이 맑고 민감해야 된다. 장이 빠르게 반응하지 않으면 몸 반응의 민감도는 높아질 수 없기 때문에 장 반응을 주된 반응으로 본다. 그래서 장 반응은 항상 다른 반응에 비해 우선되는 가장 큰 반응이므로 먼저 읽어준다.

몸 반응의 판단 부위는 크게 맛을 감별하는 입, 목젖, 장의 세 부분으로 나누어 볼 수 있다. 차나 음식을 먹으면 입 안에서 목젖을 거쳐서 장으로 들어간다. 크게 보면 음식이나 차의 맛을 느끼는 입 부위, 음식물이 체내로 들어가는 통로에 있는 목젖 부위, 그리고 음식이나 차를 분해하거나 소화 흡수하는 장 기관 부위로 볼 수 있다. 우리 몸으로 들어오는 모든 음식은 이 세 부위를 거치면서 먼저 반응하고 온몸을 통해서 나타난다.

이처럼 차 보관 상태를 몸 반응으로 읽어보면 어떤 반응이 일어나는지 보자. 차는 보관이 잘못된 차이고 원료는 화학비료와 농약이 포함되어 있다고 전제한다. 차의 종류는 보관을 중시하는 보이차를 중심으로 설명한다. 아래는 보관이 잘못되었을 경우에 일어난 반응을 중심으로 기술하였다.

(1) 입의 반응

입은 먹는 음식물이 처음 접촉하는 부위이다. 입은 음식물을 잘게 씹어 부수면서 맛을 느낀다. 입 안에서 맛을 느끼는 부위는 혀이다. 혀의 표면에는 미뢰(味蕾)라는 맛을 느끼는 감각세포가 무수히 산재해 있는데, 4가지의 기본적인 맛을 구별해 낸다. 차의 맛과 향도 이곳에서 느낀다. 여기서는 맛의 구별보다 몸 반응을 중심으로 다룬다. 임상을 통해 확인된 공통적인 반응들을 서술하고 맛의 구별은 제다에서 검토한다.

입 안의 반응은 보관이 잘못된 차는 원료에 이상이 있을 때 나타나는 반응과 비슷한 증상을 보인다. 보관이 잘못된 차(습창, 열창)는 비료나 농약이 있는 건창차보다 부정적인 반응의 강도가 훨씬 심하게 나타난다. 습창차이나 열창차를 마시면 몸 전체가 무겁고 찌뿌듯하거나 처지는 반면 건창차는 몸은 가볍지만 농약이나 비료에서 오는 증상만 일어난다.

습창이나 열창 등 보관이 잘못된 차를 맛으로 구별하기 어렵다. 맛에 대한 감각이 뛰어난 사람은 가능할지 모르나 맛으로 구별하기에는 일정한 한계가 있다. 그러므로 몸으로 읽어야 정확하다.

맛으로 읽어보면 습창차은 습창에서 오는 습내의 맛과 향이 있고 열창

차밭 전경

차는 열내의 맛과 향이 있다. 맛으로 구별이 어느 정도 가능하지만 정확성이 떨어진다. 먼저 몸 반응으로 판단한 다음, 맛과 향은 몸 반응을 확인하는 것으로 해야 한다.

① 메스꺼운 반응

메스꺼움에 대한 반응은 차멀미를 할 때 일어나는 증상과 비슷하다. 또 변질된 음식을 먹었을 때 속이 울렁거리며 토하고 싶은 느낌과 같다. 이런 메스꺼운 반응은 화학비료에 대한 반응이다. 화학조미료나 감미료에 대한 반응도 이와 같다.

- 입 안이 텁텁하고 니글거린다.
- 입 안 전체가 메스껍다.
- 헛구역질이 난다.
- 구토감이 있다.

② 따끔거리는 반응

보관이 잘못된 차를 마시면 우선 입 안에서 따끔거리는 통증의 증상이 일어난다. 이것은 농약에 대한 반응이다. 방부제가 들어있는 식품과 항생제를 먹은 육류, 어류 등에서도 같은 반응이 일어난다.

* 입술의 반응

- 입술이 따끔거리며 아프다
- 입술 안쪽 연약한 점막 부위가 붓는다.

- 입술이 부르튼다.
- 입술이 헐은 경우가 있다.

* 혀의 반응
  - 혓바닥이 쇠하다.
  - 혓바닥이 따끔거린다.
  - 혓바닥에 욱신거리는 통증이 온다.
  - 혓바닥이 마비되는 증상을 보인다.
  - 혓바닥이 부르트고 뾰루지가 생긴다.

* 입 천장과 잇몸의 반응
  - 입 안 전체가 마르고 건조감이 온다.
  - 입천장에 통증이 온다.
  - 입천장이 마비된다.
  - 잇몸이 시리고 아프다.

(2) 목젖의 반응

대다수 사람들은 맛을 볼 때 입 부위만 사용하고 목젖까지 사용하는 경우는 드물다. 맛에 대한 감각은 혀에서 주로 느끼지만 몸이 예민하고 민감해지면 목젖에서도 느낄 수 있다.

목젖에서 느끼는 것은 찻물의 성질, 즉 수성(水性)에 대한 분석이다. 수성이란 차와 물이 어우러져 나온 찻물의 성질을 말하며 차의 성질을 판단하는 것이다. 몸 반응이 일어나 몸이 민감하면 목젖에서 맛을 어느 정도 읽을 수 있고(보통 후운(喉韻)이라고 한다), 입에서 느낀 맛을 검토하므로 맛의 분석이 정밀해진다.

목젖에서 느끼는 반응은 보관이 잘못된 차에서 오는 증상과 원료의 이상에서 오는 증상이 비슷하게 나타난다. 다만 보관이 잘못된 차는 원료에 이상이 있는 건창 보관 차보다도 메스꺼운 반응이 많이 일어난다. 목젖에서 느끼는 반응은 다양하지만 크게 묶어보면 다음과 같다.

① 느끼한 반응

목젖에서 일어나는 느끼함은 메스꺼운 반응이 일어날 때 동반되는 현상으로 여러 가지로 나눌 수 있다.

첫째는 원재료의 화학비료 사용 여부와 관계되는 반응이다. 차에 화학비료를 주거나 채소나 과실나무에 화학비료나 성장호르몬 등을 사용하면 나타나는 현상이다.

둘째는 습기와 열에 의해 급격하게 발효가 진행된 차나 음식에서 나타나는 반응이다. 원료의 변질에서 오는 느끼한 반응이다. 차를 잘못 보관한 경우, 특히 습창 보관이나 열창 보관의 경우에 현저하게 일어난다.

셋째는 제조 과정이나 조리 과정에서 화학첨가물, 화학조미료나 감미료가 들어있을 때 일어나는 반응이다. 우리가 음식을 먹을 때 화학조미료나 감미료가 들어 있으면 속이 더부룩하고 가스가 차고 목젖이 느끼한 반응이 일어난다.

느끼한 정도에 따라 여러 가지의 증상이 일어나지만 약하게 목젖에 걸리는 정도와 심하게 목젖의 느끼한 정도로 나눌 수 있다.

a. 걸리는 정도에 따른 증상

목젖에서 걸리는 정도를 나타내는 증상은 느끼함과 함께 오는 경우도 있고 약하게 걸리는 정도만 나타나는 경우도 있다.

* 목젖에 걸리는 증상
• 목젖에 걸려 찻물이 잘 넘어가지 않는다.
• 목젖에 찻물이 걸렸다가 억지로 넘어간다.
• 목젖에 머물러 있다.

* 목젖에 텁텁함이 나타나는 증상
• 목젖이 텁텁하다.
• 목젖이 텁텁하여 삼키기가 어렵다.

차가 습기를 먹은 경우에 과도한 발효가 진행되어 텁텁한 먼지 맛이 나는 경우를 말한다. 또 하나는 차의 떫은맛 때문에 입 안이 텁텁하고 목젖까지 내려오는 경우도 있다. 두 가지 경우는 확연히 다르게 나타난다.

* 목젖이 거칠고 삼키기 어려운 증상
• 목젖이 거칠다.
• 목젖이 거칠하여 삼키기가 어렵다.

목젖이 거친 경우는 목젖이 껄껄하다, 목젖이 까칠하다 등으로 표현한다.

b. 느끼한 정도에 따른 증상

목젖이 느끼한 정도에 따라 나타나는 반응이 다르다.

- 가장 약하게 느끼하다
- 느글거린다.
- 메스껍다.
- 트림이 일어난다.
- 헛구역질이 일어난다.
- 구토가 일어난다.

② 따끔거리는 반응

목젖에서 따끔거리는 증상은 통증의 반응을 말한다. 농약, 방부제, 항생제에서 오는 반응이다. 통증에 의한 반응도 여러 가지로 나누어 볼 수 있다.

첫째는 원재료에 농약, 제초제 등의 사용 여부와 관련되는 반응이다. 원료에 이상이 있는 경우 일어나는 반응이다. 농약을 친 과일이나 채소를 먹으면 입이나 목젖에서 따끔거리거나 아픈 반응이 일어나는 것을 말한다.

둘째는 제조 과정이나 조리 과정에서 들어간 방부제, 항생제 등의 반응이다. 방부제가 든 과자나 빵 등을 먹을 때나 항생제를 사용한 육류나 어류를 먹을 때 목젖이나 배가 살살 아프거나 가슴 밑이 아픈 반응이 일어나는 것을 말한다.

여기서도 보관과 원료에 대한 판단이 분명하지 않을 경우 먼저 보관에 대해 판단한 다음 원료에 대한 검토를 해야 한다. 몸 반응이 일어나면 한 모금만 마셔도 보관과 원료에 대한 판단이 동시에 이루어지지만, 순서는 이렇게 해야 정확하게 판단할 수 있다.

보이차가 건창 보관이라면 보관은 이상이 없는 것이므로 통증이 일어나는 몸 반응은 원료의 문제이기에, 보관 때문인지 원료 때문인지를 알 수 있다. 따끔거리는 정도에 따라 통증의 증상과 통증보다 약한 반응인 건조감의 증상이 있다.

a. 건조감에 따른 증상

목젖이 아픈 정도는 아니지만 약하게 마르는 증상이 일어나는 경우를 말한다.

- 목젖이 마르고 건조해진다.
- 목젖이 건조해져 자꾸 침을 삼킨다.
- 목젖이 간질거리다 마른기침이 난다.
- 마른기침이 자꾸 나온다.
- 목젖이 달라붙는 느낌이 든다.

b. 통증의 정도에 따른 증상

통증의 정도란 목젖이 따끔거린다든지 아프다든지 하는 통증을 말한다.

- 목젖이 쇠한 증상이 있다.
- 목이 잠긴다. 목소리가 갈라지고 말이 잘 나오지 않는다.
- 목소리의 변성이 온다.
- 목젖이 따끔거린다든지 아프다.
- 목젖이 칼칼하면서 통증이 온다.
- 목젖에 통증이 일어난 다음 붓는다.

③ 부드러운 반응

차의 부드러움은 수성과 관계되는 것으로 찻물의 성질을 나타낸다. 찻물의 성질은 우려진 차의 성질을 말한다. 부드러운 정도는 몇 가지의 요인이 결부되어 있다.

첫째는 원료와 관계가 있다. 즉 원료의 좋고 나쁨에 따라 부드러운 정도가 달라진다. 원료의 좋고 나쁨은 원료의 야생성 여부에 따라 결정된다. 또한 차나무의 수령과도 관계가 있다.

둘째는 제다공정 과정에서 잘 만든 차인지 못 만든 차인지에 따라 달라진다. 제다를 잘했는지 못했는지에 따라 맛의 신선도가 다르기 때문이다. 또한 제다 과정에서 발효 방법과 발효도에 따라 수성이 달라진다. 발효 방법이나 발효도는 차의 부드러움뿐만 아니라 맛의 경중이 다르다.

셋째는 보관 방법에 따라 차의 성질이 달라진다. 녹차는 건냉 보관인지 상온 보관인지에 따라 다르다. 보이차는 건창인지 습창인지, 아니면 열창인지에 따라 다르며, 보관 방법에 따라 부드러움과 맛의 경중이 다르다.

이렇듯 찻물의 성질을 나타내는 것으로는 부드러운 정도에 따라, 무게의 경중에 따라 나누어 볼 수 있다.

a. 부드러운 정도에 따른 증상

- 목젖이 거칠다. 목젖이 까칠까칠하다.
- 목젖이 텁텁하다. 입 안과 목젖이 쩍 달라붙는다.
- 목젖이 부드럽다. 맛이 순하다.
- 목젖이 감미롭다.
- 목젖이 매끄럽다. 기름기가 돈다. 찻물이 감윤(甘潤)하다.

b. 무게의 경중에 따른 증상

- 수성이 맑고 가볍다. 선명하다. 투명하다.
- 수성이 탁하고 무겁다. 흐리다.

(3) 장 반응

장 반응이란 오장육부에서 일어나는 여러 가지의 반응을 말한다. 장 반응이 일어나고 난 후에 오관과 오체를 통하여 온몸으로 반응한다. 그래서 차는 몸으로 마신다고 해도 과언이 아니다. 온몸으로 느끼고 음미해야 차를 제대로 즐길 수 있다. 사실 몸 감각이 살아있지 않으면 마음의 눈도 깨어나지 않는다. 차는 마음으로 마시기 전에 먼저 몸으로 마시는 것이다. 마음으로 마신다는 것은 몸이 느낀 후에 진정으로 얻을 수 있지 않을까 싶다.

몸 반응의 판단 순서는 가장 우선적으로 장 반응으로 판단해야 한다.

다른 부위에서 일어나는 반응보다 장 반응이 가장 중요한 이유는 장 반응이 일어나면 다른 반응은 자연스럽게 따라 일어나기 때문이다.

다른 소소한 반응이 일어난다고 해서 장 반응이 따라 일어나는 것은 아니므로, 장 반응이 일어나야 몸 반응에 대한 정확성을 높일 수 있다. 목젖이 느끼하면 장도 메스껍고 목젖이 아프면 장도 아프다. 목젖 반응과 장 반응이 대부분 일치한다.

만약 목젖 반응과 장 반응이 일치하지 않는다면 주된 반응이 장 반응이므로 장 반응에 따라 판단해야 한다. 이런 장 반응은 크게 네 가지로 나눌 수 있다.

① 메스꺼운 반응

장 반응에서 일어나는 메스꺼움의 정도는 목젖 반응과 거의 같다. 다만 장의 특성상 장에서 일어나는 특유의 반응이 있다. 메스꺼운 반응은 느끼해 일어나는 것으로 이런 반응이 일어나는 이유는 대체로 다음과 같다.

첫째는 원료에 화학비료 등을 사용한 경우에 일어나는 반응이다. 화학비료를 사용한 채소나 과일 등을 먹으면 이런 증상이 나타난다.

둘째는 제조 과정의 화학첨가물, 조리 과정의 화학조미료나 감미료 때문에 일어나는 반응이다. 조미료를 넣은 국, 찌개나 반찬을 먹을 때 일어나는 현상으로, 목젖이 느끼하고 속은 더부룩하며 가스가 찬다. 심하면 트림이나 방귀가 나온다.

세째는 보관 불량에서 가장 많이 일어나는 증상이다. 특히 습창 보관된 차는 습기로 인해 변질된 경우 메스꺼움, 헛구역질과 구토 증상을 보인다. 마치 상한 음식을 먹을 때와 거의 비슷한 증상이 일어난다. 보관 불량일 때 메스꺼운 증상이 가장 많이 일어난다.

이처럼 보관 불량과 원료의 불량은 어떻게 구별해야 할까?

보관 불량인 차를 마시면 몸 전체가 무겁거나 찌뿌듯하고 축 처지면서 힘이 빠지지만, 건창의 원료 불량은 몸은 가볍지만 농약이나 비료에서 오는 증상만 일어난다.

- 장이 더부룩하다. 장에 가스가 찬 듯하다.
- 장이 꼬르륵 하고 소리가 난다.
- 소화가 안 된다.
- 속에서 신물이 올라온다.
- 장이 느끼하다. 장이 느글거린다.
- 차멀미 할 때처럼 속이 울렁거린다.
- 메스껍다.
- 트림과 헛구역질이 난다.
- 구토가 일어난다. 설사를 한다.

② 통증의 반응

장의 통증은 농약이나 방부제, 항생제에 대한 반응이 주를 이룬다. 입안에서 욱신거리는 아픈 통증이 일어나면 목젖이 따갑거나 아프고 장도 아프고 따끔거린다. 세 부위가 거의 동시에 반응을 해야 신속하고 정확한 반응이 된다. 이처럼 몸 반응은 서로 맞물려 도는 정밀한 기계처럼 같은 반응이 순식간에 일어나야 한다.

- 장이 긴장을 하여 딱딱해진다. 장이 굳는 느낌이 든다.
- 명치 부분이 딱딱해진다.
- 장이 아리고 쓰리다.
- 장이 쓰리고 아프다.
- 장에 욱신거리는 통증이 온다.
- 장이 톡톡 쏘는 듯이 아프다. 장을 쥐어짜듯이 아프다.

농약의 종류에 따라 통증의 강도나 형태가 조금씩 다르다. 처음부터 장이 쥐어짜듯이 아픈 경우도 있고 처음에 약간의 통증만 유발하다가 시간이 가면 갈수록 점점 강도가 심해지는 경우도 있다. 또한 농약의 종류에 따라 몸의 통증 부위도 다르게 나타난다.

③ 아리는 반응

차나 음식을 먹으면 장이 아리거나 심하면 아린 통증이 일어나는 것을 말한다. 이것은 농약 등에 대한 반응이 아니라 차, 과일, 채소 등 그 자체의 성분에서 오는 반응이다.

농약에 대한 반응은 잠긴 장이 쉽게 풀리지 않는데 반해, 그 자체의 성질에서 오는 반응은 시간이 지나면 쉽게 풀리는 점이 다르다.

- 장이 아리거나 쓰린다.
- 아리다가 쓰리고 아픈 통증이 일어난다.

④ 편안한 반응

음식이나 차를 먹고 마시면 속이 편안해지는 상태를 말한다. 원료에 이상이 없고 보관이 양호한 차를 마시면 일어나는 긍정적인 반응이다. 화학비료나 농약을 쓰지 않은 과일이나 채소, 항생제를 먹지 않은 가축나 어류를 먹어도 이런 반응이 일어난다. 또한 다른 음식이나 차를 잘못 마셔 장이 잠긴 경우에 건강한 차를 마시면 속이 풀리는 현상도 긍정적인 반응이다.

이처럼 편안한 반응은 불편한 반응이 주는 정반대의 증상이다. 다만 불편한 반응은 대부분 부정적인 반응으로 음식이나 차가 잘못된 경우이지만, 편안한 반응이 일어난다고 모두다 긍정적인 반응이 아니다. 그것은 같은 차나 음식이라도 사람의 몸 맑기에 따라 반응이 달라지므로 항상 주의를 요한다.

- 속(장)이 따뜻해진다. 속에서 열이 난다. 온몸에 열이 난다.
- 속이 편안하다. 속이 시원하다.
- 트림이 일어난다. 헛구역질이 난다. 방귀가 나온다.
- 뭉친 근육이 풀린다. 아린 뼈의 통증이 없어진다.
- 머리 통증이 없어지고 맑아진다.
- 눈에 핏발이 사라지고 동공이 편안해진다.
- 소변이 시원하게 나온다.

(4) 다른 부위의 반응

몸 반응은 장 반응뿐 아니라 온몸에 걸쳐 일어난다. 장 반응보다 빠르게 일어나는 경우도 있고 장 반응이 일어난 후에 나타나는 경우도 있다. 여러 가지 다양한 반응들이 다른 부위에서 동시에 일어난다.

이 반응의 형태는 크게 두 가지로 나타난다. 농약, 방부제, 항생제에 대한 반응은 대체로 통증을 유발하고 화학비료, 조미료, 감미료에 대한 반응은 메스꺼움으로 나타난다. 또한 몸 반응은 이처럼 부정적인 반응뿐만 아니라 건강한 차나 음식에 대한 긍정적인 반응도 일어난다.

▷ 머리

- 머리 전체에 두통이 온다. 전체가 욱신거리면서 아프다.
- 머리의 각 부위에 따라 두통이 온다.
- 관자놀이에 머리띠를 두른 것처럼 두통이 온다.
- 머리에 어지럼증이 온다. 머리가 멍한 현상이 일어난다. 머리가 몽롱해진다.
- 머리까지 열이 확 치받아 올라왔다가 싸늘하게 식는다. 그러다가 머리가 아프다.
- 머리의 통증이 없어진다, 머리가 맑아진다, 머리가 시원해진다 등은 긍정적인 반응이다.

▷ 눈

- 눈의 동공이 팽창하는 것을 느낀다.
- 눈의 안압이 높아져 눈알이 뻑뻑해진다.
- 눈에 건조감이 온다.

- 눈의 동공이 빨갛게 된다.
- 눈에 통증이 오고 심하면 눈물이 난다.
- 눈꺼풀에 가벼운 경련이 일어난다.
- 눈두덩에 통증이 오고 심하면 붓는다.
- 눈이 갑자기 환하게 밝아진다, 눈에 건조함이 없어진다, 눈에 낀 백태가 없어진다 등은 긍정적인 반응이다.

▷ 코

- 코가 막힌다.
- 코를 훌쩍거린다.
- 콧물이 나온다.
- 코가 확 뚫린다, 코가 시원하다 등은 긍정적인 반응이다.

▷ 가슴

- 가슴이 답답하고 무거워진다.
- 심하면 가슴 밑에서 답답하면서 메스꺼워진다
- 심하면 가슴 밑에서 통증이 일어난다.
- 가슴이 두근거린다. 그 후에 심장 박동이 높아진다.
- 심장의 혈류속도가 빨라진다. 심장이 벌떡 거린다.

▷ 근육, 뼈

- 어깨 근육이 아프다. 특히 어깨 결림이 많이 온다.

- 어깨가 무겁고 근육이 딱딱해진다. 어깨가 축 처진다.
- 온몸의 근육이 아프다.
- 얼굴 근육이 떨리거나 마비 증상이 일어난다.
- 팔 다리의 뼈마디가 쑤신다. 손의 뼈마디가 아프다.
- 등허리가 아프다. 가슴뼈가 아프다.
- 아프거나 뭉친 근육이 풀리고, 뼈의 통증이 없어진다 등은 긍정적인 반응이다.

▷ 피부, 기타의 부위

- 피부가 따끔거리며 아프다.
- 피부가 간지럽다.
- 피부에 빨간 홍진이 일어난다.
- 피부에 뾰루지가 갑자기 생긴다.
- 방광(신장)에 통증이 온다.
- 얼굴이 잘 붓는다. 손발이 붓는다. 몸 전체가 붓는다.
- 손발의 붓기가 빠진다, 몸의 붓기가 빠진다 등은 긍정적인 반응이다.

▷ 체온

몸의 체온을 조절하는 것은 혈액이다. 체온의 변화인 열기나 땀, 냉기나 한기는 기혈 반응에 속한다. 여기서는 일괄적으로 다룬다.

- 머리에 열이 확 올라다가 뚝 떨어진다.

• 몸 전체에 싸늘한 한기가 일어난다. 한기로 몸이 떨린다.
• 체온이 뚝 떨어지면서 머리가 둥둥 떠 있는 느낌이 든다.
• 손발이 싸늘하게 식다가 심하면 손발이 덜덜 떨린다.
• 심지어 온몸이 떨린다.

위에서 살펴본 바에 따르면, 몸 반응이 부정적으로 일어나면 차의 보관 상태가 좋지 않거나 원료의 이상이 있는 경우이다. 이 중에 긍정적인 반응도 있지만 대체로 부정적인 반응이다. 몸 반응 해석의 어려움은 부정적인 반응이 아니라 긍정적인 반응이 일어난 경우이다. 차를 마셔 편안한 반응이 일어난다고 전부 긍정적인 반응이 아니다. 같은 차나 음식이라도 사람의 몸 맑기에 따라 긍정적인 반응과 부정적인 반응이 함께 일어나므로 항상 주의를 요한다.

잠깐만, 주의합시다!

보관 문제와 원료 문제를 한꺼번에 검토할 경우 어떻게 해야 할까요?

보관 문제인지 원료 문제인지를 판단이 곤란한 경우에 보관 문제와 원료 문제를 분리하여 검토해야 합니다.

첫 번째 판단은 보관에 대한 판단을 먼저 해야 합니다. 보관에 대한 판단은 보관이 양호한가 보통인가 잘못된 것인가를 결정합니다. 보관이 잘못되어 차가 변질되면 느끼하거나 메스꺼운 반응이 많이 일어나기 때문입니다.

두 번째 판단할 것이 원료 자체에 대한 판단입니다. 보관이 잘된 건창인데도 느끼함이나 메스꺼움이 일어나면 원료 자체에 이상이 있는 차입니다.

음식을 먹거나 차를 마실 때 트림과 헛구역질이 나는 것은 좋은 반응인가요?

그것은 상황에 따라 결론이 다릅니다. 첫째, 음식을 먹는 사람과 차를 마시는 사람의 몸 맑기에 따라 다릅니다. 둘째, 먹는 음식이나 마시는 차의 맑기에 따라 다릅니다. 셋째, 사람의 몸 맑기의 상태와 음식이나 차의 맑기의 상관관계에 따라 결론이 다릅니다.

트림과 헛구역질은 장이 잠기는 경우와 풀리는 경우에도 일어납니다. 장이 잠기는 경우에 트림과 구역질을 해도 속이 불편하지만, 장이 풀리는 경우에는 속이 시원하고 편안합니다.

차를 마실 때 코를 훌쩍거리거나 콧물이 나면 안 좋은 반응입니까?

그런 반응이 일어난다고 하여 모두 부정적인 반응은 아닙니다. 그것은 차를 마시는 사람의 몸 맑기, 차의 맑기, 현재의 몸 상태에 따라 다릅니다.

첫째는 몸이 맑은 사람이 원료에 이상이 있는 차를 마시면 일어나는 반응입니다. 차 맑기가 맑지 않아 일어나는 증상으로 몸이 잠기는 부정적인 반응입니다.

둘째는 원료에는 이상 없는 건강한 차인데 차를 마시는 사람의 몸 맑기와 현재 몸 상태에 따라 달라집니다. 지금 감기나 몸살에 걸려 있거나 코가 막혀 있으면 이런 현상이 일어납니다. 예전에 축농증 증세를 겪은 병력 등이 있어도 이런 증상이 나타납니다. 몸이 풀리는 긍정적인 반응입니다.

심장이 두근거리거나 혈류속도가 빨라지면 좋은 반응이 아닌가요?

심장이 두근거리거나 혈류 속도가 빨라지는 느낌은 상황에 따라 판단이 다릅니다. 차의 맑기와 차를 마시는 사람의 몸 맑기와 현재의 몸 상태에 따라 결론이 달라집니다.

하나는 차 자체의 문제가 있는 경우입니다. 보관이 잘못되었거나 원료에 이상 있는 차를 마실 때 일어나는 증상입니다. 차가 맑지 않은 경우입니다.

다른 하나는 마시는 사람의 문제가 있는 경우입니다. 몸 맑기가 정점에 도달하지 않을 때 일어나는 증상입니다. 차 자체의 문제가 없으면 마시는 사람의 몸 상태가 좋지 못한 경우에 이런 증상이 일어납니다. 심장이 약하거나 몸의 기혈이 많이 막힌 경우입니다.

마지막으로 현재의 몸 상태에 따라 다릅니다. 빈속에 차를 많이 마시거나 차를 마신 양이 많아 취한 경우에도 이런 증상이 나타납니다.

피부가 간지럽거나 따끔거리며 아픈 경우와 뾰루지가 생기는 반응은 어떤 반응인가요?

피부에 일어나는 이런 반응을 피부 반응이라고 하는데 상황에 따라 다르게 판단해야 합니다. 피부 반응은 여러 가지로 볼 수 있습니다.

첫째는 잘못된 차를 마셨을 때나 잘못된 음식을 먹으면 일어나는 반응입니다. 보관이나 원료가 잘못된 차를 마신 경우라든지 잘못된 음식을 먹을 때 피부가 간지럽거나 뾰루지가 발생합니다. 이런 반응을 '음식물의 이상 반응' 이라 하지만, 여기서는 정상적인 몸 반응입니다.

둘째는 건강한 차를 마시면 몸이 맑아져 일어나는 몸의 변화입니다. 피부 속에 있는 독소나 노폐물이 모공이나 땀구멍을 통해 배출되면서 일어나는 증상입니다. 피부의 모공이 열리는 반응입니다.

차를 마시면 손발이 떨리거나 몸속이 미세하게 떨리는 것은 어떤 증상입니까?

몸이 떨리는 떨림 현상도 여러 가지 원인에서 발생합니다. 하나는 잘못된 차를 마실 때 체온이 떨어지고 기운이 빠지면서 손발이 떨리는 경우가 있습니다. 몸이 잠기는 몸 반응이 일어나는 경우입니다.

다른 하나는 기운이 센 차를 마실 때 몸속이 미세하게 떨리거나 몸 전체가 가볍게 진동이 일어나는 것을 말한다. 진동현상은 기혈반응으로 몸에서 파동이 일어나 세포조직에 미세한 충격을 가해 막힌 기혈을 뚫는 역할을 합니다. 몸이 맑고 기운을 느끼는 경우에 알 수 있습니다.

마지막으로 공복에 차를 너무 많이 마신 경우에 나타나는 현상입니다. 차에 취한 경우에 몸에서 떨리는 현상이 일어납니다.

머리에 어지럼증이 생기면 좋지 않는 반응인가요?

머리에 어지럼증이 생기는 경우는 상황에 따라 해석이 다릅니다. 이 증상은 여러 가지의 경우에 일어납니다. 마시는 사람의 몸 맑기와 현재의 몸 상태에 따라 다르고 차 맑기에 따라 다릅니다.

첫째는 몸 맑기가 어느 정도인가에 따라 다릅니다. 원료나 보관에 이상 없는 차인데 마시는 사람의 몸 맑기가 정점에 도달해 있지 않으면 일시적으로 그런 증상이 일어날 수 있습니다. 몸이 맑지 않아 머리 부분의 기혈이 막혀 그런 증상이 생길 수 있습니다.

둘째는 차 맑기에 따라 다릅니다. 마시는 사람의 몸 맑기가 정점에 도달해 있어 보관이 좋지 않거나 원료에 이상이 있는 차를 마시면 이런 증상이 나타납니다.

셋째는 현재 몸 상태에 따라 다릅니다. 빈속에 차를 마시거나 차를 너무 많이 마셔 취한 경우에 일어나는 현상일 수 있습니다. 차를 마신 몸 상태가 어떠한가에 따라 달라집니다.

혓바닥이 톡톡 쏘는 증상이 있다면 모두다 농약에 대한 반응인가요?

그렇지 않습니다. 차 자체의 성분에서 오는 반응도 있습니다. 그래서 농약에 대한 반응과 그 자체의 성질에서 오는 반응을 잘 구별해야 합니다. 잘못 읽으면 엉뚱한 결론이 나오기 때문입니다.

농약에 대한 반응과 그 자체의 성질에서 오는 반응은 장 반응을 통해 확인이 가능합니다. 비록 혓바닥이 톡톡 쏘는 증상이 있더라도 장이 편안한지 불편한지를 따져서 판단합니다. 장이 편안하면 그 자체의 성질에서 오는 반응이고, 불편하면 농약에 대한 반응입니다.

체온이 뚝 떨어지거나 머리가 몽롱한 것은
차를 잘못 마셔서 그런 것인가요?

꼭 그렇지는 않습니다. 하나는 빈속에 차를 마셨든지 너무 많이 마셔 차에 취했을 때입니다. 흔히 차를 오랜 시간 마시다 보면 이런 현상이 일어납니다.

다른 하나는 보관이 잘못된 차라든지 원료에 이상이 있는 차를 마실 때 일어납니다. 몸이 맑은 사람이 보관이나 원료가 잘못된 차를 마시면 일어나는 몸 반응입니다. 마지막으로 보관이나 원료에 이상이 없는 차인데 그런 반응이 일어나면 마시는 사람의 몸 상태가 좋지 않은 경우이며, 몸이 맑지 않아서 일어나는 현상입니다.

3. 몸 반응과 찻잎 원료

원료에 대한 접근은 굉장히 어려운 문제이다. 원료 문제는 원료에 대한 전문적인 지식 없이 원료를 판단하기가 쉽지 않다. 아마 '일반인들이 접근하기 불가능하다' 라고 보는 것이 맞는 말일지도 모른다.

생엽(生葉)이나 우린 잎(葉底)을 보아 원료 품질을 정확하게 판단하기는 상당히 어렵다. 특히 맛과 향으로 원료의 야생성 여부와 원료의 이상 유무를 알아내기란 여간 해서 쉬운 일이 아니다. 그래서 원료의 문제를 판단하는 데 가장 유용한 도구는 바로 몸 반응이고, 이를 통해 원료의 이상 유무를 알 수 있다.

소비자는 본인이 마시는 차에 대해서 원료 품질에 이상이 없는지에 관해 관심이 많다. 원료 자체에 무슨 문제가 있는 것은 아닌가 하는 의구심을 가지며, 그것은 농약이나 화학비료를 사용했는지의 여부와 직결되어 있다.

예나 지금이나 소비자가 원료의 문제를 파악하고 문제점을 검토하기란 어려운 일임에 틀림없다. 지금도 원료에 관해 접근하려고 해도 원료를 분류하는 방법이나 구별법 등이 자세히 소개된 서적이 없다.

원료 자체를 과학적으로 분석하는 방법은 있지만 그것은 실험실에서나 한정된 일이고 소비자가 그 지식을 활용하여 제품을 구입하기 어렵다.

이 점을 고려하여 소비자가 물건을 구입할 당시 구별할 수 있는 방법이 필요하다. 여기서는 원료에 대한 고도의 전문적인 지식이 아니고 현실적으로 파악할 수 있는 방법을 모색해 보고자 한다. 일상적으로 차를 마시면서 원료 문제를 가볍게 확인할 수 있는 정도의 사항을 적었다.

이것은 지식적인 검토라기보다 경험적인 사실을 현실에서 활용할 수 있도록 했지만 일정한 한계가 있다. 다만, 한계를 가지더라도 활용하기에 따라 차를 판단하는 데 유용하게 쓸 수 있고, 차에 대한 눈높이를 현실적으로 한 단계 높일 수도 있다.

1) 원료에 영향을 미치는 요인

차 맛과 향을 결정짓는 출발점은 원재료, 즉 원료에 있다. 어떤 원료를 사용하느냐에 따라 맛과 향이 달라진다. 원료에 영향을 미치는 요인은 여러 가지가 있지만 그 중 차나무의 생장조건이 어떤지에 따라 가장 많은 영향을 받을 것이다.

생장조건은 크게는 지형이나 토양에 따라, 기후조건에 따라, 강수량과 일조량에 따라 나누어 볼 수 있다. 이런 생장조건 중에서 현실적으로 보면 자연적이냐 인공적인 관리냐에 따라 원료의 품질에 더 많은 영향을 미칠 것이다.

여기서는 원료에 대한 지식적인 내용은 검토하지 않는다. 소비자에게 필요한 것은 원료에 대한 지식이 아니고 지금 마시는 차의 원료를 어떻게 판단하느냐가 중요하다. 원료에 대한 지식은 차를 판단하는 데 현실적으로 크게 도움이 되지 않는다.

보통 차에 대한 정보가 주어지지 않은 상태에서 차를 마셔 원료 상태를 판단할 수 있는 방법이 중요하다. 실전적인 감각을 익히는 것이 훨씬 더 빠른 지름길이 될 수 있기 때문이다.

2) 원료의 분류

원료는 차나무의 생육조건이나 발육상태에 따라 달라지므로 원료의 분류는 차나무의 분류와 직결되어 있다.

차나무의 분류는 수령에 따른 분류, 수종에 따른 분류, 야생이냐 재배이냐에 따른 분류, 밀식 재배이냐 산재 재배이냐에 따른 분류 등 여러 가지로 나누어 볼 수 있다.

어느 대상을 중점적으로 다루는지에 따라 분류가 달라지므로 모든 요소를 고려한 하나의 분류 방법은 사실상 어렵다. 우리가 차를 마실 때 흔히 관심을 가지는 내용을 중심으로 다루어야 할 것이다. 보통 차를 마시면 야생인지 재배인지에 대한 관심이 많은데 여기서도 이것을 중심으로 다룬다.

야생인지 재배인지를 분류하기 위해서 몇 가지 전제 조건을 설정해야 한다. 먼저 야생인지 재배인지를 구별하기 위해 야생과 재배에 대한 개념의 정립이 필요하다.

일반적으로 야생의 개념적인 요소를 분석해 보면 다음과 같다. 야생이

잠깐, 쉬어갑시다!

사계절 중에서 어느 시기의 차가 맛과 향이 가장 좋은가요?

봄 차 : 봄 차에는 차 맛과 향에 직접적인 영향을 주는 아미노산의 함량이 가장 많습니다. 이런 아마노산 중에서 데아닌은 감칠맛을 내는 주된 성분입니다. 봄 차가 다른 계절의 차에 비해 맛과 향이 가장 좋다고 하는 이유는 감칠맛(여린 단맛)이 많이 나오기 때문입니다.

겨울 차 : 겨울 차를 봄 차 다음으로 손꼽는 것은 기온이 내려가면 차나무의 향이 높아 맛과 향이 좋기 때문입니다.

란 수종이 야생 차나무인가의 여부, 생육조건이 자연적인가 인공적인가의 여부, 지형적인 조건이 어떠한가의 여부, 재배방식의 형태 여부 등 크게 몇 가지 요소로 나눌 수 있다.

첫째는 야생 차나무 수종을 인정할 것인가의 여부이다.

만약 야생 차나무 수종을 별도로 인정한다면 야생 차나무 수종과 야생이 아닌 차나무 수종으로 크게 나눌 수 있다.

여기서 검토해야 되는 것은 야생 차나무 수종의 범위를 어디까지 볼 것인가 하는 점이다. 야생 차나무를 육종 재배한 차나무도 야생 차나무 수종으로 볼 수 있는지의 문제와, 야생이 아닌 차나무 수종은 전혀 야생성(野生性)을 인정할 수 없는가 하는 문제이다.

둘째는 생육조건이 자연적인가 인공적인가의 여부에 따라 야생을 논할 수 있다. 야생 차나무 수종을 인정하면 생육조건이 자연적인 상태이면 야생 차나무임에 틀림없다. 본래적 의미의 야생이라 볼 수 있다. 야생 아닌 차나무 수종이 생육조건이 자연적인 상태인 경우에 본래적 의미의 야

가을 차 : 가을 차는 봄 차에 비해 대부분 신맛이 많이 나옵니다. 여름 차보다는 거친 맛이 적지만 겨울 차의 맛과 향에는 미치지 못합니다.

여름 차 : 찻잎의 구성성분 중에 폴리페놀은 광합성에 의해 형성되므로 일조량과 관계가 깊습니다. 일조량이 많은 여름이나 가을철에 찻잎의 섬유질이 발달하게 되어 폴리페놀의 함량이 높아집니다.

폴리페놀은 차의 쓴맛이나 떫은맛을 내므로 여름 차는 쓰고 떫은맛이 너무 많아 마시기 어렵습니다. 그래서 여름 차는 사계절의 차 중에서 하품에 속합니다.

생과는 다르게 다루어야 할 것이므로 이것은 야생형이라 부를 수 있다.

그러나 야생 차나무 수종을 인정하지 않는다면 생육조건이 자연적인 상태이면 전부 야생 차나무로 보느냐 하는 문제도 있다.

여기서 중요한 것은 생육조건이 자연적인 상태를 어느 범위까지 한정해야 하는지를 결정해야 한다. 자연적인 상태의 범위를 정해야 야생형과 재배형에 대한 한계를 지을 수 있기 때문이다.

자연적인 상태를 결정하는 데 고려될 사항은 지형적인 조건, 발아조건, 성장조건 등을 다룰 수 있다. 즉 지형적인 조건이 어떠한지, 발아조건이 자연적인지 인공적인지, 성장조건이 자연적인지 인공 관리인지 등을 따져 종합적으로 살펴보아야 한다. 인공적인 관리 속에 차나무의 가지치기나 풀베기 작업 등도 포함시켜야 하는지 결정해야 한다.

셋째는 야생의 개념 속에 지형적인 조건이 고려되는가의 여부이다.

여기서 지형적인 조건은 차밭의 조성형태를 말한다. 차밭의 조성형태에 따라 다원형(茶園型) 차밭과 산지형(山地型) 차밭으로 나누어 볼 수 있다.

잠깐, 쉬어갑시다!

고산지역에서 난 차가 저산지역에서 난 차보다 보통 맛과 향이 좋다고 하는 이유가 뭘까요?

여기의 대답은 엄밀한 과학적인 검증을 토대로 한 것은 아닙니다. 생태적, 지형적인 조건에 근거하여 추론해 보면 이런 대답도 할 수 있습니다.

해발의 고도가 100m씩 올라갈수록 기온이 약 0.5도 정도 떨어진다고 합니다. 이 때문에 고산지대는 저지대보다 기온이 낮고 일교차도 심합니다. 차의 생육조건으로 볼 때 열악한 환경입니다. 이런 생태적 환경을 극복하기 위해 차나무는 스스

다원형 차밭이란 논이나 들, 밭이나 낮은 언덕, 야산에 인공적으로 조성된 차밭을 가리킨다. 다원형 차밭은 관목의 차나무를 밀식 재배한다. 키가 작은 관목은 관리하기 쉬워 다원형 차밭의 차나무는 관목형이고 재배차이다.

산지형 차밭은 인공적으로 조성된 차밭일지라도 산재(散在) 재배방법이거나 자연적인 형태 그대로 형성된 차밭을 말한다. 산지형 차밭의 차나무는 키가 큰 교목으로 산재 재배방법을 쓴다. 산재 재배방법이란 사과나무 재배방식처럼 일정한 거리를 유지하여 심은 것을 말한다. 차나무의 키도 사과나무 정도이다.

넷째는 차를 재배하는 방식, 즉 밀식 재배와 산재 재배방식이 야생 개념에 고려되는가 하는 점이다.

차를 재배하는 방식에 따라 밀식 재배방법과 산재 재배방법이 있다. 밀식 재배방법은 차나무를 빽빽하게 심는 방법으로 주로 다원형 차밭에 재배되는 관목형 차나무를 키울 때 쓴다. 밀식 재배하는 다원형 차밭은 관목형 차나무이므로 야생 차나무와는 다소 거리가 있고 산재 재배하는

로 생존력을 높이고자 하는 여러 가지의 방법을 강구합니다.

그 중 가장 중요한 종(種)의 보존을 위해 번식력을 높이려는 의도도 있습니다. 고산지대에 생존하는 식물의 꽃은 저지대에 비해 대부분 꽃향기가 맑고 높습니다. 꽃향기가 높으면 벌에 의한 수정이 용이하고 종의 번식을 높일 수 있기 때문입니다.

이처럼 고산지대의 열악한 생육조건은 차나무의 향을 높게 만들어 차의 품질이 저지대보다 좋습니다. 찻잎의 생산량은 적을지 모르지만 품질에 있어 양질의 찻잎을 얻을 수 있습니다. 이런 이유로 겨울 차의 맛과 향이 봄 차 다음으로 손꼽히고, 대홍포의 암차(巖茶)가 주차(疇茶)보다 뛰어난 것입니다.

산지형 차밭은 야생형 차나무라 할 수 있다.

산재 재배방법은 우리나라에서는 거의 찾아볼 수 없고 중국 고차수의 차밭에서 볼 수 있는데, 사과밭에 심어 놓은 사과나무처럼 일정한 간격을 두고 재배되는 방법이다.

이상에서 야생의 개념을 정립할 때 필요한 요소를 다루어 보았는데 이외에도 여러 요소를 고려할 수 있다. 한 예로 차나무 수령이 야생의 고려 대상인가 하는 점이다. 차나무 수령은 야생 판단에 직접적인 요소는 아닐지라도 수령이 오래된 차나무는 대부분 야생에 가깝다. 또 차나무 수령은 원료의 품질을 결정하는 데 중요한 요소이기 때문이다.

이런 조건을 고려하여 야생의 개념은 복합적으로 다루어야 한다. 야생의 조건에는 차나무의 수종, 생육조건이나 상태, 지형적 조건, 재배지의 형태, 차나무의 수령 등이 단일한 요소로 작용하는 것이 아니라 서로 연결되어 있어 둘 이상의 요소를 같이 다루어야 한다.

위의 여러 가지 조건을 고려해 차나무를 분류해 보면 간편하게 야생차, 야생형차, 재배형차 등으로 나누어 볼 수 있다.

첫째, 야생차란 야생 차나무 수종이 자연발생적으로 생겨 생육조건은 자연 상태 그대로 자란 경우를 말한다. 본래적 의미의 야생을 뜻한다.

둘째, 야생형이란 야생 차나무 수종이 아니더라도 생육조건이 자연적인 상태일 경우에 야생형이라 할 수 있다. 야생 상태에 가깝게 자란 차나무를 말한다. 쉽게 말하면 야생형 차나무란 비료나 농약을 전혀 하지 않고 자연 상태 그대로 자란 것을 말한다.

셋째, 재배형이란 야생이 아닌 차나무가 생육조건이 인공적인 관리를 한 경우와 야생 차나무 수종이라도 생육조건이 인공적인 관리를 한 경우를 말한다.

여기서 인공적인 관리는 인공적인 시비(施肥)와 농약의 사용 여부를 가지고 획일적으로 결정했다. 야생 차나무도 인공적인 관리를 한 경우에 재배형이다.

원래 야생의 개념과 농약이나 화학비료의 사용 여부는 별개의 개념으로 다루어야 하지만, 차나무는 야생형이라도 비료와 농약을 사용한 경우가 있기 때문이다. 중국 보이차 찻잎으로 사용되는 야생형 고차수에 화학비료와 농약을 사용하는 경우가 있기 때문이다. 이때 야생과 재배의 경계가 모호하여 개념을 정립하기가 어렵다.

야생형 차나무는 차나무의 야생성뿐 아니라 생장조건의 야생성, 즉 자연적이어야 한다는 것이다. 이점에서 비료나 농약을 사용한 고차수는 생장조건이 자연적이라는 점에 반하므로 재배형이라 했는데, 다른 견해가 있을 수 있다.

이처럼 야생의 개념은 정립하기 어렵다. 개념을 규정하기에 변수가 많아서 소비자나 애호가들이 판단하기는 어렵다. 이것은 차나무의 육종에 관련된 전문가가 접근해야 하기 때문이다.

여기에 쓴 야생의 개념은 하나의 설정에 불과하고 찻자리에서 주고받는 이야기 수준에 불과하다. 좀 더 분석적이고 전문적인 연구는 이 방면의 전문가가 검토할 대상이다.

정리해 봅시다

보이차를 분류하는 방법은 차를 다루는 사람마다 다르게 이야기해서 처음 보이차를 접하는 사람에게 혼동을 줍니다. 보이차에 관련된 서적이나 학술지를 살펴보아도 제다공정에 따른 두 가지의 방법만 나와 있고 그에 대한 명칭이 적혀 있지 않습니다.

그러나 시중에는 여러 제다 방법으로 만들어진 보이차가 판매되고 있어 그에 관한 정리가 시급한 것이 사실입니다. 여기서는 현재 중국 보이차 시장에서 판매되고 있는 보이차를 중심으로 초보자의 이해를 돕기 위해 나름대로 간략하게 정리하였습니다.

보이차를 제다하는 방법을 간단하게 말하면, 별다른 방법이 있는 것이 아니고 녹차 만드는 과정, 황차 만드는 과정, 백차 만드는 과정, 홍차 만드는 과정 등이 일부 뒤섞여 있습니다. 보이차의 기본적인 제다 과정은 다른 종류의 차를 만들 때와 거의 비슷합니다.

책에 소개된 보이차를 만드는 방법은 제다공정상 두 가지 방법이 전부이지만, 시장에는 그 외에도 많은 종류의 차를 실제로 만들고 있습니다. 나머지 방법은 이 두 가지 방법을 재조합하여 만든 것입니다. 조합할 때 황차 만드는 방법으로 만든 차도 있고 홍차 만드는 방법으로 긴압한 차도 있습니다. 일쇄만하여 긴압한 차도 있고 홍배 건조하여 만든 차 등 여러 가지 제다기술이 동원되고 있습니다.

이런 여러 가지의 제다기술을 사용하는 것은 맛의 변화를 도모하는 측면도 있지만, 시장을 속이기 위해 잘못된 보이차를 만든다는 불신을 살 여지도 있습니다.

1. 제다공정에 따른 분류

1) 청병(생차)

생차를 만드는 방법은 기본적인 과정을 볼 때, 녹차의 제다과정(덖음 ⇒ 유념 ⇒ 건조)으로 만드는 방법이 있고, 황차를 만드는 제다공정(덖음 ⇒ 유념 ⇒ 발효 ⇒ 건조)을 이용하여 만드는 방법이 있습니다. 또한 백차를 만드는 과정(채엽 ⇒ 위조 ⇒ 건조)으로 만든 차도 있습니다.

생차는 녹차의 제다과정처럼 덖음(살청)과 유념을 거치고, 다만 건조 시에 일광

건조를 시킨 찻잎을 긴압하여 만든 차를 생차, 청병이라 합니다. 정확하게 쇄청 청병이라 부를 수 있습니다.

홍청하여 만든 청병도 있습니다. 차를 건조시킬 때 일광건조를 하지 않고 불에 홍배하여 긴압시킨 생차를 말합니다. 이것은 홍청 청병이라 부를 수 있습니다.

이와는 달리 우리나라에서 발효차 만들듯이, 덖음과 유념을 거친 후 악퇴하여 먼저 발효를 시킨 후 긴압하여 만든 차가 있습니다. 『보이차』(등시해 著) 책에 보면 '~분(分) 숙차' 라는 표현이 있는데, 이것은 악퇴하여 선(先)발효한 차를 말합니다.

그래서 청병(생차)인데 2분 숙차, 3분 숙차라는 용어는 악퇴공정을 거쳐 만든 차, '청병의 ~숙차' 를 뜻합니다. 악퇴 청병이라 하는 것이 인식하기가 좋겠지요. 숙병으로 오해할 소지가 있습니다.

여기서 2분 숙차는 20% 정도 발효시킨 것, 4분 숙차는 40% 정도 발효시킨 것을 말합니다. 분(分)은 백분율의 분을 뜻합니다. 숙병과 헷갈리지 않게 개념을 정리해야 합니다.

'청병의 ~숙차' 와 '숙병' 이란 용어가 실제로 사용할 때 개념상 혼동을 주는데, 보이차 학계에서 이런 용어에 대해 명확하게 정리된 것이 아직 없습니다. 숙병은 악퇴공정에서 물을 뿌리고 미생물을 주입하는 데 반해, 청병의 숙차는 찻잎을 쌓아서 찻잎 자체의 열로 발효시키고 물과 미생물을 사용하지 않은 것을 말합니다.

이처럼 청병도 제다과정이 약간 다르므로 제다과정을 붙인 '쇄청 청병', '홍청 청병', '악퇴 청병' 으로 부르는 것이 혼동의 여지가 없을 듯합니다.

2) 숙병(미생물 발효차)

숙병은 쉽게 말하면, 덖음 ⇒ 유념 ⇒ 일광 건조한 차를 쌓아놓고(여기까지 청병 과정과 동일함), 물을 뿌리고 미생물을 주입하여 쾌속 발효시킨 차를 말합니다. 숙병도 발효 정도에 따라 나눌 수 있는데, 약간 발효시킨 것이 있고 많이 발효시킨 것도 있습니다.

그래서 숙병에도 '~숙차' 라는 표현을 씁니다. 『보이다보(普洱茶譜)』 책을 보면 란창차장에서 출품된 은호타차 중 '공서(工序) - '3분 숙차' 라는 문구는 '숙병

정리해 봅시다

의 숙차' 를 말합니다.

만약 전체 발효도를 100%라고 보면, 20% 정도 발효시킨 차를 2분 숙차, 30% 정도 발효시킨 차를 3분 숙차라고 이해하면 됩니다. '숙병의 ~숙차' 에 해당되는 개념입니다.

위에서 말한 '청병의 ~숙차' 와 '숙병의 ~숙차' 는 발효도만 보면 비슷한 의미지만, 물을 뿌리고 미생물을 주입했느냐에 본질적인 차이점이 있습니다. 맛과 향으로 볼 때 '숙병의 숙차' 는 숙미향과 숙병 특유의 맛이 올라오지만 '청병의 숙차' 는 악퇴한 향과 맛이 있습니다. 이처럼 맛과 향이 질적으로 다릅니다.

2. 조합차

조합차(組合茶)란 제다하여 만든 청병의 모차(毛茶)와 숙병의 모차를 여러 가지 비율로 섞어서 만든 차를 말합니다.

1) 반생반숙(반생숙)

반생반숙이란 청병의 모차(毛茶)와 숙병의 모차를 반반씩 섞어 긴압시킨 차를 말합니다. 다만 차창(茶廠)에 따라서 7:3, 6:4 등의 조합이 나올 수 있고, 모차도 여러 가지의 종류를 쓸 수 있습니다. 반생반숙의 특유한 향과 맛이 나옵니다.

2) 그 외의 모차 조합차

(1) 악퇴청병모차 + 숙병모차

(2) 쇄청청병모차 + 2% 미만의 숙병모차

(3) 홍청청병모차 + 쇄청 청병모차

(4) 쇄청청병모차 + 홍차모차

등의 모차 조합차가 나올 수 있습니다. 조합 방법에 따라 매우 다양한 차가 나올 수 있으므로 그때그때 잘 파악해야 합니다.

3. 가짜 보이차

사람들이 가짜 보이차라고 하는 것은 어떤 종류의 보이차를 말하는 것일까요?

사람들은 보이차가 잘못되면 모두다 가짜 보이차라고 표현을 합니다.

가짜 보이차는 소위 '장난친 보이차'를 말합니다. 보이차의 유통과정을 보면, 차창(茶廠)에서 보이차를 제다하여 만든 후 제품이 출하되면 상인들이 구매하여 창고에 보관합니다. 이때 보관을 어떻게 했는가에 따라 보이차의 품질이 달라집니다. 건창인지 습창인지에 따라 건창차, 습창차로 나눕니다. 습창차와 건창차는 품질의 차이가 나는 만큼 맛과 향이 다르고 가격이 다릅니다. 그래서 보이차도 보관을 잘해야 제대로 된 맛과 향을 유지합니다.

장난친 보이차는 보관하는 과정에서 이루어집니다. 대표적으로 습도로 장난친 것(습창 보관), 열과 온도로 장난친 것(열창 보관), 숙성실 보관 등이 있습니다. 또한 모차(毛茶) 자체를 장난친 후에 긴압시켜 만든 '가짜 연도수를 만든 보이차'도 여기에 해당됩니다.

1) 습도로 장난친 차 - 습창에 보관한 차
2) 열과 온도로 장난친 차 - 열창에 보관한 차
3) 숙성실에서 잠시 띄운 차
4) 습기를 준 후에 훈증한 차
5) 모차 자체를 장난친 후에 긴압하여 만든 차 - 가짜 연도수를 만든 차

가짜 보이차는 여러 가지의 방법을 동원하여 만듭니다. 보통은 '장난친 차', '손탄 차' 등으로 불리고 있습니다. 이상은 현재 시중에서 유통 판매되고 있는 차를 중심으로 분류하였습니다. 보이차를 분석하는 데 참고하기 바랍니다.

3) 원료의 판단

(1) 원료의 접근 방법

앞에서 원료의 분류 방법을 다루었지만 우리가 찻잎을 통해 원료 상태를 아는 데는 일정한 한계가 있다. 찻잎의 전문가나 일부의 차농(茶農)은 구별할 수 있을지 모르지만 차를 마시는 소비자가 구별하기는 사실상 어렵다.

그래서 원료를 구별 판단하는 방법도 차를 마시는 소비자의 관점에서 논해야 그 실익(實益)이 있다. 원료를 판별하는 이유는 원료가 얼마나 건강한가의 여부를 따지는 것이므로, 원료에 접근하는 방법은 원료의 건강성을 고려한 현실적인 방법이 되어야 한다.

우리가 찻잎을 육안으로 본다면, 그것이 생엽이든 만든 찻잎이든 우린 잎이든지 간에 과연 원료의 좋고 나쁨을 구별할 수 있을까? 만약 구별할 수 있다면 판단기준은 무엇일까?

원료의 좋고 나쁜 상태를 육안으로는 구별이 쉽지 않아 판단하기 어렵다. 좋고 나쁨을 판단할 때 여러 기준이 있지만 여기서 판단 기준은 일반적인 기준과는 다르다. 그것은 원료의 건강성 유무를 판단하는 것으로 다른 차인이나 품평가가 판단하는 기준과 약간 거리감이 있다.

원료의 건강성이란 화학비료나 농약을 사용하지 않고 재배한 원료를 말한다. 건강한 원료는 야생에 가까운 품질이 좋은 원료로 얼마나 순수한가를 나타낸다. 이것은 야생형인지 재배형인지의 구별의 이유도 되지만 무엇보다도 농약이나 화학비료의 사용 여부를 따지는 것이다. 현실적으로 볼 때, 차나무는 야생형에 가깝더라도 화학비료나 농약을 사용한 경우가 있고 차나무는 재배형이라도 사용하지 않는 경우가 있기 때문이다.

여기서 말하는 건강한 찻잎은 품평 과정이나 유통 과정에서 판단하는 일반적인 기준과는 많이 다르다. 일반적인 기준은 찻잎의 등급을 매기기 위해서 표준화된 척도가 있다. 일반적인 기준에서 좋은 찻잎이란 정해진 기준에 충족되어야 하고, 색상은 어떤 색을 지녀야 하는 등 규격화되고 표준화된 기준에 준해서 다룬다.

여기서 다루고자 하는 원료의 접근 방법은 찻잎의 건강성 유무가 가장 먼저 고려된다. 이것은 마시는 사람의 건강과 직결되기 때문이다.

잠깐, 쉬어 갑시다!

양지에서 자란 차나무와 음지에서 자란 차나무는 맛으로 볼 때 어떤 차이가 있나요?

일반적으로 보면 같은 지역에서 자란 차나무라도 양지 차나무는 음지에서 자란 차나무보다 일조량이 많아 쓴맛과 떫은맛을 내는 폴리페놀의 함량이 높습니다. 폴리페놀의 함량이 많으면 차는 너무 쓰고 떫어 마시기가 곤란합니다. 그래서 여름철에 햇빛을 많이 받은 찻잎으로 차를 만들면 쓴맛과 떫은맛이 주를 이룹니다. 또한 햇빛을 많이 받은 찻잎은 경화(硬化)되어 약간 딱딱해 차를 만들기가 곤란합니다.

반면 햇빛을 적게 받은 음지의 차는 잎 중의 폴리페놀이 감소하고 아미노산이 증가합니다. 아미노산 중에 감칠맛을 내는 데아닌 성분이 많아 맛이 뛰어난 고급차를 만들 수 있습니다. 햇빛을 적게 받은 찻잎으로 만든 차는 여린 맛이 나지만 햇빛을 많이 받은 차는 거칠며 쓰고 떫은맛이 주된 맛입니다.

다서에는 양지 차나무와 음지 차나무의 요소를 두루 갖춘 반양반음의 차나무가 가장 좋다는 기록도 있습니다.

(2) 원료의 판단 기준

① 일반적인 기준

첫째, 찻잎의 크기와 여린 정도에 따라 등급이 다르다.

찻잎의 크기와 여린 정도는 찻잎의 부드러운 정도를 나타낸다. 부드러운 찻잎은 억센 잎보다 아미노산의 함량이 높아 단맛이 많이 나온다. 찻잎의 크기와 여린 정도에 따라 찻잎의 등급을 표시한다.

보이차의 경우 차청(茶靑) 등급은 1등급에서 10등급으로 나눈다. 우리 녹차의 경우 우전, 세작, 중작, 대작의 분류도 엄밀하게 보면 찻잎의 크

잠깐만, 주의합시다!

보통 차를 마신 후에 우린 잎을 살펴봅니다.
우린 잎을 통해 엽의 상태를 관찰하여 차를 판단하기 위해서입니다.
어떤 사람은 우린 찻잎을 만져보거나 문지르기도 합니다.
이때 문질러서 물러지는 것을 보고 차를 판단하기도 합니다.
이 판단을 정말로 신뢰할 수 있을까요?

차를 판단하는 데 우린 잎을 문지르는 경우는 보이차를 마시는 사람들이 가장 많이 사용하는 방법입니다. 보이차를 마신 후에 항상 우린 잎을 문질러 판단합니다. 이것도 차를 판단하는 요소임에는 틀림없습니다.

우려되는 것은 그 전에 이미 맛과 향으로 차를 판단했을 텐데, 맛과 향은 무시하고 이 판단에만 매달려 있는 경우를 종종 보았습니다. 오로지 찻잎이 물러지기만 하면 습창차로 판단하는 경우입니다. 또한 찻잎 중에 일부 색깔이 새까맣다는 것만으로 숙병과 섞었다고 판단하는 경우도 마찬가지입니다.

우린 잎을 문질러서 판단하는 것은 몸 반응과 맛으로 판단된 차의 상태를 확인하는 것에 불과합니다. 몸 반응과 맛으로 판단된 것을 뒤집는 경우는 거의 없습니다.

그런데도 사람들은 보이차를 판단할 때 찻잎을 문질러 보고 이것을 결정적인 판단요소로 삼는 데 문제가 있습니다. 한때 찻잎이 물러지기만 하면 다른 모든 판단

기와 여린 정도에 따른 분류방법이다.

둘째, 찻잎의 폭이나 길이가 일정해야 한다. 그리고 찻잎이 온전하게 살아있어야 한다. 수종도 단일 수종일수록 품질이 좋다.

찻잎의 크기에 있어 규격화된 일정한 형태를 띠고 있어야 한다.

찻잎의 크기뿐만 아니라 온전(穩全)성이 있어야 한다. 온전성이란 찻잎이 완전한 형태로 살아있어야 한다는 뜻이다. 찻잎이 파쇄되거나 부서진 경우에 잎이 완전하지 못하여 품질의 가치가 떨어진다. 품질 관리라는 측면에서 보면 일정한 크기와 형태를 지녀야 제품을 표준화할 수 있

요소는 제쳐두고 습창으로 판단했을 때가 있기 때문입니다. 우리 녹차의 경우 문지르면 물러지는 것이 있는데 이때도 그렇게 판단해야 할까요?

찻잎이 물러지는 요인은 여러 가지가 있습니다.

첫째는 원료 자체의 요인이 있을 수 있습니다. 원료가 야생성을 많이 가질수록 찻잎이 탄력적이고 튼실하기 때문에 야생일수록 탄력적이거나 물러지지 않을 가능성이 많습니다. 화학비료를 사용한 재배형의 찻잎은 쉽게 물러지는 경우가 있기 때문입니다.

둘째는 제다 과정 중에 습기를 많이 머금을 수 있는 조건이 되면 찻잎이 물러지는 경우가 있습니다. 보이차 숙병이 청병보다 찻잎이 물러지는 경우가 많고, 우리 발효차가 녹차보다 잎이 물러지는 경우가 많은 것은 이 때문입니다.

셋째는 보관을 잘못하여 습(濕)을 먹은 경우에 이런 현상이 일어날 수 있습니다. 건창차보다 습창차가 잎이 물러지는 경우가 많습니다. 한때 보이차를 판단할 때 잎이 물러지면 무조건 습창이라고 우기는 경우는 이것 때문입니다.

그러나 이것을 맹신해서는 안됩니다. 야생의 찻잎이라도 문질러지는 경우가 있습니다. 찻잎을 따는 시간이 길어 습기 있는 찻잎이 속에 묻혀 잎 자체의 수분 때문에 뜨게 되면 섬유질이 파괴되어 물러질 수 있습니다.

고 품질 예측이 가능하다.

수종이 잡종인지 단일종인지의 여부는 차 맛과 향에 많은 영향을 미친다. 일정한 맛과 향이 나야 같은 품질을 유지하므로 단일수종은 찻잎의 품질을 판단하는 데 중요한 영향을 미친다.

셋째, 찻잎의 색상과 신선도의 정도에 따라 품질이 다르다.

찻잎의 신선도와 색상을 유지하기 위해서 빠른 시간 내에 빠른 속도로 가공해야 한다. 찻잎은 신선해야 하고 일정한 색상이 유지되어야 좋은 차로 평가를 받을 수 있다.

넷째, 찻잎은 청결을 유지해야 한다.

찻잎 속에 잡초, 벌레, 오물 등이 들어가지 않도록 해야 한다. 이것은 제다 과정의 위생 문제와 관련된다.

이상의 판단기준은 일반적으로 품평 과정이나 유통 과정에서 고려되는 사항이다. 일반적인 기준을 통해 찻잎의 건강성 유무를 판단하기는 어렵다. 찻잎의 건강성에 대한 판단은 이와는 완전히 다르기 때문이다.

찻잎의 크기 비교

② 원료 건강성의 판단기준

원료의 건강성 판단은 일반적인 판단기준에서 고려되는 사항과 많은 차이가 있다. 원료의 건강성 여부는 생육조건에서 야생성을 얼마나 가지고 있느냐와 관련 있지만, 사실은 차를 재배할 때 화학비료나 농약의 사용 여부와 직접적인 관계가 있다.

그래서 원료의 건강성은 원료의 맑기가 어느 정도 되느냐를 나타내는 지표이기도 하다. 건강한 찻잎인지 아닌지의 여부는 차를 마셔서 확인하

잠깐, 쉬어 갑시다!

과일을 고를 때 원료가 건강한 과일을 어떻게 골라야 할까요?

과일마다 고르는 방법이 있지만 일반적으로 껍질의 색깔이 선명하며 윤기가 있고 크기가 크고 잘생긴 과일을 상품으로 칩니다. 그러나 원료가 건강한 과일을 고를 때는 약간 다릅니다.

감 고르는 법을 예로 들어봅시다.

화학비료나 농약을 치지 않은 건강한 감인지의 여부는 먹어 판단하는 것이 가장 정확합니다. 굳이 외형만을 보고 판단하면,

첫째는 같은 품종의 다른 감에 비해 생김새가 못생겼습니다. 겉 표면이 울퉁불퉁하여 매끈하지 못하고 크기도 다소 작고 볼품이 없습니다. 같은 종류라도 크기가 일정하지 않고 제각기 다른 모양을 가졌습니다. 아마 사람들이 알고 있는 기준에서 상당히 거리감이 있을 것입니다. 절대로 손이 가지 않는 생김새를 지녔습니다.

둘째는 껍질이 딱딱하고 부드럽지 않습니다. 겉 표면이 반질거리기보다 거친 느낌이 많이 듭니다. 만져 보면 껍질이 억세고 딱딱합니다.

셋째는 겉 표면에 검은 반점이 많고 색상이 일정하지 않습니다. 유기농 감귤도 다른 감귤에 비해 껍질에 검은 반점이 많이 있습니다. 귤의 크기도 작고 생김새도 못생겼습니다.

이처럼 건강한 과일은 상품화된 과일이 가지는 일정한 조건들인 크기, 모양, 겉 표면 상태, 색깔 등과 많은 차이가 있습니다. 상품화되기 위한 일반적인 조건에서 벗어나 있음을 알 수 있습니다.

는 것이 가장 정확하다. 만약 마실 수 없는 상황이거나 우린 잎만으로 판단하는 경우에는 육안으로 판단할 수밖에 없다.

첫째, 찻잎의 탄력성에 차이가 있다.

비슷한 크기의 찻잎을 비교해 보면 야생형은 섬유질이 많아 잎맥이 튼튼하고 억세다. 찻잎을 당겨보면 질긴 느낌이 들고 탄력적이다. 재배형은 찻잎이 물러 당기면 잘 끊어진다. 한마디로 찻잎이 물러 부드럽게 느껴진다.

차나무 수령이 오래되면 될수록 찻잎은 훨씬 더 탄력적이고 겉 표면에 기름기가 흐른다. 찻잎을 문질러 보면 기름기로 인해 미끈거린다.

둘째, 찻잎의 색상이 일정하지 않다.

야생형의 찻잎은 색상이 다양하다. 색상이 일정하지 않고 여러 가지의 색상으로 이루어져 있다. 우리 녹차의 경우 비료나 농약을 사용하지 않고 재배한 경우는 찻잎의 색상이 다양하다. 노랗게 된 잎도 있고 푸른색이 많이 빠진 경우도 있다. 연녹색의 경우도 있고 짙은 녹색을 띠는 경우도 있다. 그러나 재배형 찻잎은 색상이 거의 일률적이다.

셋째, 찻잎의 생김새도 일정하지 않다.

찻잎의 모양이 못생겼다. 일정한 생김새를 갖춘 것이 아니라 제각기의 모양을 하고 있다. 찻잎에 벌레 먹은 흔적이 있거나 겉 표면에 상처가 난 경우도 있다. 겉 표면에 검은 반점이 있거나 흰색 부분도 있다.

(3) 우리나라의 원료기준

우리나라에도 원료에 대한 일반적인 기준이 있는데 그 중에서 친환경농산물에 대한 친환경농산물 인증제도를 들 수 있다. 이러한 인증은 국립농산물품질관리원이나 민간인증기관에서 엄격한 법적 기준에 따라 정해놓았다. 친환경농산물은 재배 조건에 따라 4가지로 구분된다.

① **유기농산물**

- 유기농산물, 유기축산물 또는 유기○○ (○○은 농산물의 일반적 명칭으로 한다)
- 유기재배농산물, 유기재배 또는 유기축산물○○
- 유기농산물은 친환경농산물 중 최상위의 인증농산물로서 화학비료와 농약을 전혀 사용하지 않고 재배한 농산물을 말한다.

② **전환기 유기농산물**

- 전환기유기농산물, 전환기유기축산물 또는 전환기유기○○
- 전환기유기재배농산물, 전환기유기재배○○ 또는 전환기유기축산물○○
- 전환기유기농산물은 유기농산물 인증 직전의 단계로서 유기농산물과 같이 화학비료나 농약을 사용하지 않고 재배한 농산물이다.

③ **무농약 농산물**

- 무농약농산물 또는 무농약○○
- 무농약재배농산물 또는 무농약재배○○
- 무농약농산물은 농약을 전혀 사용하지 않고 화학비료는 권장량의 1/3 이하로 사용한 농산물이다.

④ **저농약 농산물**

- 저농약농산물 또는 저농약○○
- 저농약재배농산물 또는 저농약재배○○
- 저농약농산물은 화학비료와 농약을 권장량의 1/2 이하로 사용한 농산물을 말한다. 이때 제초제는 사용하지 않아야 한다. 물론 무농약, 전환기유기, 유기에도 공통적으로 적용된다.

(4) 몸 반응과 찻잎 원료 판단

몸 반응으로 원료의 품질상태를 판단할 수 있다면 어떤 반응이 일어나는지 궁금하다. 기본적으로 보면 원료에 대한 몸 반응은 보관에 대한 몸 반응과 거의 같다.

다만 보관에 대한 몸 반응은 원료의 문제에다 보관상의 문제가 하나 더 추가되어 반응 강도가 심하게 일어날 뿐이다. 보관을 잘못하여 습기나 열과 온도에 의한 차의 변질이 일어났기 때문에 그에 대한 반응이 추가되었다고 보면 된다.

이처럼 원료의 몸 반응과 보관의 몸 반응은 기본적으로 비슷하지만 다른 점도 있다. 다른 점을 명확하게 구별하기 위해 원료에 대한 몸 반응이 민감하고 섬세해야 한다. 예민하고 섬세하게 반응해야 몸 반응의 정확성을 높일 수 있다.

이와 같이 원료의 품질상태를 판단하기 위해서 원료에서 일어난 반응을 정확하게 읽어야 올바른 판단을 할 수 있다. 왜냐하면 원료 그 자체의 성질에서 오는 반응이 있기 때문에 잘못하면 부정적인 반응으로 해석할 소지가 있다.

원료에 대한 몸 반응은 기본적으로 보관에서 오는 몸 반응과 거의 같아서 네 가지로 나누어 볼 수 있다. 첫째는 메스꺼운 반응, 둘째는 통증의 반응, 셋째는 그 자체의 성질에 대한 반응, 넷째는 편안한 반응이다. 이런 반응은 온몸에 걸쳐 일어나지만 판단의 일차적 기준이 되는 부위는 입 안의 반응, 목젖의 반응, 장의 반응 등으로 나눈다.

① 메스꺼운 반응

메스꺼운 반응은 화학비료, 조미료, 감미료 등 화학첨가물에 대한 반응이다. 메스꺼운 반응은 속이 거북하고 울렁거려 토하고 싶은 증상이 일어날 때를 말한다. 차멀미할 때 일어나는 증상과 비슷하고, 잘못된 음식을 먹었을 때 속이 울렁거리면서 토하고 싶은 증상과 같다.

▷ 입 안

- 입 안의 찻물이 미끈거린다.
- 미끈거리면서 느끼한 맛이 돈다.

• 입 안 전체가 느끼하고 메스껍다.

▷ 목젖

목젖은 맛을 느끼기도 하지만 수성의 정도를 감지하여 나타낸다. 목젖에서 일어나는 메스꺼운 반응은 약한 경우와 강한 경우로 나누어 볼 수 있다. 약하게 일어나는 경우는 목젖의 걸리는 정도이지만 강한 경우는 느끼한 정도를 나타낸다.

a. 걸리는 정도에 따른 증상

느끼한 정도는 아니지만 목젖에 걸리는 경우는 메스꺼움이 약하게 일어나는 경우이다. 화학첨가제를 적게 사용했을 경우이다.

- 목젖에 일단 걸린다.
- 목젖에 걸려서 찻물이 잘 넘어가지 않는다.
- 목젖에 머물러 있다.
- 목젖이 텁텁하다.

b. 느끼한 정도에 따른 증상

화학비료의 사용, 조미료와 감미료 등 화학첨가제를 과도하게 사용한 경우나 음식 등의 변질이 많은 경우에 일어나는 증상이다. 속이 메스꺼워 거북하거나 울렁거리고 토하고 싶은 경우이다.

- 가장 약하게 느끼함을 느낀다.
- 목젖이 느끼하다.

- 트림이 일어난다.
- 헛구역질이 올라온다.
- 메스꺼워 구토가 일어난다.

▷ 상 반응

장 반응이란 위장 등의 반응을 말한다. 장에서 일어나는 메스꺼운 반응은 입 안과 목젖의 메스꺼운 반응과 비슷하다. 보통 입 안에서 느끼면 목젖에서도 느끼고 장에서도 느낀다.

보이차는 습창 보관이나 열창 보관하여 차가 변질되면 가장 많이 나타난다. 우리 발효차는 제다 과정에서 습도조절을 잘못하여 과도한 습기로 변질이 일어날 때 나타난다.

음식이 변질되거나 상한 경우, 화학조미료나 감미료 등이 사용된 경우,

잠깐, 쉬어 갑시다!

차를 마시거나 음식을 먹고 나면 잠이 쏟아지는 것은 왜 그렇습니까?

차나 음식을 먹고 난 직후 갑자기 잠이 오는 것은 여러 가지 원인이 있지만 마시는 차와 먹은 음식과도 관련이 있습니다.

원료에 이상이 없고 보관이 잘된 차를 마셔 잠이 오는 것은 차를 마시는 사람의 몸 상태가 피곤한 경우입니다. 차를 마셔 몸과 마음의 긴장이 풀리면서 잠이 오는 경우입니다. 또한 앞에 잘못 먹었던 다른 차나 음식이 지금 마시는 차로 인해 속이 풀리면서 잠이 옵니다.

그러나 원료에 이상이 있거나 보관이 잘못된 차를 마셔도 잠이 옵니다. 이때 차 자체의 문제가 있는 경우입니다. 조미료가 많이 든 음식을 먹으면 속이 더부룩하면서 가스가 차고 몸이 피곤하고 잠이 쏟아지는 것도 이 경우입니다.

이처럼 잘못된 차나 화학조미료가 많이 든 음식을 먹으면 피곤하면서 잠이 오는 것은 몸이 잠을 재워 해독하려는 것입니다.

화학비료이나 성장호르몬제 등을 사용한 경우에 일어난다.

- 장이 더부룩하다. 가스가 찬다. 자꾸 방귀가 나온다.
- 장이 꼬르륵 하고 소리가 난다.
- 속에서 신물이 일어난다.
- 장에 느끼한 느낌이 온다.
- 장이 니글거린다.
- 속이 울렁거린다. 속이 메스껍다.
- 트림과 헛구역질이 올라온다. 구토가 일어난다.
- 설사가 난다.

▷ 그 외 부위 반응

- 가슴 밑이 답답하고 호흡하기가 곤란하다.
- 허열이 치솟았다가 확 떨어진다.
- 온몸이 싸늘하게 식는다. 몸에 냉기가 흐른다.
- 몸에 힘이 빠지면서 축 처진다.
- 몸이 덜덜 떨린다.
- 선하품이 난다. 잠이 온다.

② 통증의 반응

몸에 통증이 오는 경우는 농약을 친 채소나 과일을 먹은 경우, 방부제가 든 음식이나 과자를 먹은 경우, 항생제를 많이 먹은 육류나 생선 등의 고기를 먹은 경우에 일어나는 반응이다.

▷ 입 안

농약을 친 차를 마시면 우선 입 안에서 따끔거리는 통증의 증상이 일어난다. 방부제가 든 식품이나 항생제를 먹은 육류, 어류 등을 먹을 때도 비슷한 반응이 일어난다.

* 입술의 반응

- 입술 안쪽 연약한 점막 부위가 붓는다.
- 입술이 부르튼다.
- 입술이 헌다.

* 혀의 반응

- 혓바닥이 쇠하다.
- 혓바닥이 욱신거리는 통증이 온다.
- 혓바닥이 따끔거린다.
- 혓바닥이 마비되는 증상을 보인다.

* 입천장과 이의 반응

- 입천장에 통증이 온다.

잠깐만, 주의합시다!

혓바닥이 톡톡 쏘는 증상이 있으면 이것도 농약에 대한 반응인가요?

꼭 그런 것은 아닙니다. 차 그 자체의 성질에서 오는 반응일 경우도 있으므로 농약에 대한 반응과 잘 구별해야 합니다.

- 입천장이 마비된다.
- 잇몸이 시리고 아프다.
- 입 안 전체가 마르고 건조감이 온다.

▷ 목젖

목젖의 반응은 맛에 대한 반응보다 수성의 정도, 즉 찻물의 성질에 관한 반응이다. 통증의 반응은 강한 경우와 약한 경우로 나누어 볼 수 있다. 강한 경우에는 바로 통증으로 나타나지만 약한 경우에는 건조감이 일어난다.

a. 건조감에 따른 증상

- 목젖이 마르고 건조해진다.
- 목젖이 건조해져 자꾸만 침을 삼킨다.
- 마른기침이 자꾸 나온다.
- 목젖이 간질거린다. 간질거리면서 기침이 난다.
- 목젖이 달라붙는 느낌이 든다.

b. 통증의 정도에 따른 증상

통증의 정도란 목젖이 따끔거리나 욱신거리는 아픈 통증을 말한다.

- 목젖이 쇠하다.
- 목소리가 갈라지고 말이 잘 나오지 않는다.
- 목소리에 변성이 온다.

- 목젖이 따끔거리나 아프다.
- 목젖이 껄껄하면서 통증이 온다.
- 전체적으로 욱신거리는 통증이 온다.
- 부분적으로 따끔따끔한 통증이 온다.

잠깐, 쉬어 갑시다!

차를 마실 때 목젖에서 통증이 일어나면 전부 약에 대한 반응인가요?

차를 마시면 목젖에 통증을 일으키는 경우는 여러 가지가 있습니다. 목젖의 감각은 다른 부위보다 예민하고 민감하여 항상 어떤 반응이 일어납니다. 어떤 종류의 음식을 먹거나 차를 마시더라도 반응을 보입니다. 이것을 잘못 읽으면 아주 정상적인 반응이라도 부정적인 반응으로 판단할 수 있습니다. 몸 반응의 판단을 잘못하는 대부분의 경우는 목젖의 반응입니다.

목젖에 통증을 유발하는 원인은 여러 가지가 있지만 크게 보면 다음과 같습니다.

첫째, 농약에 대한 반응입니다. 농약에 대한 반응은 온몸으로 나타나기 때문에 다른 반응과 확연하게 다릅니다. 아픈 강도도 심하고 풀리는 시간도 오래 걸립니다.

둘째, 차 그 자체의 성질에서 오는 경우입니다. 농약에 대한 반응은 아닌데 차의 성분 때문에 통증의 반응이 일어납니다. 이 경우 사람들은 목젖에서 반응이 일어나면 무조건 좋지 않은 것으로 판단하기 쉽습니다. 목젖이 민감하면 좋고 나쁘고를 떠나 어떤 것에도 반응하므로 판단에 주의해야 합니다.

이런 경우 목젖 반응과 장 반응이 달라서 농약에 대한 반응과는 다름을 알 수 있습니다. 목젖에는 욱신거리는 통증이 오지만 장에서는 그런 반응이 일어나지 않습니다. 목젖 부분만 그런 반응이 일어나고 온몸으로 나타나지 않습니다.

셋째, 차를 덖는 솥의 문제에서 올 수 있습니다. 차를 덖는 솥이 새것인 경우 쇳독 때문에 목젖을 찌르는 증상이 나타납니다. 새 솥을 사용할 때 쇳독을 어느 정도 뺀 후에 차를 덖어야 하는데 그렇지 않을 경우에는 차에 쇳독이 묻어나기 때문입니다.

이때 목을 굉장히 아프게 찌르고 장도 찔러 배가 아픕니다. 심하면 눈동자까지 아픕니다. 위의 두 가지 경우와는 반응이 다릅니다.

• 목젖에 통증이 일어난 다음 붓는다.

▷ 장(腸)

장의 통증은 농약, 방부제, 항생제에 대한 반응이 주를 이룬다. 장의 통증은 기본적으로 입 안이나 목젖의 통증과 비슷하다. 보통 입 안에서 욱신거리는 아픈 통증이 일어나면 목젖이 아프고 따갑다. 그러면 장도 아프고 따끔거린다.

세 부위가 거의 동시에 반응을 한다. 세 부위의 반응이 정밀한 기계처럼 서로 맞물려서 같은 반응이 순식간에 일어나야 한다. 그래야 신속하고 정확한 반응이 된다.

• 장이 긴장을 하여 딱딱해진다. 명치 부분이 딱딱해진다.

잠깐, 쉬어 갑시다!

음식점에서 돼지 삼겹살을 먹는 경우
건강한 돼지고기인지를 어떻게 알 수 있을까요?

돼지고기나 소고기를 먹을 때 고기 육질의 좋고 나쁨을 판단하는 기준을 보면, 사람들은 고기가 부드럽기만 하면 육질이 좋다고 여깁니다. 부드러운 고기를 먹으면 입 안에서 살살 녹는다고 말하면서 그 음식점 고기가 맛있다고 합니다.

그러나 그런 음식점 고기를 먹어 보면 사람들이 입맛으로 느끼는 맛과 몸 반응으로 일어나는 육질의 차이는 많이 납니다. 이런 고기를 몸 반응으로 읽어보면 대부분 입 안이나 목젖에 통증이 오고 배가 아픕니다. 심하면 설사를 합니다.

고기를 먹고 설사를 한 경우는 고기 자체가 상한 경우이거나 항생제를 많이 먹은 고기를 먹을 때 일어나는 증상입니다. 그런데 사람들은 장이 안 좋아 고기하고 합(合)이 맞지 않는다고 생각합니다.

건강한 고기를 선택하려면,

첫째는 육질이 쫄깃쫄깃해야 합니다. 즉 살코기 섬유질의 탄력이 좋아야 합니다.

- 장이 굳는 느낌이 든다.
- 장이 아리고 쓰리다.
- 장에 욱신거리는 통증이 온다.
- 장이 꿀렁거리며 움직인다. 장에서 소리가 난다.
- 장이 톡톡 쏘는 듯이 아프다. 여기저기 따끔거리며 쥐어짜듯 아프다.
- 설사가 난다.

농약의 종류에 따라 통증의 강도나 형태가 조금씩 다르다. 처음부터 장이 쥐어짜듯이 아픈 경우도 있고 처음에 약간의 통증만 유발하다가 시간이 가면 갈수록 점점 강도가 심해지는 경우도 있다. 또한 농약의 종류에 따라 몸의 통증 부위도 다르게 나타난다.

이 경우 사람들은 '고기가 질기다' 며 육질이 좋지 않는 것처럼 얘기들 하는데 그렇지 않습니다. 그것은 건강한 고기를 나타내는 것입니다.

육질이 쫄깃쫄깃하다는 것은 움직이는 활동량이 많은 근육질의 고기라는 말입니다. '육질이 부드럽다' 는 고기를 먹어보면, 부드러운 것이 아니라 물컹거리고 퍼석거리는 고기인데 부드럽다고 여깁니다. 아마 맛이 부드러워야 좋은 것이라는 생각에 사로잡혀 있는 것 같습니다.

둘째는 육질에서 나는 종(種) 자체의 특유한 냄새가 강해야 합니다. 고기 자체의 냄새가 강할수록 건강하다는 것을 나타냅니다. 사람들은 고기에서 나는 노린내를 싫어하지만 건강한 동물일수록 강한 체취를 가지고 있습니다. 특히 수컷은 생장 호르몬에서 나는 냄새가 강합니다. 그 냄새로 자신의 영역을 표시하므로 건강한 동물은 종(種) 특유의 체취가 강합니다.

이것을 볼 때 우리가 좋아하는 삼겹살을 먹어보면, 돼지껍질 부분이 딱딱하게 굳어지는 고기일수록 육질이 부드러운 고기보다 몸 반응이 훨씬 좋습니다. 항생제에 대한 반응이 적게 일어나 장의 부담이 적습니다.

▷ 그 외 부위 반응

- 머리가 아프다.
- 눈알이 뻑뻑해진다. 동공이 아프다.
- 눈동자가 벌겋게 충혈된다. 눈에 눈물이 난다.
- 살과 근육이 아프다.
- 뼈 속에 통증이 온다. 뼈마디가 욱신거리며 아프다.
- 선하품이 나고 잠이 온다.
- 몸에 힘이 빠지고 무기력해진다.

③ 차 자체의 성질에 대한 반응

농약이나 화학비료에 대한 반응 이외에도 많은 반응이 일어난다. 그 중에서 차 그 자체의 성질에서 오는 반응이 있다. 그 자체의 성질에서 오는 반응은 잘못 읽으면 부정적인 반응으로 오인할 소지가 많아 판단을 완전히 뒤집을 수 있기에 항상 주의해야 한다.

차 그 자체의 성질에 따른 증상은 부정적으로 혹은 긍정적으로 해석될 수 있음을 알고 정확하게 읽어야 한다.

a. 아리는 정도에 따른 증상

차나 음식을 먹으면 장이 아리거나 심하면 아리한 통증이 일어나는 것을 말한다. 이것은 농약 등에 대한 반응이 아니라 차, 과일이나 채소 자체의 성분에서 오는 반응이다.

농약에 대한 반응은 잠긴 장이 오랫동안 풀리지 않는 데 반해 그 자체의 성질에서 오는 반응은 조금 지나면 쉽게 풀리는 점이 다르다. 아린 반응은 목젖 반응과 장 반응이 다른데 목젖에는 욱신거리는 통증이 오지만 장에는 그런 반응이 일어나지 않는다.

- 장이 아리거나 쓰리다.
- 심하면 아픈 통증이 일어난다.

b. 부드러운 정도에 따른 증상

부드러움은 수성(水性)과 관계되는 것으로 찻물의 성질을 나타낸다. 찻물의 성질은 차의 성질을 말한다. 차의 부드러운 정도는 원료 자체에 포함된 경우, 제다 과정에서 오는 경우, 보관이 양호한 경우 등에 따라 달

잠깐, 쉬어 갑시다!

원료에 대한 몸 반응이 정확하고 신속하게 일어나면 몸에서 어떤 변화가 일어납니까?

첫째는 몸 반응이 일어나면 음식이나 음료 등 원료의 건강성을 읽을 수 있습니다. 먹을거리나 마실 거리에 대한 불안감을 해소할 수 있습니다.

음식을 맑게 가려 먹을 수 있고 맑은 차를 마셔 몸을 맑게 유지할 수 있습니다. 몸이 맑다는 것은 피가 맑아 혈액순환이 원활하게 이루어질 수 있고, 몸 구석까지 영양분을 공급하여 훨씬 건강해집니다. 이런 과정에서 몸의 메커니즘이 순조로워 조절기능이 회복되고 저항력이 생겨 자연치유력이 높아집니다.

둘째는 몸 반응이 일어나면 차를 마셔 뭉친 근육을 풀 수 있고 아린 뼈의 통증을 완화시킬 수 있습니다. 그래서 몸의 긴장을 완화시켜 유연성이 살아나고 몸이 항상 가볍습니다.

셋째는 몸 반응이 일어나면 기운 반응이 따라서 일어난다는 것입니다. 기 반응이 일어나면 차 기운도 알 수 있고 음식물이 지닌 에너지도 섬세하게 느낄 수 있습니다. 음식이 열성인지 냉성인지를 구분할 수도 있습니다. 옆에 있는 사람의 여러 증상도 기의 교류를 통해 똑같이 느낄 수 있습니다.

라진다.

원료 자체에 포함된 경우는 원료의 종류와 품질의 좋고 나쁨에 따라 달라진다. 즉 차나무의 수령과 야생성의 여부에 따라 다르다.

제다 과정에서 오는 경우는 제다를 잘한 차인지의 여부에 따라 다르다. 이것은 맛의 신선도에 따라 차의 성질이 달라지기 때문이다. 또 제다 과정에서 발효를 어떻게 시키느냐에 따라 달라진다. 발효방법과 발효도에 따라 차의 성질이 달라진다.

보관 방법을 어떻게 했느냐에 따라 부드러움이 다르다. 보관이 양호한지 아니면 잘못된 것인지에 따라 부드러움에 차이가 있다. 녹차는 건냉 보관인지 상온 보관인지에 따라 다르고, 보이차는 건창 보관인지 습창 보관인지 아니면 열창 보관인지에 따라 다르다.

이렇듯 차의 부드러움은 찻물의 성질을 나타내는 것으로 부드러움의 정도에 따라 무게의 경중에 따라 나누어 볼 수 있다.

a) 부드러운 정도에 따른 증상

- 목젖이 거칠다. 꺼칠꺼칠하다.
- 목젖이 텁텁하다.
- 목젖이 부드럽다. 맛이 순하다.
- 목젖이 감미롭다.
- 목젖이 매끄럽다. 기름기가 돈다. 찻물이 감윤(甘潤)하다.

b) 무게의 경중에 따른 증상

- 수성이 맑고 가볍다. 향이 맑고 높다. 색이 선명하고 투명하다. 맛이 화하다. 맛이 깔끔하고 산뜻하다.
- 수성이 탁하고 무겁다. 색이 흐리고 탁하다. 무게가 무겁다.

④ 편안한 반응

음식이나 차를 먹고 마시면 속이 편안해지는 상태를 말한다. 원료에 이상이 없고 보관이 잘된 차를 마시면 일어나는 긍정적인 반응이다. 화학비료나 농약을 쓰지 않은 과일이나 채소, 항생제를 먹지 않은 가축이나 어류에서도 이런 반응이 일어난다.

이처럼 편안한 반응은 불편한 반응이 주는 정반대의 증상이다.

같은 차나 음식을 먹더라도 어떤 사람은 편안한데 다른 사람은 불편한 반응이 일어나면 몸 반응의 해석에 주의해야 한다. 사람의 몸 맑기에 따라 반응이 달라지므로 긍정적인 반응이 일어난다고 모두 긍정적인 것은 아니다.

- 속이 따뜻해진다. 속에서 열이 난다. 온몸에 열이 난다.
- 속이 편안하다. 속이 시원하다.
- 트림이 일어난다. 헛구역질이 난다. 방귀가 나온다.
- 뭉친 근육이 풀린다. 아린 뼈의 통증이 없어진다.
- 머리 통증이 없어지고 맑아진다.
- 눈에 핏발이 사라지고 동공이 편안해진다.

(5) 몸 반응과 원료 구별

몸 반응으로 원료를 구별하면 농약의 정도에 따라 화학비료의 사용량에 따라 다르게 나타난다. 그리고 이전에 농약이나 화학비료를 사용한 토지도 사용량과 사용 기간에 따라 다르게 반응이 일어난다.

① 농약 – 사용, 비료 – 사용

이 경우 몸 반응을 살펴보면 메스꺼운 반응과 통증에 대한 반응이 같이 있다. 메스꺼운 반응은 화학비료나 성장호르몬제에 대한 반응이고 통증의 반응은 농약에 대한 반응이다.

② 농약 – 사용, 비료 – 사용 안함

이 경우 몸 반응은 통증에 대한 반응만 일어난다. 통증의 반응은 농약에 대한 반응이다. 메스꺼운 반응은 일어나지 않는다.

③ 농약 – 사용 안함, 비료 – 사용

이 경우 몸 반응은 메스꺼운 반응만 일어난다. 메스꺼운 반응은 화학비료에 대한 반응이다. 통증의 반응은 일어나지 않는다.

④ 농약 – 사용 안함, 비료 – 사용 안함

이 경우 몸 반응은 통증에 대한 반응과 메스꺼운 반응이 일어나지 않는다. 여태까지 토양의 오염이 전혀 없는 장소에서 자연적인 상태로 자란 채소, 과일, 차 등에서 일어나는 반응이다. 다만 야생 상태에서 자랐

어도 자체의 성질 때문에 목을 찌르는 경우가 있으므로 잘 읽어 판단해야 한다.

또한 화학비료나 농약을 사용하지 않은 경우에도 주의해야 할 사항이 있다.

첫째는 이전에 토양이 오염된 경우를 고려해야 한다.

지금 경작하고 있는 농작물, 채소류, 과일 등은 분명히 농약이나 화학비료 등을 쓰지 않고 있는데, ①의 경우처럼 몸 반응이 일어나는 경우에는 이 점을 검토해야 한다.

이전에 화학비료나 농약을 사용한 토양의 경우에 사용량과 사용기간에 따라서 다르지만 최소한의 연(年) 수를 경과해야 된다. 비료나 농약을 사용하지 않은 지 13년 정도 된 차밭에서 만든 차를 마셔도 이런 몸 반응이 일어난다. 그러므로 최소한 20년 정도가 되어야 지력(地力)이 회복된다고 본다.

잠깐, 쉬어 갑시다!

아는 사람이 쑥떡을 했는데 쑥을 직접 캐어 만들어 괜찮을 것이라고 했습니다. 그런데 먹어보니 쑥떡에 농약에 대한 몸 반응이 많이 나왔습니다. 어떻게 된 영문일까요?

쑥을 직접 캔 사람 입장에서 보면 쑥에 농약을 치지 않았으므로 괜찮다고 생각하는 것은 당연합니다. 쑥을 캔 장소가 산속이라면 그럴 수 있습니다.

그러나 들판의 논둑, 밭고랑이나 둑에서 캔 경우에는 그렇지 않습니다. 왜냐하면 들판의 논둑, 밭둑에는 근처에 재배하는 농작물에 치는 농약 때문에 오염될 수 있고, 풀이나 잡초를 제거하기 위해 제초제를 칠 수 있기 때문입니다.

사실을 확인한 결과 그 쑥은 밭 언덕과 고랑에서 뜯었다고 했습니다.

이때 몸 반응은 직접적으로 농약을 친 경우와 다르게 일어난다. 또한 퇴비의 원재료 자체가 비료나 농약에 오염된 경우 직접 농약을 친 것과 다르게 간접적인 반응이 일어난다.

둘째는 지금 재배하는 농작물, 채소류, 과일 등에 직접적으로 농약이나 화학비료 등을 치지 않더라도 잡초를 없애기 위해 제초제 등을 뿌린 경우도 해당된다. 또한 차와 매실나무를 같이 재배하는 경우 매실나무에 농약을 치면 차나무에 영향을 미친다.

셋째는 화학비료나 농약의 사용 이외에 생활하수나 폐수 등으로 토양이 오염된 경우도 있다.

4. 몸 반응과 제다 판단

차 맛이 좋고 나쁨을 논하거나 잘 만든 차인지 못 만든 차인지를 따질 때는 제다를 잘했느냐 못했느냐의 문제를 말한다. 제다를 잘한 차는 맛과 향이 살아있고 잘못한 차는 맛과 향을 잃어버려 차의 진정한 맛이 살아나지 않기 때문이다.

지금의 품평은 제다를 잘했느냐 못했느냐를 가리는 것으로써 원료나 보관문제는 거의 고려하지 않는다. 원료에 대한 판단을 하기는 하지만 외형상 판단에 그치고, 보관의 문제는 품평 직전 혹은 그 해에 만든 차로 하므로 크게 중시되는 것은 아니다.

제다 과정에 대한 판단은 차를 마시는 순서대로 나열하면 외형상의 판단, 색향미(기)의 판단, 우린 잎의 판단 순으로 이루어진다.

1) 차의 외형상 판단

차의 외형상 판단은 제품화된 차를 육안으로 판단하는 것을 말한다. 차를 마시기 전에 찻잎을 품평반에 담아 눈으로 모양을 확인한다.

찻잎을 판단하는 기준은 원료의 일반적인 기준에 따라 이루어지는데 규격화되고 표준화된 기준에 순해 찻잎의 품질을 판단한다.

외형상의 판단기준은 색상, 발효도, 온전성(파쇄도), 크기의 일정성 등이 있다. 여기서는 차의 건강성을 판단하기 위한 것이므로 외형을 보고 판단하는 것은 현실적으로 어렵다.

2) 차의 색향미 판단

맛 판단에 있어 중심이 되는 것은 색향미의 판단이다. 색은 눈을 통해 보는 것이요, 향은 코로 맡는 것이요, 미는 맛을 입으로 판단하는 것이다.

평소 차를 마실 때는 마시는 순서대로 자연스럽게 찻물색을 보고 향을 맡고 맛을 보는 연습을 해야 한다. 이것은 맛을 훈련하는 방법이다.

색향미 중에서 향과 맛은 엄밀하게 말하면 같이 들어 있다. A맛이 있으면 A의 향이 올라오고 반대로 B향이 있으면 B의 맛이 들어온다. 이처럼 맛은 존재하지 않는데 향만 홀로 올라오는 경우는 없다. 또 향은 없는데 맛만 혼자 있을 수도 없다.

그런데 현실적으로 맛과 향이 일치하지 않을 때가 흔히 있다. 맛을 보면 어떤 맛이 있는데 향으로 느끼지 못하는 경우가 있고, 향은 올라오는데 맛은 들어오지 않는 경우도 있다.

이 경우 정말로 맛과 향이 없는 것은 아니다. 사람에 따라 감각기관의 예민한 정도에 차이가 있다. 후각이 예민한 사람이 있는가 하면 미각이 뛰어난 사람이 있다. 동일인이라도 미각과 후각의 발달 정도가 다르므로 맛과 향이 일치하지 않을 수 있다.

그러나 보통 후각이 예민한 사람은 미각도 뛰어나고 미각이 발달한 사람은 후각도 예민하다. 서로 다른 감각기관이지만 감각에 관련된 기관이므로 발달 정도가 비슷하지 않나 싶다.

맛과 향을 다룰 때 가장 중요한 명제는 '맛과 향은 같이 있다' 는 사실을 잊어서는 안 된다.

색향미의 판단은 차 품평의 주된 요소로 자리 잡고 있다. 색향미를 판단하기 위해 우선적으로 맛과 향을 분석할 수 있어야 한다. 분석의 대상인 맛은 차의 종류를 불문하고 '맛' 이 주는 공통적인 요소가 있으므로 이것을 중심으로 살펴본다.

(1) 차 맛(味)에 대해

몸의 감각기관 중에서 맛을 느끼는 주된 부위는 입이다. 사람은 입을 통하여 음식이나 음료 등을 받아들이므로 맛을 느끼는 감각은 입 안에 모여 있다. 혀의 미뢰(味蕾)라는 부분에서 맛을 감지하여 수용한다.

모든 음식물은 입을 통해 맛을 감지하므로 음식이나 음료에 따라 평가 방법이나 평가요소가 사실상 다르지 않다. 맛을 평가하려면 입 부위에 한정될 수밖에 없고, 한정된 조건 속에서 이루어지는 맛 평가는 평가하는 방법도 제한될 수밖에 없다. 맛을 감지하는 감각 부위도 같고 맛을 느끼는 감각 기능도 똑같이 적용되기 때문이다.

이 점에서 입을 통해 맛을 평가하는 음식이나 음료 등이 다른 분야에 속할지라도 평가방법이나 평가요소가 질적으로 다르지 않은 이유이다. 비록 평가 대상이 다를지라도 맛을 평가하는 방법과 평가요소는 기본적으로 대동소이하다.

사람들은 차의 품평, 커피의 평가, 와인의 감별이 방법론적으로나 질적으로 완전히 다른 것이라고 생각한다. 하지만 여기에도 공통적인 요소가 작용하고 있다. 맛을 평가하려면 입이라는 한정된 부위를 사용해야 되고, 한정된 조건 속에서 이루어지는 평가방법과 평가요소도 제한적일 수밖에 없기 때문이다.

그래서 차의 품평, 커피의 평가, 와인의 감별, 음식의 맛평가 등이 평가요소와 평가방법에서 비슷한 것이다. 차의 품평을 제대로 할 줄 알면 커피의 품평도 쉽게 접근할 수 있고 와인도 마찬가지이다.

물론 평가하고자 하는 대상물 자체가 가지는 독특한 향과 맛은 약간 다르지만 기본적인 맛의 요소나 평가방법은 거의 같다. 여기서는 맛을 어떻게 느끼고 어떤 맛이 있는가에 대해 알아본다.

① 맛을 느끼는 혀의 구조

맛을 느끼는 혀는 미뢰에서 맛을 감지하여 수용한다. 미뢰에서 느끼는 맛은 단맛, 신맛, 짠맛, 쓴맛의 4가지의 기본적인 맛이다. 그런데 우리가 느끼는 맛에는 4가지의 기본적인 맛 이외에도 여러 가지의 맛이 있다.

여러 가지의 맛은 피부세포의 감각점에서 느낀다. 매운맛, 떫은맛 등은 혀의 미뢰에서 느끼는 미각이 아니라 피부 감각인 통각에서 느낀다.

보통 차 맛을 표현할 때 차에는 오미(五味)가 있다고 한다. 오미는 오행사상에서 기원하는데 신맛(목), 쓴맛(화), 단맛(토), 매운맛(금), 짠맛(수)을 말한다. 오행사상 속에 들어 있는 오미는 차뿐 아니라 곡식, 과일, 채소 등에 들어 있는 공통적인 맛을 나타낸 것이다. 단지 차 맛을 표현하기 위해서 차용되어 쓰일 뿐이다.

여기서 차 맛을 표현하는 용어로 오미라는 말보다 기본적인 맛이라 한다. 차는 오미 이상의 맛이 존재하고 있기 때문이다. 기본적인 맛은 차뿐만 아니라 곡식, 과일, 채소 등에도 포함되어 있는 공통적인 맛을 나타낸다.

또한 차 종류(녹차, 백차, 청차 등)를 불문하고 모든 차는 공통으로 기본적인 맛을 가지고 있다. 이 기본적인 맛을 잘 읽을 줄 알면 차 종류를 불문하고 맛 평가를 잘할 수 있다.

맛을 느끼는 혀의 구조를 살펴보면 우측의 그림과 같다.

이것은 표시된 부위에서 해당되는 맛을 민감하게 느낀다는 뜻으로 다른 부위에서 이 맛을 느끼지 못한다는 것은 아니다.

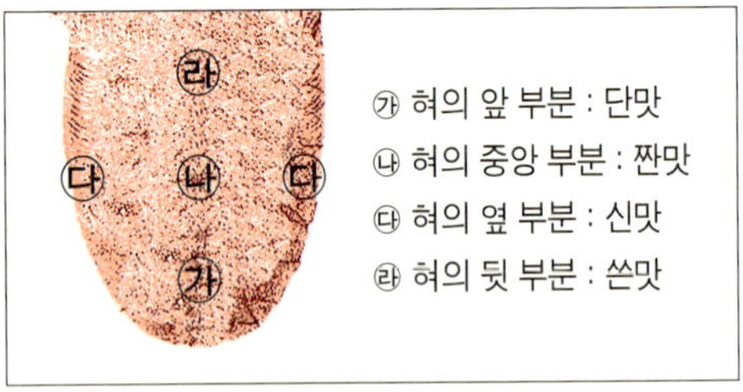

(그림 3) 맛을 느끼는 혀의 구조

② 맛의 결정 요소

맛을 결정하는 요소는 여러 가지가 있다. 특히 맛에 영향을 주는 요인은 지역적인 요인(토양, 토질 등), 지형적인 요인(산, 들, 계곡 등), 기후적인 요인(강우량, 일조량, 기온 등)과 수종 등이 있다.

이런 요인에 영향을 받아 맛이 일단 결정되면 이것이 맛 분석 대상이다. 맛 분석은 맛에 영향을 주는 여러 가지의 요소와 관계없이 차의 공통적인 맛은 있는지 알아보고 분석해야 한다. 맛을 결정하는 요소는 원료, 제다 과정, 보관의 측면으로 나누어 볼 수 있다.

a. 원료의 측면

원료의 측면에서 맛을 결정하는 요소는 토양, 기온, 지형, 강우량, 일조량, 차나무의 수종 등 여러 가지가 있다. 이 요소들이 영향을 미치더라도 '차 맛' 은 차나무가 주는 공통적인 맛의 요소가 있다. 이 공통적인 요소에서 나오는 맛은 차 고유의 맛과 수종(樹種)에 따른 다른 맛이 있다.

a) 차 고유의 맛

차 고유의 맛이란 차나무의 수종과 관계없이 차나무에서 나오는 공통적인 맛을 말한다. 이것을 차의 기본적인 맛이라 한다. 기본적인 맛은 매운맛, 여린 단맛(감칠맛), 짠맛, 신맛, 쓴맛, 떫은맛, 단맛의 7가지 맛을 말한다. 기본적인 맛은 차뿐만 아니라 곡식, 과일, 채소 등에도 공통적으로 들어 있는 맛이다.

b) 수종에 따른 맛

차나무의 수종에 따른 맛은 차나무의 종류에 따라 달라지는 맛을 말한다. 기본적인 맛이 수종에 관계없는 공통적인 맛이라면 수종에 따른 맛은 수종만큼 다양하다.

같은 수종이라도 지역적인 요소, 지형적인 요소, 기후적인 요소 등 생육조건에 따라 약간 맛의 변화가 있다. 또 제다 과정과 보관 과정에도 맛의 변화가 일어난다.

이렇듯 수종에 따른 맛의 변화가 있지만 역시 하나의 수종 자체가 가지는 맛의 공통적인 부분이 있음은 두말할 필요가 없다. 그래서 같은 수종의 차를 마시면 같은 맛을 느낄 수 있다. 반장수에서 나는 반장향(斑樟香) 등.

잠깐, 쉬어 갑시다!

보이차에서 나는 최고의 향은 장향(樟香)이라고 하는데 어떤 종류의 향인가요?

보이차를 마시면 장향의 맛과 향이 있으므로 장향에 호기심을 가지는 것은 당연한 일입니다. 장향에 대해서는 여러 가지 주장이 엇갈리고 있습니다.

장향의 생성 근거에 대해 서로 다른 견해가 있습니다. 하나는 장나무와 같이 있는 차나무에 장향이 스며들어 장향이 난다는 것이고, 다른 하나는 보이차가 일정한 연(年) 수 이상이 되면 장향이 난다는 견해입니다. 장향은 일정시간 이상 발효되면 나는 발효향이라고 합니다.

다년간 보이차를 접하면서 내린 결론은 첫 번째 견해가 신빙성이 있다고 생각합니다.

첫 번째 견해와 비슷한 경우를 다른 분야에서 본 적이 있습니다. 어느 일간지에 와인의 향에 대해 적은 기사를 읽은 적이 있습니다. 와인향의 전문가가 와인의 향에 대해 이렇게 표현했습니다.

와인에서 나는 향기들은 다 근거가 있는데, 어떤 포도밭은 주변에 유칼립투스 나무가 많아서 민트향이 강해진다고 말했습니다. 이 말은 주변에 있는 유칼립투스 나무의 향이 포도에 영향을 미친다는 뜻입니다. 이처럼 차나무도 주변 환경에 따라 맛과 향에 영향을 받을 것입니다.

이것이 보이차의 장향에 대한 직접적인 근거가 되지 않지만 주변의 생육조건이 차에 영향을 미친다는 점은 분명합니다. 아마 장향도 생육조건(장나무)에 영향을 받아 맛과 향이 생긴 것이 아닐까(?) 싶습니다.

몇 년 전에 진기(陳期, 중국식 차 보관 기간) 70년 정도 된 말대긴차 중 맹경긴차를 마셔본 적이 있습니다. 엷은 장향이 은은하게 감도는 차였습니다. 40번 이상 우려 탕색은 물색이지만 순한 여린 단맛과 엷은 장향은 끝까지 올라왔습니다. 그 후에도 20번 이상 더 우려 마셨던 기억이 납니다.

이런 장향이 나는 보이차를 2007년 생산된 생차에서 만날 수 있었습니다. 600년 이상 되는 고차수로 만든 차인데 어떤 편(片)은 없고 어떤 편(片)은 장향이 나왔습니다. 장향이 나온 편(片)이라도 한 편 전부에서 나온 것이 아니라 일부에서만 나와 아쉬움을 주었습니다. 예전에 마신 맹경긴차의 경우 한 편 전부에서 장향이 나왔습니다.

이처럼 장향이 나는 편(片)이라도 전부가 아니고 한 부분만 나오는 것은 아마 장향이 나는 찻잎이 있느냐 없느냐의 차이일 것입니다. 또한 어떤 편은 장향이 나는 꽃이 들어 있는 경우도 있었습니다. 아마 장나무(녹나무) 꽃인 듯합니다.

이런 장향은 어떤 맛과 향을 가지고 있을까요?

장향이 나는 차를 한 모금 마시면, 처음 올라오는 맛과 향은 목심(木心, 나무의 심지 부분)에서 나는 맛과 향을 가졌는데 한약재의 나무 맛과 비슷합니다.

중간 맛과 향은 박하 향에서 나는 싸하면서 시원한 향이 올라옵니다. 어쩌면 민트향과 비슷합니다. 시원한 향으로 인해 청량한 맛이 일어납니다. 뒷맛은 싸한 향과 화하게 퍼지는 향으로 인해 향긋한 꿀향(蜜香)이 올라옵니다.

끝맛과 향은 목심에서 나는 향으로 인해 화하게 퍼지는 맛과 향이 들어 있습니다. 이 속에 향긋한 단맛이 나는 향이 있습니다. 전체적으로 단맛이 나는 꿀향입니다. 이것이 한 모금 안에 들어 있는 장향의 맛과 향입니다.

b. 제다 과정의 측면

제다 과정에서 만들어진 차 맛은 찻잎과 불이 만나서 이루어내는 맛이다. 차를 만들기 위해 찻잎을 덖든지 찌든지 하는 과정이 필요한데 이때 불이 필요하다.

이처럼 불과 찻잎이 만나 제다 과정에서 만들어지는 맛과 향이 있다. 이 맛과 향은 불 맛(불댄 맛, 불김) 이외에 불이 찻잎을 만나 만들어진 맛과 향을 말한다. 녹차의 청향, 연향, 난향 등이 그런 맛과 향이다.

제다 과정에서 만들어진 맛과 향은 덖음의 정도와 발효의 정도에 따라 다르다. 꽃향이나 과일향이 나든지, 화한 맛이나 상큼한 맛이 나든지 하는 것이 그런 향미이다.

a) 덖음의 정도에 따라

대부분의 차는 종류를 불문하고 덖음(살청)의 과정을 거쳐 만든다. 제다 과정에서 덖음의 미세한 변화를 가장 잘 알 수 있는 차는 녹차인데, 녹차의 맛 평가는 덖음 정도를 기준으로 삼는다.

이처럼 덖음을 직접적으로 읽을 수 있는 차는 덖음 정도에 따라 차를 평가한다. 보이차 청병(생차)의 햇차 평가도 마찬가지이다. 여기서 덖음 정도는 불의 세기와 같은 의미이다

차뿐만 아니라 커피도 덖는 정도에 따라 맛과 향이 달라지므로 덖음은 맛과 향을 결정하는 기준이 된다. 덖음 정도에 따라 찻물색도 다르다.

덖음 정도에 따라 나오는 맛과 향을 살펴보면 다음과 같다. 덖은 차에서 가장 먼저 들어오는 맛은 불 맛이다. 불 맛은 불댄 맛, 불김이라 한다.

불의 세기에 따라 강한 불에서 약한 불의 정도를 나누면 다음과 같다.

* 탄 맛(탄내)

탄 맛이 나는 차는 거의 없다. 보통 화근 내를 탄내라고 하기도 한다. 엄밀하게 말하면 화근 내 이상으로 태운 것을 말한다. 탄내가 나면 찻잎의 표면 색상은 검은색을 띤다. 녹차의 우린 잎을 보면 찻잎이 검푸르게 된 것은 고온에서 설익은 경우이다.

* 화근내 맛(화근 내)

차를 센 불에 많이 덖거나 덖는 시간이 오래되면 화근 내가 난다. 화독내라고도 한다. 차를 덖는 솥의 온도를 낮추어야 이런 맛이 들어오지 않는다. 품질로 보면 하품이다.

* 고소한 맛(고신 내)

화근 내까지는 아니지만 불이 세면 참기름의 고소한 맛이 난다. 불이 세거나 약한 불에 오랫동안 덖으면 차의 향미는 사라지고 고소한 맛과 향만 난다. 품질로 보면 하품이다.

* 구수한 맛(구신 내)

센 불에 덖거나 약한 불에 오랫동안 덖으면 나는 맛이다. 누룽지의 구수한 맛처럼 차 맛이 구수하다.

우리나라 사람들이 좋아하는 맛이지만 구수한 맛과 향은 제다를 잘못하여 나는 맛이다. 녹차 맛이 구수하면 우리 입맛에는 맞을지 몰라도 차 맛과 향으로 보면 제대로 된 녹차 맛은 아니니다.

제다를 잘하면 구수한 맛이 나는 것이 아니라 차 본연의 맛과 향이 나온다. 즉 차향이 나야 한다.

녹차의 차향은 불 맛 뒤에 오는 싱그러운 청향, 불에 약간 익은 맛이 나는 농익은 연향이나 은은한 난향이 올라와야 향과 맛이 살아있다. 불맛과 어우러진 꽃향이나 과일향이 올라와야 한다.

구수한 맛이 나면 전체적으로 구수한 맛 뒤에 쑥향이 올라온다. 이때 맛을 보면 첫 포인데도 짠맛이 가장 먼저 올라온다. 차가 많이 덖어져 매운맛과 여린 단맛(감칠맛)이 손실되었기 때문이다. 구수한 맛이 나면 찻물색도 노란색인데 차의 구수한 맛을 색상과 관련시키면 노란색에 해당된다. 그래서 녹차는 찻물색만 보더라도 덖음 정도를 판별할 수 있다.

구수한 맛이 나는 차는 중품인데, 구수한 맛이 너무 많이 나면 하품이다. 구수한 정도에 따라 상, 중, 하로 다시 나눈다.

* 불 맛(불댄 맛, 불김)

불의 세기가 가장 적당하여 불댄 맛만 나는 것을 말한다. 불댄 맛을 불맛, 불김이라 한다. 이 불 맛 뒤에 차의 기본적인 맛이 다 들어있어 맛과 향이 살아 있다.

불 맛이 나면 전체적으로 불 맛 뒤에 청향, 연향, 난향 등이 올라온다. 즉 불 맛과 어우러진 꽃향(연향, 난향)이나 과일향이 올라오는데, 이것이 진정한 녹차의 맛과 향이다.

불의 세기가 적당하여 맛과 향이 살아 있고 전체적으로 꽃향과 과일향이 올라온다. 이때 맛을 보면 첫 포에 매운맛이나 여린 단맛(감칠맛)이 가장 먼저 들어온다.

청향은 싱싱한 청엽에서 나는 향이 불을 통해 싱그러운 향을 띤 경우이나. 청향은 싱그러운 풀내음처럼 시원하면서 상큼한 향이다. 잎의 겉표면에 나는 불 맛과 속맛에 싱그러운 차향이 올라온다.

연향은 불에 고루 익은 찻잎에서 나는 맛으로 농익은 맛이 나는 연꽃향이다. 찻잎의 겉맛뿐 아니라 속맛도 불에 익은 경우에 나는 맛이다.

난향은 연향보다 훨씬 맑고 가벼운 맛이 들어오며 끝맛에 은은한 난향이 감돈다. 보이차에도 연향이나 난향이 나는 차가 있는데 녹차의 연향이나 난향처럼 여린 맛이 난다.

청향이 나면 찻물색도 물색 속에 약간 푸른빛을 띤다. 즉 연한 비취색이다. 연향이나 난향의 경우에 노란색이 살짝 비치는 투명한 색상으로 선명한 노란색에 해당된다. 모두다 상품(上品)에 속한다.

* 생비린맛(생비린내)

찻잎을 덖을 때 불이 약한 경우에 생비린맛이 난다. 풀잎에서 나는 생비린내와 같다. 생비린맛은 여린 생비린맛과 비릿한 생비린맛으로 나눈다.

여린 생비린맛은 여리고 감칠맛이 살짝 도는 맛과 향이 갈무리가 잘된 깔끔한 생비린맛을 말한다. 생비린맛이 흩어지지 않고 모여 있다. 이 맛이 돌면 상품(上品)이다. 여린 생비린맛이 상품으로 치는 이유는 구수한 맛보다 차 자체의 맛과 향이 살아 있기 때문이다.

비린 생비린맛은 비릿하면서 텁텁한 맛이 도는 비릿한 맛을 말한다. 생비린맛이 흩어져 있어 약간 역하고 텁텁하다. 비린 생비린맛은 중품이다.

* 풋내

불의 세기가 너무 낮아 차를 제대로 덖지 않는 경우에 풋내가 난다. 풋풋한 풀 내가 나고 맛은 쓰고 떫어 삼키기가 어렵다. 풋내가 나면 하품이다.

b) 증제의 정도에 따라

증기로 쪄서 만든 차로 증제차라고 한다. 증제는 증기를 쐬어 만든 차이므로 불을 직접적으로 받은 덖음 차와는 다른 맛과 향을 가지고 있다.

증제 차의 경우 불 맛은 없고 비린 맛이 많이 들어온다. 찻물색은 짙은 푸른색을 띤다.

c) 발효의 정도에 따라

제다 과정에서 어느 정도 발효를 시켰는가에 따라 차 맛과 향이 달라진다. 또한 보관 과정에서 발효되면 발효 방법과 발효도에 따라 맛과 향이 달라진다.

제다 과정에서 발효는 습도의 조절과 산도의 조절을 통해 이루어지는데 발효도와 발효 방법이 중요하다.

발효도는 발효 정도에 따라 약한 발효인지 강한 발효인지를 나눌 수 있고, 6대 차류도 다른 면에서 보면 발효도에 따른 분류이다. 발효도의 묘미를 느낄 수 있는 차는 청차인데, 발효도를 달리함으로써 맛과 향을 다양하게 만든 차이기 때문이다.

발효 방법은 어떤 방법으로 발효를 시켰느냐 하는 발효 조건을 말한다. 발효가 자연적인지 인공적인지에 따라 맛과 향이 다르다. 발효 과정에서 습도의 조절과 공기의 접촉 정도(산도의 조절)를 어떻게 통제했느냐에 따라 차 종류와 품질이 달라진다.

발효도와 발효 방법의 선택은 차 맛의 경중에 중요한 영향을 미친다. 맛의 경중은 차가 맑고 가벼운가, 탁하고 무거운가를 판단하는 것으로 품평할 때 결정적인 기준이 된다.

이러한 발효도는 습도와 가장 밀접한 관계가 있으므로 제다 과정이나 보관 과정의 습도는 차 맛의 경중(輕重)을 결정한다. 제다나 보관 과정에서 습도가 낮을수록 맛은 맑고 가볍다. 또한 발효도에 따라 찻물색이 달라 발효도가 높을수록 붉은색에 가깝다.

d) 가향된 맛에 따라

여기서 가향된 맛이란 화차나 재가공차뿐만 아니라 변화된 맛에서 나는 차 맛도 포함된다. 화차나 재가공차는 가향된 종류에 따라 맛과 향이 달라진다. 변화된 맛은 녹차의 불 맛이나 보이차의 발효향 등을 꼽을 수 있다.

만약 말리화차를 마시면 가향된 맛인 말리화향이 먼저 들어온다. 가향된 맛이 빠져나가면 뒤에 본래의 차 맛인 쓰고 떫은맛이 나온다. 가향된 차의 맛과 향은 맑고 가벼우면서 은은하게 올라올수록 상품이다.

c. 보관의 측면

차는 보관 과정에서 발효가 진행되면서 맛과 향이 다르게 나타난다. 보관 과정에서 보관 연(年) 수에 따라 맛과 향이 달라지는 것을 잘 알 수 있는 차가 후발효차이다. 그 중 보이차는 발효 과정에서 나는 맛과 향이 연(年) 수에 따라 약간씩 달라진다.

보이차의 찻물색이 노란색일 때 발효향은 대개 찐 – 쌀향이 나는데 구수한 맛과 향이다. 찻물색이 붉은색으로 변하면 생 흙내, 니기향(泥氣香)이 올라온다. 녹차나 오룡차 등은 발효되면 묵은 맛과 향, 시래기 냄새나 마른 풀 냄새가 난다.

이처럼 보관 연(年) 수에 따라 발효정도가 달라지므로 이것을 쉽게 확인할 수 있는 것이 찻물색이다. 그러나 보이차의 경우 보관을 잘못해도 찻물색은 같은 색상이므로 차를 판단할 때 항상 주의해야 한다. 색상은 발효도를 나타낼 뿐 보관 방법을 말하는 것이 아니기 때문이다.

③ 맛의 분석

차 맛은 차의 종류만큼 다양하다. 엄밀하게 말하면 차 하나하나마다 맛이 다르다고 해야 더 정확할지도 모른다. 이처럼 다양한 맛과 향 속에도 공통적인 맛의 요소가 있다.

이 공통적인 맛을 차의 기본적인 맛이라고 부르는데 7가지 맛을 중심으로 분석한다. 맛의 분석은 차 성분의 화학적인 분석이 아니고 미각에서 느끼는 맛을 분석하는 것을 말한다.

맛 분석의 주된 이유는 맛의 좋고 나쁨을 객관적으로 평가하여 품질의 등급을 매김으로써 향후 품질 향상에 도움이 되도록 하는 것이다.

다만 미각에서 느끼는 맛은 느끼는 범위의 한정성 때문에 많은 제한과 제약이 따른다. 개인이 느끼는 주관적인 맛을 공통적인 요소로 묶어 객관적인 맛으로 이끌어내야 하는 어려움도 있다.

a. 기본적인 맛

a) 매운맛

매운맛은 맑고 가벼운 맛으로 음식이나 차를 마실 때 가장 먼저 들어온다. 즉 매운맛이 존재하면 매운맛이 가장 먼저 올라온다. 매운맛을 많이 느끼는 혀 부위는 앞쪽 가장자리 부분이다.

원료에 이상이 없는 맑은 식품일수록 대부분 매운맛을 많이 지닌다. 특히 야생 상태에서 자랄수록 매운맛이 많다. 야생의 꿀, 야생의 버섯류, 원유에 이상이 없는 치즈, 전통방식의 증류주, 증류수, 침향, 수령이 많은 고차수의 찻잎 등이다.

b) 여린 단맛(감칠맛)

여린 단맛은 여린 잎에서 나오는 여리고 순한 단맛으로 감칠맛이라고도 한다. 맑고 가벼운 맛으로 매운맛 뒤에 붙어 들어온다. 감칠맛은 주로 데아닌과 글루타민산 에틸아미드 등 아미노산의 맛이다.

이른 봄철에 딴 여린 잎은 햇빛을 강하게 받지 않아 아미노산의 함량이 가장 많다. 아마노산 중에서 데아닌은 감칠맛을 내게 하는 주된 성분으로 봄철 여린 잎에 많이 포함되어 있다.

봄 차가 다른 계절의 차에 비해 맛과 향이 좋다는 것은 감칠맛(여린 단맛)을 많이 함유하고 있기 때문이다. 녹차의 우전이 세작이나 대작보다 여린 단맛이 많이 도는 이유는 감칠맛 때문이다.

우리가 '감미롭다', '감윤(甘潤)하다' 라고 말할 때는 감칠맛에 대한 표현이다. 단맛이 진하게 나는 것이 아니라 아주 여리고 순한 단맛이 매끄럽게 도는 것을 말한다. 감칠맛이 나면 뒤에 젖내(乳香)가 올라온다. 감칠맛 뒤에 전체적으로 젖내가 들어 있다.

감칠맛은 단맛과 관련된 맛이나 단맛에만 있는 것은 아니다. 쓴맛일지라도 감칠맛 나는 쓴맛이 있고 떫은맛이라도 감칠맛 나는 떫은맛이 있다. 그것은 여리고 순한 단맛과 매끄럽게 잘 어우러진 쓴맛과 떫은맛을 말한다.

흔히 말하는 단맛은 감칠맛과는 다른 보통의 단맛이다. 단맛은 맛의 뒤쪽에 붙어 전체적으로 느낀다. 여린 단맛도 감칠맛이 빠져나가면 일반적인 단맛으로 바뀌어 맛의 뒤쪽에 붙는다.

c) 짠맛

짠맛은 물을 탄 국간장 맛과 비슷하다. 어떤 사람들은 담배 맛(연미향),

질소 맛이라고도 한다. 말이 다를지라도 모두다 짠맛에 대한 표현이다. 짠맛은 모든 식물에 다 들어 있다.

특히 제다 과정에서 차를 많이 덖으면 첫 포(泡)에 짠맛이 많아 주된 맛을 차지한다. 짠맛을 쉽게 확인하려면 차를 마신 다음 식은 찻잔이나 숙우(熟盂)에서 올라오는 향을 맡아보면 된다.

짠맛은 진하고 강한 맛으로 짠맛이 많으면 차가 진해진다. 짠맛은 매운맛과 감칠맛 뒤에 붙어 있는데 보통 둘째 포에서 가장 많이 우려져 주된 맛으로 들어온다.

차를 진하게 마시고 나면 갈증이 나서 물을 마시고 싶은 경우가 종종 있다. 차를 마시면 수분이 충분할 텐데 물을 먹고 싶은 이유는 짠맛 때문이다. 음식을 짜게 먹었을 때 느끼는 갈증과 비슷하다.

여기서 주된 맛이란 차 맛을 특징적으로 나타낼 수 있는 맛의 성분을 말한다. '이 차는 신맛이 많다' 라고 할 때 전체적으로 신맛이 주된 맛으

잠깐, 쉬어 갑시다!

짠맛과 신맛 중에서 신맛이 먼저 들어올 수 있는지요?

일반적으로 보면 짠맛이 먼저 들어오고 뒤따라 신맛이 들어옵니다. 그러나 사람에 따라 차이가 있습니다.

첫째는 차 맛의 구성 성분에 신맛이 많이 있는 경우에 그럴 수 있습니다. 신맛이 주된 맛이기 때문입니다.

둘째는 사람의 미각이 어느 맛에 민감하게 반응하면 다르게 느낄 수 있습니다. 신맛에 민감하면 신맛을 먼저 느끼기 때문입니다. 이것은 어떤 맛에 편향된 미각 때문에 일어난 현상으로, 신맛에 민감하여 짠맛을 적게 느꼈을 뿐이지 짠맛 자체가 없는 것은 아닙니다.

로, 맛의 구성성분이 다른 성분보다 훨씬 많아서 강하게 나타나는 맛을 가리킨다. 또한 포의 횟수에 따라 맛의 변화가 일어나는데 각 포에 따른 주된 맛도 있다.

d) 신맛

신맛은 약간 시큼한 맛이 나는 것으로 진하고 강한 맛에 속한다. 신맛은 강한 맛을 가진 것으로 짠맛 뒤에 붙어 있다. 보통 셋째 포에 약간 나오고 넷째 포에 주된 맛으로 자리 잡는다.

신맛이 나면 입 안에 침이 고인다. 신맛은 상큼한 맛을 내어 상쾌한 느낌을 준다. 발효되면 시큼한 맛으로 변해 쏘는 듯한 맛이 들고 오랜 시간이 지나면 깊고 시원한 맛을 낸다.

시큼한 맛은 녹차를 개봉하여 마신 후 밀봉하여 상온에 그대로 두면 잘 알 수 있다. 보이차의 경우 일정한 보관 연(年) 수가 지나면 신맛이 시큼한 맛으로 들어온다.

e) 쓴맛

쓴맛은 카페인에서 나는 맛으로 커피의 쓴맛과 비슷하다. 찻잎이 어릴수록 카페인의 함량이 많고 잎이 커지면 섬유질이 많아 폴리페놀의 함량이 높아진다.

그래서 카페인은 봄철 어린 잎에 함량이 높다. 이른 봄에 만든 우전을 마시면 머리가 맑아지고 의식이 각성되는 것도 카페인의 작용이다.

쓴맛은 탁하고 무거운 맛에 속하고 신맛 뒤에 붙어 있다. 특히 신맛과 쓴맛이 붙어 있어 신맛의 구별이 어렵다. 탁하고 무거운 맛은 다섯째 포에 주된 맛으로 들어와 입 안이 텁텁해진다.

f) 떫은맛

떫은맛은 생감에서 나는 맛으로 폴리페놀의 영향인데 일명 탄닌이라 한다. 폴리페놀은 일조량에 따라 함량이 달라지므로 일조량이 많은 여름이나 가을철에 폴리페놀의 함량이 높아진다. 그래서 여름 차는 쓰고 떫은맛이 많아 마시기가 어렵다.

떫은맛은 탁하고 무거운 맛에 속하며 쓴맛 뒤에 붙어 있다. 차를 마시면 맛의 끝에 들어 있어 끝맛에 주된 맛으로 들어온다. 차를 마시고 나면 입 안이 텁텁하거나 쩍 달라붙는 느낌이 일어나는 것은 쓴맛과 떫은맛 때문이다.

g) 단맛

'단맛이다' 라고 할 때 그 단맛을 가리키는 것으로 탄수화물의 당류와 아미노산 등에서 단맛이 나온다.

단맛은 무거운 맛에 속해 맨 끝맛에 들어오면서도 전체적으로 맛이 느껴진다. 여기서 전체적인 맛이란 단맛이 들어오면 모든 맛들이 전체적으로 단맛으로 느껴지는 것을 말한다. 단맛은 원래는 무거운 맛에 속하지만 맛이 결합되는 위치에 따라 다양하게 나타난다.

매운맛	여린 단맛(감칠맛)	짠맛	신맛	쓴맛	떫은맛	단맛

(그림 4) 기본적인 맛의 종류

이렇게 차 맛은 다양하지만 다양함 속에서 공통적인 맛으로 7가지의 기본적인 맛이 들어 있다. 기본적인 맛이 잘 어우러져야 잘 만든 차이고, 제다를 잘한 차는 맛의 균형이 잘 잡힌 차이다.

녹차를 예로 들어보자. 녹차의 경우 불 맛(불댄 맛, 불김) 뒤에 기본적인 맛이 조화롭게 들어 있을 때 좋은 차이다. 첫 포에서 불 맛, 약간의 매운맛, 여린 단맛(감칠맛)이 전체적으로 들어오면 균형 잡힌 맛을 가진 좋은 녹차일 것이다.

만약 첫 포에서 구수한 맛이 나면 짠맛부터 들어온다. 매운맛이나 여린 단맛은 강한 불에 손실되어 맛의 균형이 잡히지 않은 차이다. 이것은 제다를 잘못한 녹차이다.

(그림 5) 맛의 균형이 잡힌 녹차

불 맛	매운맛 · 감칠맛	짠맛 · 신맛	쓴맛 · 떫은맛 · 단맛

※ 불맛 뒤에는 청향, 연향, 난향 등이 난다

(그림 6) 맛의 균형이 잡히지 않은 녹차

구수한 맛	짠맛 · 신맛 ·	쓴맛 · 떫은맛	단맛

※ 구수한 맛 뒤에는 쑥향이 난다

b. 맛의 스펙트럼(분석도)

차 맛을 분석해 보면 하나하나의 맛이 일정한 순서에 따라 들어와 빠지는 것을 맛으로 느낄 수 있다. 이를 토대로 미각에서 느끼는 맛은 기본적으로 어떤 구조 형태를 가지고 있지 않을까 하는 의문점이 생긴다.

여러 가지 방법으로 분석해 본 결과, 차 맛뿐 아니라 음식 맛도 미각에서 느낄 때 어떤 일정한 구조 형태를 가지고 있다는 것을 알 수 있다.

맛이 지닌 일정한 구조 형태를 맛의 분석도, 스펙트럼이라 부른다. 맛이 스펙트럼을 가지는 것은 맛 자체의 경중이 있어 맛이 들어오는 순서가 맑고 가벼운 맛에서 시작하여 탁하고 무거운 맛으로 남기 때문이다.

처음에 올라오는 맑고 가벼운 맛은 매운맛과 감칠맛(여린 단맛)이다. 중간에 들어오는 진하고 강한 맛은 짠맛과 신맛이다. 끝물에 들어오는 탁하고 무거운 맛은 쓴맛과 떫은맛, 그리고 단맛이다.

이처럼 맛의 경중에 따라 미각에서 느끼는 순서가 있다. 아마 맛이 혀에 접촉되는 부위와의 상관관계 속에서 일정한 구조 형태를 띤 것으로 여겨진다. 맛의 스펙트럼은 차뿐만 아니라 커피나 와인, 음식의 맛을 분석할 때 유용하게 쓸 수 있다.

a) 차 자체 맛의 스펙트럼

차 자체의 맛 분석은 차의 구성 성분에 따른 맛 분석이다. 이것은 맛의 경중에 대한 것으로 맛이 지닌 무게의 정도에 따른 분석이다. 맑고 가벼운 맛(매운맛, 감칠맛)은 맨 먼저 들어오고, 진하고 강한 맛(짠맛, 신맛)은 중간에, 탁하고 무거운 맛(쓴맛, 떫은맛)은 가장 늦게 들어온다.

가벼운 맛은 맨 먼저 우러나와 미각에서 가장 빨리 느끼고 무거운 맛은 나중에 우려져 가장 늦게 느낀다. 혀의 구조로 볼 때 맑고 가벼운 맛은 맨 앞쪽에서, 탁하고 무거운 맛은 혀의 뒤쪽에서 느끼게 된다.

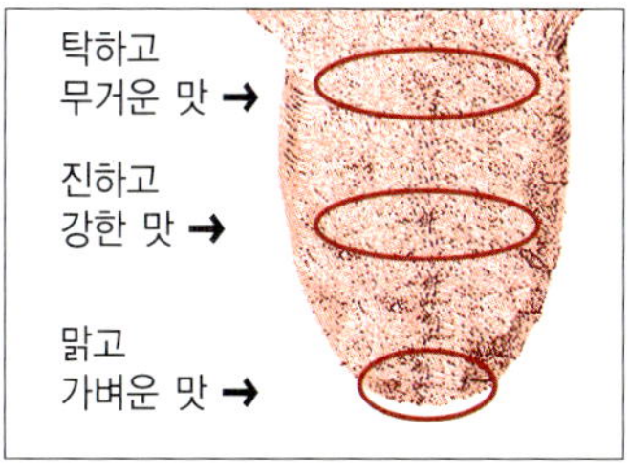

(그림 7) 혀의 미각 구조

(표 1) 맛의 경중에 따른 스펙트럼

맛의 경중	맑고 가벼운 맛		진하고 강한 맛		탁하고 무거운 맛			
맛의 종류	매운맛	여린 단맛 (감칠맛)	짠맛	신맛	쓴맛	떫은맛	단맛	맹물맛
맛의 3부분	첫맛		중간맛		뒷맛			

b) 가향된 맛의 스펙트럼

차 자체의 맛 분석이 기본적인 맛의 분석이면 가향된 맛은 기본적인 맛에서 첨가된 맛을 말한다. 여기서 가향된 맛이란 맨 나중에 첨가된 맛으로 찻잎의 겉 표면에 붙어 있다.

그래서 차를 우리면 가장 먼저 맛으로 들어온다. 녹차의 불 맛이나 구수한 맛, 보이차의 발효향미, 화차의 꽃향미 등이다.

(표 2) 가향된 맛의 스펙트럼

가향된 맛	매운맛	여린 단맛 (감칠맛)	짠맛	신맛	쓴맛	떫은맛	단맛	맹물맛
가향된 맛 : 말리화차의 말리향미, 녹차의 불 맛, 보이차의 발효향미, 습창인 습내 맛 등으로 차를 우려 마실 때 가장 먼저 들어온다.								

c. 맛이 들어오는 순서

차를 마시면 맛이 일정한 순서에 따라 들어왔다가 빠져나가는 것을 미각에서 느낀다. 입 안에서 느끼는 맛은 한꺼번에 일어나지만 분석해 보면 맛이 들어오는 순서가 있음을 알 수 있다.

맛은 감각기관의 부위와 접촉하여 느끼므로 맛이 일정한 순서를 가질 수 있는 이유이다. 미각에서 느끼는 맛은 어떤 순서가 있는지 알아본다.

a) 맛의 스펙트럼에 따라 일정한 순서를 가진다.

차 맛은 맛 자체의 경중에 따라 맛이 들어오는 순서가 일정하게 정해져 있다. 맑고 가벼운 맛이 맨 먼저 들어오고, 진하고 강한 맛이 중간에, 탁하고 무거운 맛이 가장 나중에 들어온다. 맛이 들어오는 순서를 스펙트럼으로 나타내면 다음과 같다.

(표 3) 맛의 스펙트럼에 따른 순서

맛의 종류	매운맛	여린 단맛(감칠맛)	짠맛	신맛	쓴맛	떫은맛	단맛	맹물맛
맛의 경중	맑고 가벼운 맛		진하고 강한 맛		탁하고 무거운 맛			
맛의 3부분	첫맛		중간맛		뒷맛			
맛이 들어오는 순서	매운맛	여린 단맛(감칠맛)	짠맛	신맛	쓴맛	떫은맛	단맛	맹물맛
포의 횟수	첫물		중간물		끝물			

차를 우려 마시면,

첫 포에서 매운맛 ⇨ 여린 단맛(감칠맛) 순으로 가장 먼저 들어온다. 첫 포를 놓치면 매운맛을 보기 어렵다.

둘째 포에서 매운맛과 감칠맛이 빠져나가고 첫맛에 짠맛 ⇨ 신맛 순서로 들어온다. 짠맛이 주된 맛이다. 이미 빠져나간 매운맛과 감칠맛은 떫은맛 뒤에 붙는다. 다만 감칠맛은 뒤로 가면 보통의 단맛이 된다.

다섯째 포에서 짠맛과 신맛이 빠져나가고 쓴맛이 주된 맛으로 자리 잡고 뒤따라 떫은맛이 들어온다.

이처럼 맛의 스펙트럼을 보면 맛이 들어오는 순서는 일정한 형태를 갖춘 연결 구조를 이루고 있다. 맑고 가벼운 맛에 속하는 매운맛과 감칠맛, 진하고 강한 맛에 속하는 짠맛과 신맛, 탁하고 무거운 맛에 속하는 쓴맛과 떫은맛, 그리고 다른 맛의 끝에 붙어 있는 단맛의 순서이다.

b) 맛은 순환되는 연결 구조를 가진다.

차를 마시면 포의 횟수에 따라 맛의 변화가 일어난다. 이를 통해 맛이 순환되는 연결 구조를 가짐을 알 수 있다. 맛의 스펙트럼 상에는 매운맛, 감칠맛(여린 단맛), 짠맛, 신맛, 쓴맛, 떫은맛, 단맛, 맹물맛으로 이루어져 있는데, 포의 횟수에 따라 순환되는 연결 구조를 살펴보면 다음과 같다.

(그림 8)

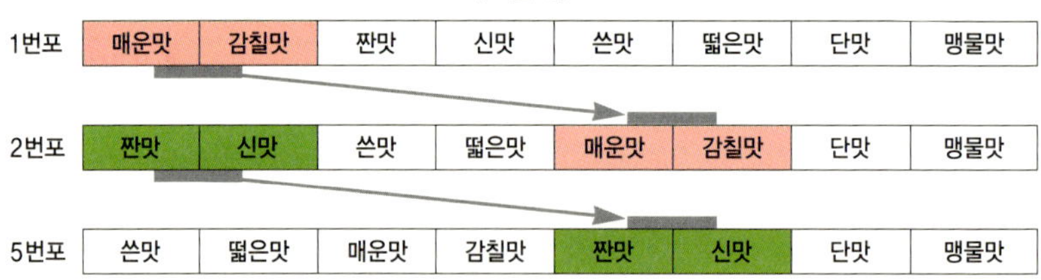

첫 포에서 매운맛과 감칠맛이 들어오면 둘째 포에서 빠져나가 떫은맛 뒤로 가서 붙는다. 다만, 여린 단맛(감칠맛)은 빠져나가 떫은맛 뒤로 가서 보통의 단맛으로 변한다. 단맛은 다른 맛의 끝에 붙어 있지만 전체적인 맛으로 느낀다.

전체적인 맛이란 단맛이 들어오면 전체적으로 단맛이 느껴지는 것을 말한다. 이것은 단맛에 대한 맛 감각기관이 많이 분포되어 있기 때문이고 이로 인해 단맛은 중독성이 강하다.

〈실제 사례 보기 1〉

- 제품 : 우리 녹차(2008년 4월)
- 우리는 방법 : 250ml - 4g - 8초간 머물고 25초 이내
- 물의 온도 : 83도~ 85도

(그림 9) 맛의 균형이 잡히지 않은 스펙트럼

1번포	구수한 맛	짠맛 80%	신맛	기타			주된 맛 : 짠맛
2번포	구수한 맛	짠맛 50%	신맛 20%	기타			주된 맛 : 짠맛
3번포	구수한 맛	짠맛 30%	신맛 40%	기타			주된 맛 : 신맛
4번포	구수한 맛	짠맛 20%	신맛 30%	쓴맛 40%	떫은맛	기타	주된 맛 : 쓴맛
5번포	신맛	쓴맛	떫은맛 60%	기타			주된 맛 : 떫은맛
6번포	쓴맛 10%	떫은맛 40%	단맛	기타			주된 맛 : 떫은맛
7번포	물맛 50%	떫은맛 20%	기타				주된 맛 : 맹물맛

〈실제 사례 보기 2〉

- 제품 : 보이차(2007년 4월)
- 우리는 방법 : 250ml - 4g - 8초간 머물고 25초 이내
- 물의 온도 : 89도~91도

(그림 10) 맛의 균형이 잡힌 스펙트럼

포	맛의 구성				주된 맛
1번포	불 맛	매운맛 50%	여린 단맛(감칠맛) 10%	기타	주된 맛 : 매운맛
2번포	매운맛 10%	짠맛 80%	신맛 10%	기타	주된 맛 : 짠맛
3번포	짠맛 50%	신맛 40%	기타		주된 맛 : 짠맛
4번포	짠맛	신맛 60%	쓴맛 30%	기타	주된 맛 : 신맛
5번포	신맛	쓴맛 60%	떫은맛 30%	기타	주된 맛 : 쓴맛
6번포	쓴맛	떫은맛 40%	단맛	기타	주된 맛 : 떫은맛
7번포	물맛 50%	쓴맛	떫은맛	단맛	주된 맛 : 맹물맛

c) 포(泡)의 횟수에 따라 맛의 변화를 알 수 있다.

차를 마시면 한 포 한 포마다 맛과 향이 약간씩 달라진다. 맛과 향이 달라지는 이유는 포의 횟수에 따라 맛의 성분이 다르게 용출되기 때문이다. 포의 횟수에 따라 맨 먼저 들어왔던 맛이 빠져나가고 다음번의 맛이

들어오기 때문에 맛의 변화가 일어난다. 심지어 맨 먼저 들어오는 맛을 보면 대략 몇 번째 우린 포인가를 가늠할 수 있다.

(그림 11) 맛의 곡선

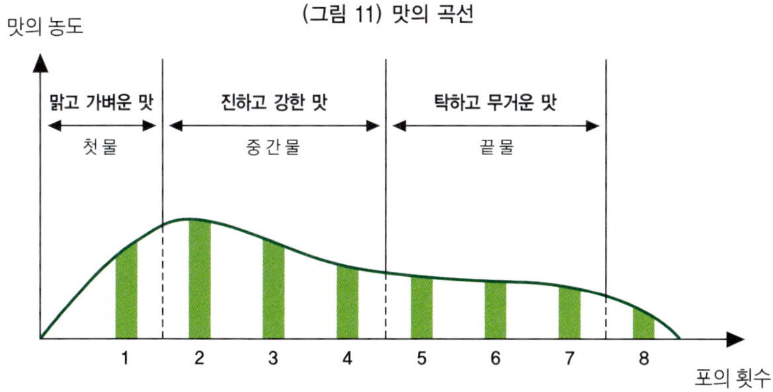

맛의 경중	맑고 가벼운 맛	진하고 강한 맛	탁하고 무거운 맛	
맛의 종류	매운맛 · 감칠맛	짠맛 · 신맛	쓴맛 · 떫은맛 · 단맛	맹물맛
포의 횟수	1번	2, 3, 4번	5, 6, 7번	8번

d. 맛의 평가 기준

차 맛을 평가하는 기준은 크게 두 가지로 나눈다.

하나는 불의 세기 정도에 따라 평가하는 방법이다. 차를 덖는 불의 성도를 직접적으로 읽을 수 있는 녹차나 보이차 청병 등을 대상으로 한다.

다른 하나는 맛의 경중에 따라 평가하는 방법이다. 맛의 경중은 무게에 따른 평가로 불의 세기 정도를 직접적으로 읽을 수 없는 발효차 등을 대상으로 한다.

이상 두 가지의 방법은 분석상 나눈 기준에 불과하며 결국 두 가지의 평가방법이 결합되어 총체적인 평가를 한다.

(표 4) 맛의 경중에 따른 평가기준

종류	맑고 가벼운 맛	탁하고 무거운 맛
맛	· 맑고 깔끔한 맛 · 깔끔하고 산뜻한 맛 · 시원하고 상쾌한 맛 · 순수한 맛	· 탁하고 텁텁한 맛 · 탁하고 역한 맛 · 싱겁고 느끼한 맛 · 느끼하고 역한 맛 · 잡내가 나는 것
향	· 맑고 가벼운 향 · 가볍고 높은 향 · 맑고 은은한 향 · 여리고 은은한 향 · 맑고 향긋한 향. 예) 꽃향, 과일향 · 부드럽고 향긋한 향 · 향이 은은하게 피어오르는 것. · 향이 흩어지지 않고 모여 올라오는 것	· 탁하고 무거운 향 · 무겁고 텁텁한 향 · 탁하고 역겨운 향 · 느끼하고 역한 향 · 향이 짙고 강렬한 것 · 향이 약하거나 없는 것 · 향이 흩어지거나 확 치받는 것
색	· 선명하고 투명한 것 · 투명도가 높고 맑은 것 · 윤기가 흐르는 것	· 탁하고 흐린 것 · 투명도가 낮고 어두운 것 · 윤기가 돌지 않는 것
수성	· 차향이 나고 뒷맛에 매끄러운 맛이 도는 것 · 순하고 감윤한 맛이 나는 것 · 부드럽고 감미로운 맛이 도는 것	· 차향이 없고 뒷맛에 거친 맛이 나는 것 · 느끼하고 역한 맛이 도는 것 · 텁텁하고 역한 맛이 도는 것

(2) 차향에 대해

향에 대한 분석은 맛의 분석과 같다. 기본적으로 맛과 향은 일체된 하나로 이루어져 있기 때문이다. A향이 올라오면 A맛이 들어오고 B맛이 있으면 B향이 피어오른다.

차향도 기본적인 맛 속에 포함되어 차를 마시면 같은 맛과 향이 올라온다. 매운맛이 나면 매운 향이 올라오고 쓴맛이 나면 쓴 향이 올라온다. 이처럼 향을 맡아 판단하는 것과 맛을 보아 판단하는 것이 일치한다.

그러나 향의 평가는 맛 평가보다 훨씬 어렵다. 향을 판단하는 경우 맛에 대한 감각이 고도로 뛰어나야 할 수 있다. 향을 맡는 후각은 쉽게 마비되므로 향 분석은 더 섬세한 감각을 요구하기 때문이다.

향에 대한 판단을 세밀하고 섬세하게 분석하려면 반드시 몸 반응이 일어나야 가능하다. 몸 반응이 일어나면 미각과 후각이 예민해져 향을 더 정확하게 분석할 수 있고 나아가 향 원료까지 읽을 수 있기 때문이다.

몸 반응이 정확하게 일어나면 차향만 맡아도 화학비료와 농약의 사용 여부를 알 수 있다. 차를 마셔 일어나는 몸 반응이 향을 맡아도 똑같이 일어나기 때문이다. 이 정도면 향 분석이 제대로 될 수 있다.

과연 그럴 수 있을까 하고 사람들은 의구심을 가진다. 주변에서 흔히 일어나는 예를 들어보면 쉽게 알 수 있다. 우리는 역한 냄새를 맡으면 머리가 어지럽거나 구토의 증상이 일어난다. 농약을 친 논이나 밭을 지나면 역겨워한다. 이것이 향에 대한 몸 반응이듯 차향 속에 있는 농약이나 비료에 대한 몸 반응이 가능하다. 이처럼 몸 반응이 일어나면 모든 종류의 향과 냄새를 몸 반응으로 읽을 수 있다.

맛의 평가기준과 향의 평가기준이 기본적으로 같지만 향의 판단은 섬세한 감각을 요한다. 향을 판단할 때 향 분석은 그만큼 세심한 주의를 기울여야 한다.

① 기본적인 향

기본적인 향은 기본적인 맛에서 올라온 향으로 맛과 동일하다. 어떤 맛이 있으면 그 맛에 해당되는 향이 있고, 어떤 향이 있으면 그 향에 해당하는 맛이 있기 때문이다. 그래서 '맛과 향은 같이 선다'는 표현을 한다. 맛과 향이 같이 있으므로 맛이 들어오는 순서와 향이 올라오는 순서도 같다. 매운맛은 매운 향, 감칠맛은 젖내(乳香), 짠맛은 짠내, 신맛은 신향, 쓴맛은 쓴내, 떫은맛은 떫은 향, 단맛은 단내가 난다.

이처럼 맛과 향은 따로 떨어져 존재하는 것이 아니고 맛을 가진 물질은 그 맛에 해당하는 향이 있다. 다만 사람은 미각과 후각이 갖는 한계가 있고 동일인이라도 맛과 향의 대한 예민한 정도가 달라서 다르게 느껴질 뿐이다.

요즈음 향에 대한 관심이 높아지고 있다. 향을 전문적으로 다루는 상점이 생겨나고 다양한 종류의 향이 선보이고 있다. 또한 향으로 사람을 치료하는 경우도 있다. 향을 구매할 수 있는 기회가 예전보다 훨씬 많아서 이제는 향의 좋고 나쁨을 판단해야 할 시점이 된 것이다.

② 향의 판단 기준

향의 판단기준은 기본적으로 맛의 판단 기준과 같다. 다만 향의 판단은 맛의 판단보다 고도의 섬세한 감각을 요한다. 향의 판단 기준을 세분화하여 기술하면 다음과 같다.

첫째, 향의 경중에 따른 판단이다.

향의 무게에 따라 맑고 가벼운가 아니면 탁하고 무거운가에 대한 판단이다. 향이 맑다는 것은 탁하거나 역하지 않고 잡내가 없다는 것이다. 또한 향이 가볍다는 것은 높다는 뜻이다. 향이 높다는 것은 강하다는 의미가 아니다. 강한 향은 향이 진하다는 것이다. 좋은 향일수록 전체적으로 맑고 가벼울 뿐 아니라 높다. 향이 맑고 가벼우면 위로 천천히 올라오는 성질이 있는데, 진하고 강한 향이 빨리 확 퍼지고 치받다가 순식간에 사라지는 것과는 다르다. 좋은 향일수록 잡내가 없고 맑고 가벼우며 은은하게 순수한 향이 난다.

맑고 가벼운 향 중에서 최고의 품질은 여리면서 아주 은은하게 올라오는 향을 말하는데 진하거나 강하지 않고 은은해야 한다. 여리고 은은한 향은 후각이 뛰어난 사람만 느낄 수 있고 읽을 수 있다.

은은하다는 것은 향이 있는 듯 없는 듯이 피어나는 것을 말한다. 은은해야만 후각을 자극하지 않아서 진정한 향을 즐길 수 있다. 은은한 향은 마치 달빛이 은은하게 비치는 느낌이다. 아마 은근하다는 표현이 어울린다.

향의 성분을 분석하면 맑고 가벼운 향은 매운 향이다. 매운 향은 최고의 향으로 손꼽는 침향에서 잘 알 수 있다. 침향을 맡아보면 처음 올라오는 향은 맵고 그 뒤는 달아서 한마디로 맵고 달다. 눈이 밝아지면서 훤해지고 머리는 개운하면서 시원해진다. 머릿속이 뻣뻣한 느낌이 일어나면 향 기운이 들어오는 증상이며, 혓바닥이 쇠하고 몸에서 미세한 진동이 일어난다.

매운 향은 맑고 가벼워서 막힌 기혈을 뚫어준다. 매운 음식을 먹으면 몸이 더워지면서 땀이 나는 현상은 매운맛과 향이 기혈을 틔워주기 때문이다.

탁하고 무거운 향은 텁텁하거나 탁하고 느끼하거나 역한 향이다. 향이 순수하지 않고 잡내가 있다. 향을 맡아 보면 머리가 무겁고 아프거나 속이 메스껍고 구토의 증상을 보인다. 자연적인 향재(香材)가 아니고 화학적인 원료가 조금만 섞여도 이런 몸 반응이 일어난다. 그래서 원료에 이상이 없는 것이 좋은 향이고 건강한 향이다.

이처럼 좋은 향은 "맑다, 가볍다, 높다, 순수하다, 은은하다"라고 표현된다. 그 반대로 향이 탁하다, 무겁다, 없거나 약하다, 진하거나 강하다, 독하다, 느끼하다, 역하다는 표현은 좋은 향이 아니다.

둘째, 향의 확산 속도에 따른 판단이다.

향의 확산성은 향이 퍼지거나 올라오는 속도가 빠르냐 느리냐에 대한 것이다. 확산 속도가 천천히 피어오르는 것인지 확 치받는 것인지에 따라 좋고 나쁨을 따진다.

보통 생각하기를 향이 퍼지는 속도가 빠르면 빠를수록 좋은 향이라고 여기기가 쉽다. 향이 빨리 퍼지는 것은 향 자체의 농도가 그만큼 진하거나 강한 경우에 일어난다. 진하고 강한 향은 향의 밀도가 높아 퍼지는 속도가 빠른 것이다.

확 치받거나 빨리 퍼지는 향은 그만큼 자극적인 것으로 후각을 마비시키고 머리의 어지럼증이나 두통이 생길 수 있다. 이런 점에서 향이 진하거나 강하다고 좋은 향은 아니다. 진하고 강한 향은 한마디로 독한 향이다.

진하고 강한 향은 대게 화학적인 향새(香材)가 섞인 향인데, 몸 반응으로 읽어보면 눈이 따갑고 머리가 어지럽거나 아프게 한다. 가슴이 답답하고 숨이 막히거나 구토의 증상도 일어난다. 반면 맑고 가벼운 향은 후각을 적게 자극하여 머리를 맑게 하고 상쾌하게 한다.

맑고 가벼운 향은 천천히 올라오고 서서히 퍼진다. 향이 가볍다는 말은 향의 밀도가 느슨하여 퍼지는 속도는 오히려 느리다. 향이 있는 듯 없는 듯하고 확산되는 것을 느낄 수 없어 후각을 자극하지 않는다. 맑고 가벼운 향 중에서 최고의 향은 가장 느리게 움직이면서 여리고 은은하게 피어오르는 향이다.

셋째, 향의 농도에 관한 것이다.

향의 농도에 관한 것은 진하고 강하냐, 엷고 약하냐, 아니면 여리고 은은한가에 대한 판단이다.

진하고 강한 향은 향 자체의 성분 농도가 높아서 확 흩이지거나 퍼지는 향이다. 진하고 강한 향은 후각을 마비시키고 오히려 역겨울 수 있다. 보통 화학적인 향재(香材)를 쓴 향에서 느낄 수 있다.

반면 여리고 은은한 향은 섬세하면서 미묘하게 안개처럼 일어나는 향이다. 향이 모아져 한줄기로 잔잔하게 피어오르는 향이다. 여리고 은은하여 향이 있는 듯 없는 듯하면서 약간의 톡 쏘는 매운 향이 올라오고 아주 감미로운 단내가 난다.

향이 엷고 약해서 거의 느낄 수 없는 향도 있는데 향 자체의 성분 농도가 약해서 생기는 것이다. 이것은 여리고 은은한 향과는 다르다. 향이 엷고 약한 것은 향 자체의 농도나 밀도가 약하거나 없는 경우이고, 여리고 은은한 향은 농도가 약한 것이 아니라 향이 순화되어 맑고 가벼운 향으로 바뀐 경우이다.

향에 대한 판단기준을 분석하였지만 향을 판단할 때 이 요소들이 조합되어 종합적으로 판단한다. 몸 반응으로 향을 판단하면 판단 요소를 고려할 시간도 없이 아주 짧은 순간에 이루어진다.

향에 대한 판단은 맛에 대한 판단만큼 어려운 것임에 틀림이 없다. 미각이 발달한 사람은 후각도 예민하여 향에 대한 감각도 민감하다. 향을 구별할 때 향 자체의 좋고 나쁨도 있지만, 향 재료로 쓰는 원료의 좋고 나쁨을 구별하려면 몸 반응이 일어나야 정확하게 알 수 있다.

(3) 찻물색에 대해

차의 찻물색을 보는 것은 차를 가장 빠르게 판단할 수 있는 방법이다. 색은 우리의 감각기관 중에서 눈을 통하여 확인한다. 눈은 미각이나 후각, 촉각 등 다른 감각기관보다 훨씬 빨리 사물의 형태를 확인하여 판단할 수 있어 그 정확도가 높다.

이처럼 색은 눈으로 직접 보고 판단하므로 조금만 익혀도 쉽게 접근할 수 있어 초보자도 어렵지 않게 판단기준으로 사용할 수 있다. 하지만 초보자도 쉽게 접근하여 빨리 익힐 수 있는 이점만큼 위험한 요소도 내재해 있다.

색을 판단할 때 가장 위험한 요소는 판단기준인 색상이 바로 함정이다. 찻물색의 함정이란 찻물을 보고 판단할 때 색상을 통해 발효 정도는 알 수 있지만 발효 방법은 알 수 없다는 것이다.

특히 찻물색의 함정에 빠지기 쉬운 것은 오랫동안 보관하여 마시는 차이다. 보이차, 천량차, 육보차, 금첨차, 육안과 등은 보관이 약간만 잘못되면 발효가 빨리되어 오래 보관된 차의 찻물색처럼 보인다. 가장 현혹되기 쉬운 순간이다. 이럴 때 찻물색의 함정이 존재하므로 색의 판단은 거의 무용지물이고 금물이다.

그러나 대다수의 사람은 색에 의존한 판단을 가장 많이 하므로 찻물색의 함정에 빠질 위험이 매우 높다. 색상의 판단은 빨리 익힐 수 있는 이점이 있어 손쉽게 접근하지만 보이지 않는 함정을 조심해야 한다.

차를 판단하는 기준인 색향미 중에서 색의 판단은 어느 정도 신뢰할 수 있는지 궁금하다. 녹차는 색을 보고 판단할 수 있다. 보관 상태를 판단하는 차는 색의 판단은 항상 보조적인 역할밖에 하지 못한다.

보이차를 마셔서 보관 상태를 판단한다고 하자. A차가 100개의 맛을 가지고 있다면 우리가 맛을 보면 90개 정도는 읽을 수 있다. 그것을 향을 맡아보면 70개 정도도 못 읽는다. 색을 보면 50개 정도일 것이다. 확률이 반이므로 색의 판단은 신뢰성이 떨어진다.

맛과 향, 그리고 색의 판단 중에서 맛의 평가가 가장 중요하다. 맛의 분별이 어느 정도 수준이 되면서 몸 반응이 일어나면 향에 대한 판단도 정확하게 할 수 있다. 향으로만 판단해도 맛의 수준까지 읽을 수 있다.

이처럼 몸 반응으로 향재의 이상 유무를 판단하면 그 후부터 향이 중요한 판단기준으로 사용된다. 이 수준이 되더라도 색을 보고 차를 판단하기는 어려운 일이다. 색의 판단은 신뢰도가 떨어져 보조적인 역할에 머무는 이유이다.

색을 판단하는 기준은 색도, 선명도(탁도), 윤색도 등이 있다.

① 색도에 따라

색도는 찻물색 또는 색상을 보고 판단하는 것이다. 보이차를 판단할 때 많이 사용하는 방법이다. 색상은 덖음의 정도와 발효의 정도에 따라 다르다. 차의 색상을 간략하게 나누어 보면 다음과 같다.

(표 5) 색도에 따른 판단

색 상	녹색	무색(물색)	노란색	붉은색	검은색
덖음 정도	낮다	------------→	높다		
발효 정도	낮다	------------	------------	------------→	높다
차의 종류	녹차	백차	황차, 보이청병	홍차	보이숙병

색도로 판단해 보면 차의 종류에 따라 다르지만 색상이 주는 기본적인 의미는 비슷하다.

녹차의 경우 덖음이 많으면 노란색에 가깝다. 노란색이면 구수한 맛과 향이 나고 전체적으로 쑥향이 올라온다. 맛을 보면 첫 포에서 짠맛이 주된 맛이다.

잘 만든 녹차는 색이 맑아 무색, 즉 물색에 가까우며 연한 비취색을 띤다. 전체적으로 불댄 맛 뒤에 청향, 연향, 난향이 올라온다. 첫 포에서 매운맛, 여린 단맛(감칠맛)과 젖내가 들어온다. 이처럼 잘 만든 녹차는 꽃향(연향, 난향)이나 과일향(청향)이 난다.

발효차의 경우 발효 정도에 따라 색상이 틀리다. 제다 과정에서 발효가 적게 되면 노란색에 가깝고, 발효가 많이 되면 붉은색에 가깝다. 발효차는 습도와 산도의 조절을 통해 발효도를 다양하게 할 수 있다. 습도가 높으면 색상은 붉은색에 가깝다. 붉은색에 가까이 갈수록 발효차는 탁하고 무겁다. 색을 보면 발효도를 알 수 있고 맑고 가벼운가를 판단할 수 있다.

청병 보이차의 경우 보관 과정에 발효되면서 색상이 연녹색에서 노란색을 거쳐 붉은색으로 옮겨간다. 보관 연(年) 수가 오래되면 될수록 발효가 많이 진행되어 붉은색에 가깝다.

이것 때문에 보이차는 색상을 보고 판단을 많이 한다. 발효도는 보관 연(年) 수를 말하기 때문이다. 그러나 그 속에는 찻물색의 함정이 존재한다. 색상을 통해 발효도만 알 수 있을 뿐 어떤 발효방법을 택했는지 판단할 수가 없다. 오랫동안 보관하여 마시는 차는 발효도가 중요한 것이 아

잠깐, 쉬어 갑시다!

녹차를 우리면 색이 뿌연 경우는 왜 그렇습니까?

녹차의 경우 찻물색이 뿌연 것은 찻잎에 묻어 있는 먼지 때문에 그런 현상이 일어날 수 있습니다. 차를 만들 때 찻잎을 세척하지 않고 사용하므로 찻잎에는 먼지가 묻어있을 수 있습니다.

특히 녹차가 생산될 시기는 황사가 발생하는 때이므로 당연히 영향을 받습니다. 이런 먼지가 찻잎을 덖거나 유념할 때 떨어지지 않으면 그럴 수 있습니다.

니라 발효 방법, 즉 보관 방법이 중요하다.

보이차는 보관 방법이 중요한 것이지 발효 정도를 보고 판단하면 위험하다. 모든 보이차가 건창보관이면 발효도는 당연히 중요한 판단기준이 되지만 그렇지 않으면 보이차는 색을 보고 판단하면 안 된다.

② 선명도에 따라

선명도는 색의 맑고 밝은 정도를 나타내는 것으로 반대 의미인 탁도와 비슷한 개념이다. 색이 흐리고 탁한 것이냐 맑고 투명한 것이냐를 따지는 것이다. 선명도는 색도와는 다르다.

색도가 덖음 정도와 발효 정도를 판단하는 기준이라면, 선명도는 녹차의 유념 정도와 발효차의 습도 조절의 정도와 보관 상태를 판단하는 기준이 된다.

선명도는 색도보다 좋은 차를 판단하는 데 더 유용하게 쓰인다. 같은 찻물색일 때 선명한 정도에 따라 보관 상태가 좋은 차를 선택할 수 있기 때문이다. 맛을 보면 쉽게 알지만 색이 선명할수록 좋은 차일 가능성이 높다.

③ 윤색도에 따라

윤색도는 찻물에 도는 기름기 유무를 가리킨다. 우리가 찹쌀을 넣어 밥을 하면 윤기가 자르르 흐른다든지 햅쌀로 밥을 할 때도 그런 경험이 있을 것이다. 이것을 보고 '쌀에 기름기가 흐른다' 혹은 '쌀에 윤기가 난다' 라고 한다. 이런 윤기가 찻물에서 일어나는 것을 윤색도라고 한다.

이처럼 찻잎에 기름기가 있어 찻물의 표면에 선명하고 투명하면서 영롱한 빛깔을 띠는 것처럼 보여진다. 이 찻물을 마시면 감미로우면서 매끄럽다. 입 안의 피부와 마찰력을 느끼지 않고 찻물이 혓바닥에서 구르는 느낌이 나서 수성이 매끄럽다고 말한다.

윤색도는 색을 보고 판단하지만 거의 미각에서 감지되므로 수성으로 판단하는 것이 빠르다. 색도나 선명도에 의한 구별보다 어렵다.

3) 차의 우린 잎 판단

우린 잎 보기는 차를 마신 후에 우린 찻잎을 보고 판단하는 것을 말한다. 차를 마시고 난 후 우린 잎을 보기도 하고 손으로 만지거나 문질러 보기도 한다. 이것은 우린 잎을 보고 차를 판단하기 위해서이다.

우린 잎을 보고 판단할 수 있는 것은,

첫째, 찻잎의 크기가 어느 정도인지를 확인하기 위해서이다. 찻잎의 크기가 몇 등급인지 찻잎의 배합 정도가 어떻게 되는지를 알 수 있다.

둘째, 찻잎의 온전성을 보기 위해서이다. 찻잎이 온전히 살아 있는지

잠깐, 쉬어 갑시다!

차의 찌꺼기가 많으면 선명도가 낮다고 할 수 있는지요?

찌꺼기가 많으면 색이 흐리므로 선명도가 낮을 수 있습니다. 그러나 찌꺼기가 많은 것과 선명도가 낮다는 것은 관련이 있지만 거의 별개의 사항입니다. 찌꺼기(침전물)가 찻물 속에 있어도 선명도는 높을 수 있습니다.

찌꺼기가 많이 생기는 것은 제다 과정에서 부서진 찻잎과 솥의 청결문제 때문에 일어날 수 있습니다. 찻물에 흐린 부유물은 먼지와 습도 문제하고 관련이 많습니다. 이것은 선명도(탁도)의 문제입니다. 보이차 습창의 경우는 찻물에 부유물이 많아 탕색이 흐립니다. 햇빛에 비춰 보면 선명하거나 투명하지 않습니다.

부서져 파쇄되어 있는지를 확인할 수 있다. 또한 기계 채취인지 수공 채취인지도 알 수 있다.

셋째, 찻잎의 발효 정도를 알 수 있다. 찻잎의 색상을 보고 발효도를 알 수 있다. 녹차, 보이차 청병은 발효가 진행될수록 붉은색에 가깝다. 보이차 숙병은 검은색을 띤다. 녹차, 보이차 청병의 검푸른 잎은 발효된 것이 아니고 덖을 때 고온에서 설익은 경우이다.

넷째, 야생형과 재배형의 찻잎을 구별하기 위해서이다. 찻잎이 얼마나 윤색한가의 여부에 따라 판단할 수 있으나 정확하게 알지는 못한다. 또한 농약과 비료의 사용 여부는 거의 알 수 없다.

사람들은 차를 판단하는 기준으로 색과 우린 잎을 보고 판단하지만 이 두 요소는 차를 판단하는 결정적인 기준이 되지 못한다. 색이나 우린 잎의 판단은 맛으로 결정된 평가를 확인하는 것에 불과하다.

5. 수성(水性)

수성이란 차와 물이 어우러진 찻물의 성질을 말한다. 물도 그 자체의 성분에 따른 맛과 성질이 있지만, 차와 물이 만나 우러난 찻물의 성질이 어떠한지를 나타내는 것이다.

수성은 찻물이 입 안이나 목젖의 피부와 접촉하는 면의 마찰 정도를 보고 판단한다. 찻물의 점성(粘性)에 대한 분석으로 찻물과 피부와의 감촉도를 말한다.

이처럼 수성의 분석은 찻물의 흐름 상태, 즉 피부와의 마찰 정도를 나타내므로 맛의 분석과는 다르다. 찻물을 삼키고 나서 나타나는 목젖의 반응을 통해 분석하므로 후운(喉韻)이라고도 한다.

수성은 '차 + 물 = 찻물'에서 분석의 중점을 어디에 두느냐에 따라 두 가지로 나눌 수 있다.

하나는 물을 달리하여 물에 따른 차 맛과 성질의 변화를 읽는 경우이다. 이것은 물의 변화에 초점을 두는 것이다. 차는 물에 따라 맛과 향이 변하는데, 이것은 차 자체의 변화라기보다 물이 달라서 일어나는 변화이다.

다른 하나는 차를 달리하여 차의 종류에 따른 맛과 성질의 변화를 읽는 것이다. 이것은 차의 변화에 초점을 둔 것이다.

차의 맛과 성질을 정확하게 읽기 위해서 물에 따라 차가 변화되지 않아야 한다. 그래서 물을 다르게 해서는 안 된다. 물의 변화를 주지 않음으로써 차 종류에 따른 맛의 성분과 찻물의 성질을 분석할 수 있다.

여기서 수성의 분석은 같은 물에 차를 달리하여 차의 성질을 판단한다. 수성은 물의 성질을 바탕으로 차의 성질이 더해져서 이루어진 것이므로 차의 성질을 분석하기 전에 물 분석이 먼저 다루어져야 한다.

잠깐, 쉬어 갑시다!

보이차의 찻물에 하얀 김이 서리면 좋은 보이차라고 하던데 정말입니까?

예전에 한때 보이차를 우려 하얀 김이 서리면 좋은 보이차라고 중국 상인들이 말한 적이 있습니다. 그것은 보이차가 좋고 나쁨에 상관없이 찻물의 온도와 대기 온도 차이 때문에 일어나는 현상입니다.

물의 기본적인 성질은 목젖에 통증을 유발하는 것, 느끼함과 메스꺼움을 일으키는 것, 부드러움을 느끼는 것으로 나누어 볼 수 있다. 차의 성질을 분석하기 위해서는 물 자체가 입 안이나 목젖에 통증을 유발하지 않고 느끼함이 없는 물을 사용해야 한다. 자연 상태에서 구한 물은 이런 조건을 갖춘 물을 찾기가 어렵다.

이 조건에 적합한 물은 증류수이지만 사람들이 구하기도 쉽지 않고 보관도 어렵다. 차선으로 쉽게 구할 수 있는 물은 수돗물을 정수한 물인데, 물속의 미네랄이 거의 없게 정수된 물이 좋다.

찻물의 분석은 물의 분석도 포함되지만 물 자체가 아니라 물속에 우려진 차의 성질을 총체적으로 분석하는 것이다. 수성의 분석은 통증을 유발하는 것, 느끼함을 일으키는 것, 부드러움을 느끼는 것 등으로 나누어 볼 수 있다.

1) 통증 정도에 따라

목젖의 통증은 입 안과 목젖이 마르는 건조감과 통증으로 나타난다. 목젖의 통증을 유발하는 주된 것은 농약에 대한 반응이지만, 그 외에 차 자체의 성질에 따른 반응이나 차를 덖는 솥의 쇳독에서 오는 찌름 등이 있다. 이처럼 같은 통증처럼 느껴지더라도 통증의 반응형태가 조금 달라서 구별이 가능하다. 또한 물속에 미네랄이 풍부하면 목젖이나 장에서 통증이 일어난다.

- 목젖이 마른다. 목젖이 건조하다.

- 마른 침을 삼킨다.
- 목젖이 거칠거칠하다.
- 목젖이 전체적으로 욱신거리게 아프다.
- 목젖이 따끔거리며 아프다.

2) 느끼한 정도에 따라

느끼한 것은 메스껍거나 구토의 증상을 일으키는 것을 말한다. 화학비료나 조미료, 감미료 등 첨가제에 대한 반응이다. 또한 물속의 미네랄이 풍부하면 목젖이나 장에서 메스껍거나 구토의 증상이 일어난다.

- 목젖이 느끼하다. 역겹다. 메스껍다.
- 트림이 일어난다. 헛구역질이 난다.
- 구토감이 일어난다.

3) 부드러운 정도에 따라

부드러움은 차의 신선도와 발효도에 따라 목젖에서 나타나는 부드러운 정도를 말한다.

① 신선도에 따라

- 역한 맛이 난다.
- 텁텁한 맛이 난다.
- 갓 베어낸 풀내음이 난다. 싱그러운 맛이 난다. 청량감이 있다.

• 향긋한 꽃향이 난다. 농익은 과일향이 난다. 달콤한 꿀향이 난다.

• 시원한 맛이 난다. 깊은 맛이 난다.

② **발효도에 따라**

• 미끈거린다. 끈적거린다.

: 습창 보관한 생차나 숙병은 찻물색이 짙고 흑갈색에 가깝다. 이런 차를 마시면 찻물의 점도가 높아 미끈거리거나 끈적거리는 느낌이 든다.

• 모래 씹히는 듯하다.

: 차가 발효되면 모래 씹히는 듯한 사각거림이 입 안에서 느껴진다. 특히 보관이 잘못된 차와 숙병은 이런 현상이 많이 일어난다.

• 부드럽다. 순하다. 감미롭다.

: 차가 발효되면서 거친 맛이 순화되어 입 안에 촉촉하게 스며들어 부드럽게 느껴진다. 맛이 순해지는 것이다. 부드러우면서 뒷맛에 단맛이 도는 것을 감미롭다고 한다.

• 매끄럽다. 기름지다. 감윤하다.

: 매끄럽다는 것은 입 안이나 목젖에 마찰을 거의 느끼지 않고 무게감을 느낄 수 없는 느낌을 말한다. 기름지다는 것은 찻물에 기름기가 있어 피부와 접촉하는 면이 매끄럽게 느껴지는 것을 이른다. 매끄러우면서 전

체적으로 여린 단맛이 도는 경우를 '감윤하다' 고 한다.

• 화하다.

: 차를 마시면 입 안이 화해지는 느낌이 난다. 화하게 퍼지는 맛 뒤에 단맛이 어우러져 있다. 꽃향, 과일향 등이 단맛과 어우러질 때 입 안에서 퍼지는 느낌이 일어난다.

• 수성이 두텁다. 맛이 조밀하다. 맛이 진하다.

: 차를 연하게 우리더라도 차 자체의 성분에 따른 맛의 농도가 진한 경우이다. 차 자체의 맛이 진하다는 것으로 '수성이 두텁다' 라는 의미이다. 설렁탕을 오래 끓이면 국물 맛이 진하게 우러나오고, 끓이는 시간이 짧으면 국물 맛이 싱겁고 밍밍하다. 국물 맛이 진하게 우러나오는 것이 수

잠깐, 쉬어 갑시다!

차의 기에 대한 이야기는 어떻게 생각합니까?

차를 마시는 사람들은 차의 기운에 대해 많은 이야기를 합니다. 이 문제로 차를 마시는 자리에서 논쟁이 일어납니다. 차의 기운에 대한 이야기를 하면 조금은 별나고 이상한 사람으로 취급당하기 일쑤입니다.

어떤 사람은 황당무계하다고 하고 어떤 사람은 기운을 느낀다고 합니다. 기운을 느낀다는 사람도 반응이 달라 말 자체가 신빙성이 없는 것처럼 보입니다. 또한 기를 느낀다는 사람 중에 지식으로만 알고 있는 경우도 있습니다.

그래서 차 기운의 실체가 없는 것처럼 들리지만 차 기운은 차가 가진 (생명)에너지로 존재하고 있습니다. 차 기운의 실체가 있다면 어떤 모습을 하고 있을까요?

몸 반응과 기 반응에 대해서는 앞에서 다루었으므로 참고하면 될 것입니다. 다만 중요한 것은 기 현상에 대한 설명은 지식적인 공부가 아니고 몸으로 체득해야 알 수 있다는 것입니다.

성이 두터운 것이라 표현해도 되지 않을까 싶다.

수성의 두터움 정도는 맛의 밀도에 대한 것으로 맛의 조밀하고 견고함을 말한다. 맛의 결합이 느슨한가 빽빽한가를 나타낸다. 수성이 두텁다는 것은 찻물의 밀도가 빽빽하여 두껍게 느낀다는 말이다. 이것은 차 맛이 꽉 찬 상태에서 찻물의 흐름이 매끄럽고 기름지게 느껴지는 정도를 말한다.

• 수성이 엷다. 맛이 연약하다. 맛이 싱겁다. 맛이 밍밍하다.

: 차 자체의 성분이 적어 맛의 농도가 엷게 느껴지는 것을 말한다. 차를 진하게 우리더라도 맛 자체가 연하고 싱겁게 우러나는 것이다. 수성이 두터운 것은 맛과 향이 풍부한 것이라면, 수성이 엷은 것은 맛과 향이 연약하여 싱겁고 밋밋한 느낌을 준다.

제2절 몸으로 읽는 품평(品評)

지금 시중에서 행하는 차 품평 방법은 원료의 이상 유무를 고려하지 않는 품평을 하고 있으나, 몸 반응이 일어나면 품평의 가장 중요한 요소는 맛의 품평보다 원료의 이상 유무를 따지는 것이 최선이다. 몸 반응이 일어나는 사람은 원료에 이상 있으면 아무리 잘 만든 차일지라도 마시지 못하는 차에 해당되기 때문이다.

차 품평 방법은 세 가지가 있다.

첫째는 덖음의 정도에 따라 평가한다. 둘째는 맛의 경중에 따라 평가한다. 셋째는 전체적인 포의 횟수에 따라 평가를 한다. 그러나 엄밀하게 말하면 차를 품평할 때는 세 가지 방법을 종합하여 사용한다.

Ⅰ. 품평의 방법

여기서 품평하는 방법은 차 품평대회처럼 여러 가지 차를 동시에 하는 것이 아니고, 일반적으로 찻자리에서 하나씩 차를 마시면서 평하는 방법이다. 한 종류의 차를 차호에 넣어서 평을 하고 다음 차를 평하는 절대평가 방식이다.

1. 덖음의 정도에 따라

덖음의 정도에 따라 판단하는 것은 불의 세기를 기준으로 삼는다. 녹차, 보이차의 청병처럼 불의 세기를 직접적으로 읽을 수 있는 차는 이 방법으로 한다. 덖음의 정도에 따른 평가는 녹차를 중심으로 알아본다.

(표 6) 불의 세기에 따른 맛의 구별

← 점점 과다				적당	점점 부족 →	
탄 맛	화근내 맛	고소한 맛	구수한 맛	불댄 맛 (불 맛, 불김)	생비린맛	풋내 맛

2. 맛의 경중에 따라

맛의 경중이란 맑고 가벼운 맛인가 아니면 탁하고 무거운 맛인가를 판단하여 평가를 한다. 이 방법은 발효차나 후발효차를 평가하는 데 유용하다.

3. 전체적인 포(泡)의 횟수에 따라

포다 방법의 기준에 맞춰 차를 우릴 때 맛이 뚝 떨어지는 시점에 따라 판단하는 것이다. 맛이 뚝 떨어지는 시점은 차 맛과 맹물맛이 분리되는 때이다. 차의 겉맛뿐 아니라 속맛도 빠져 맛이 흩어지는 것을 말한다. 포의 횟수에 따라 오룡차나 철관음 맛의 판단, 녹차의 유념 횟수 등을 알 수 있다.

Ⅱ. 품평의 등급 결정

차를 평가한 후에 등급을 정하는 것이다. 품질이 좋고 나쁨을 가려 평가하고 등급을 매김으로써 품평은 끝난다. 품평의 등급은 9등급으로 나눈다.

1. 상품(上品 : A) : 80~100점

맑고 가벼운 맛과 향이 들어온다. 맑고 가벼운 맛은 불 맛(불댄 맛, 불김)과 어우러져 있다. 첫 포에 불 맛과 매운맛, 여린 단맛(감칠맛)이 나는 차이다. 녹차의 경우 불 맛과 싱그러운 청향, 향긋한 꽃향, 농익은 과일향, 달콤한 꿀향 등이 난다. 오룡차나 철관음의 경우 9번 정도 우려도 맛이 흩어지지 않으면 상품에 속한다. 여기서 상, 중, 하로 나눈다.

잠깐, 쉬어 갑시다!

녹차를 마시면 속이 아프다는 사람을 위해 많이 덖은 녹차가 나옵니다. 이 차를 마시면 속이 편하다고 하는데 정말입니까?

차를 마시면 속이 편안해야 하는데 아프거나 불편하다면 마실 이유가 없습니다. 이렇듯 불편하거나 아프게 하는 원인은 차를 만드는 과정에서 생기는 경우는 거의 없습니다. 그것은 차에 친 농약이나 비료 때문에 일어나는 증상인데 사람들은 차의 성질에서 오는 증상으로 오해합니다. 그래서 속을 아리게 하는 차 성질을 없애기 위해 많이 덖는 차가 유행합니다.

차를 많이 덖으면 사람들이 느끼기에는 속에 부담이 없는 듯하지만, 많이 덖는다고 농약과 비료가 없어지는 것은 아니므로 속은 여전히 불편한 증상이 일어납니다. 이런 차는 맛은 하나도 찾아 볼 수 없고 굉장히 구수한 맛만 나거나 화근내가 납니다. 따라서 이런 맛과 향을 보고 좋은 차로 여겨 마시게 되는데 아마도 주객이 전도된 것 같습니다.

1) 상상품(上品上, A+)

난향, 연향, 청향이 나는 차가 9번 정도 우려도 맛이 흩어지지 않으면 상품 중에 상(上)에 속한다.

2) 상중품(上品中, A0)

난향, 연향, 청향이 나는 차가 6~7번 정도 우려 맛이 흩어지면 상품 중에 중(中)에 속한다.

3) 상하품(上品下, A-)

여린 생비린내(감칠맛 나는 생비린내), 난향, 연향, 청향이 나는 차가 3~4정도 우려 맛이 흩어지면 상품 중에 하(下)에 속한다.

2. 중품(中品 : B) : 50~80점 미만

진하고 강한 맛과 향이 올라온다. 진하고 강한 맛은 불에서 오는 구수한 맛과 어울린다. 첫 포에 구수한 맛 뒤에 짠맛이 올라온다. 구수한 맛이 나고 짠맛이 주된 맛이면 중품이다. 녹차의 경우 구수한 맛 뒤에 쑥향이 올라온다. 쑥향은 맑고 가벼운 향이 아니라 진하고 강한 향이다. 오룡차나 철관음의 경우 6~7번 정도 우려 맛이 흩어지면 중품에 속한다.

1) 중상품(中品上, B+)

녹차는 구수한 맛이 적은 경우이다. 포(泡)를 하면 3번 정도까지 구수한 맛이 나는 경우이다.

2) 중중품(中品中, B0)

녹차는 구수한 맛이 중간 정도인 경우이다. 포를 하면 5번을 우려 구수한 맛이 날 때이다. 또 비릿한 생비린내가 나는 경우이다.

3) 중하품(中品下, B-)

구수한 맛이 많은 경우이다. 보통 화근내로 여기는 경우이다. 포를 하면 7번 이상 우려도 구수한 맛이 나온다. 구수한 맛이 정도가 심하면 하품이다.

3. 하품(下品 : C) : ~50점 미만

탁하고 무거운 향과 맛이 들어온다. 불의 세기가 너무 강하거나 약해 고소한 맛과 화근내 맛, 풋내가 나는 경우이다. 첫 포에 풋내가 나고 뒤에 쓰고 떫은맛이 들어온다. 오룡차나 철관음의 경우 3~4번 정도 우려 맛이 흩어지면 하품에 속한다.

1) 하상품(下品上, C+) : 풋내가 나는 경우이다.

2) 하중품(下品中, C0) : 고신내가 엷게 들어오는 경우이다.

3) 하하품(下品下, C-) : 고신내나 화근내가 진하게 나는 경우이다.

녹차 품평표 I

(원료를 고려하지 않을 때)　　　　　　　　　　　　　　품평자 :

제품명		품평일	20　년　월　일			
구분	항 목 (해당 항목에 시음 횟수와 점수로 표기하여 판정)	배점	시음 횟수별 점수 1회	2회	3회	품평점수 평 균
외형	차의 빛깔, 유념 상태 등 - 상(10점), 중(7점), 하(5점)	10				
색	① 선명도 (10점) - 상(10점), 중(7점), 하(5점) ② 색도 (10점) - 상(10점), 중(7점), 하(5점)	20				
향	① 맑고 가벼운 정도(20점) - 불댄 향, 여린 생비린내(향) ② 진하고 강한 정도(15점) - 구수한 향 ③ 탁하고 무거운 정도(10점) - 고소한 향, 화근내(향), 풋내(향)	20				
맛	① 맑고 가벼운 정도(30~40점) - 불댄맛, 여린 생비린맛 (매운맛, 감칠맛) - 높다(40점), 보통(35점), 낮다(30점) ② 진하고 강한 정도(15~25점) - 구수한 맛(짠맛, 신맛) - 낮다(25점), 보통(20점), 높다(15점) ③ 탁하고 무거운 정도(10~20점) - 고소한맛, 화근내 맛, 풋내 맛(쓴맛, 떫은맛) - 낮다(20점), 보통(15점), 높다(10점)	40				
우린 잎 상태	발효 상태, 잎의 원형 보존 상태 등 - 상(10점), 중(7점), 하(5점)	10				
품평등급	① 상품 : 80점 이상 - 상(1등급, A+, 95점 이상) - 중(2등급, Ao, 90점 이상) - 하(3등급, A-, 80점 이상)					
	② 중품 : 50점 이상~80점 이하 - 상(4등급, B+,70점 이상) - 중(5등급, Bo, 60점 이상) - 하(6등급, B-, 50점 이상)					
	③ 하품 : 50점 이하 - 상(7등급, C+,40점 이상) - 중(8등급, Co, 30점 이상) - 하(9등급, C-, 30점 이하)					

품평시 주의사항

1. 외형 : 차의 빛깔 - 상(푸른색), 중(붉은색), 하(검은색) 등으로 판정한다.
   유념 상태 - 찻잎이 잘 말려진 상태를 상, 중, 하로 판정한다.
2. 찻물 : 선명도 - 찻물의 투명성 정도에 따라 상, 중, 하로 판정한다.
   색도 - 찻물의 빛깔 정도에 따라 상(무색 / 비취색), 중(푸른색), 하(노란색)으로 판정한다.
3. 맛 : 맛의 경중, 불맛, 기본맛 등으로 구분하여 판정한다.
4. 우린 잎 : 차잎의 발효 정도, 원형 보존상태 등을 고려하여 판정한다.

녹차 품평표 Ⅱ

(원료를 고려할 때) 품평자 :

제품명		품평일	20 년 월 일			
구분	항 목 (해당 항목에 시음 횟수와 점수로 표기하여 판정)	배점	시음 횟수별 점수 1회	2회	3회	품평점수 평 균
외형	차의 빛깔, 유념 상태 등	5				
색	① 선명도 (5점) ② 색도 (5점)	10				
향	① 맑고 가벼운 정도(20점) - 불댄 향, 여린 생비린내(향) ② 진하고 강한 정도(15점) - 구수한 향 ③ 탁하고 무거운 정도(10점) - 고소한 향, 화근내(향), 풋내(향)	20				
맛	① 맑고 가벼운 정도(30~40점) - 불댄 맛, 여린 생비린맛 (매운맛, 감칠맛) - 높다(40점), 보통(35점), 낮다(30점) ② 진하고 강한 정도(15~25점) - 구수한 맛(짠맛, 신맛) - 낮다(25점), 보통(20점), 높다(15점) ③ 탁하고 무거운 정도(10~20점) - 고소한 맛, 화근내 맛, 풋내 맛(쓴맛, 떫은맛) - 낮다(20점), 보통(15점), 높다(10점)	40				
우린 잎	발효 상태, 잎의 원형 보존 상태 등	5				
몸반응	① 입 ㉠ 느끼하거나 따끔거리는 정도(-5~0점) ㉡ 텁텁한 정도(2점) ㉢ 개운한 정도(3~5점)	5				
	② 목젖 ㉠ 느끼하거나 따끔거리는 정도(-5~0점) ㉡ 거친 정도(2점) ㉢ 부드러운 정도(3~5점)	5				
	③ 장(腸) ㉠ 메스껍거나 아픈 정도(-10~0점) ㉡ 아리거나 더부룩한 정도(2점) ㉢ 편안한 정도(3~10점) - 상(10점), 중(7점), 하(3점)	10				
품평등급	① 상품 : 80점 이상 - 상(1등급, A+, 95점 이상) - 중(2등급, Ao, 90점 이상) - 하(3등급, A-, 80점 이상) ② 중품 : 50점~80점 - 상(4등급, B+,70점 이상) - 중(5등급, Bo, 60점 이상) - 하(6등급, B-, 50점 이상) ③ 하품 : 50점 이하 - 상(7등급, C+,40점 이상) - 중(8등급, Co, 30점 이상) - 하(9등급, C-, 30점 이하)					

(표 7) 간편한 평가방법(색) Ⅰ

불의 세기	맛(향)	색	등 급
△	탄 맛(탄내)		
△	화근내 맛(화근내)		하 품
△	고소한 맛(고신내)	짙은 노란색	하 품
과 다	구수한 맛(구신내)	노란색	중 품
적 당	불댄 맛(불내)	무색 / 비취색	상 품
부 족	여린 생비릿 맛(여린 생비릿내)	엷은 푸른색	상 품
▽	생비린 맛(생비린내)	푸른색	중 품
▽	풋내 맛(풋내)		하 품

(표 8) 간편한 평가방법(맛) Ⅱ

불의 세기	맛(향)	맛의 정도		
		적 음	보 통	많음
△	탄 맛(탄내)			
△	화근내 맛(화근내)			
△	고소한 맛(고신내)	하품		
과 다	구수한 맛(구신내)	중품	중중품	중하품 / 하품
적 당	불댄 맛(불내)	상품	상품	상품
부 족	생비린 맛(생비린내)	상품	중품	중하품
▽	풋내 맛(풋내)	하품		

제3절 차 맛과 향에 대한 표현

차 맛과 향을 표현하는 언어는 마시는 사람들의 집단이나 부류에 따라 제각기 다르고 다양하다. 여기서 통하는 맛과 향에 대한 언어가 다른 장소에서 소통되지 않는 때가 있고, 같은 용어일지라도 의미가 다르게 쓰일 때도 있다.

또한 공통적으로 쓰는 표현이라도 자의적이거나 추상적이라서 표현의 의미를 상대방에게 정확하게 전달하기가 쉽지 않다. 같은 차인도 알아들을 수 없는 경우가 많은데 초보자나 일반인들은 말할 필요도 없다. 이러한 현상은 차 맛에 대해 공통적으로 통용되는 말과 표현이 정리된 것이 없기 때문에 일어나는 것이다.

맛에 대한 표현들이 다양하고 풍부할수록 표현하는 언어는 아름답고 예술적일지는 모르지만, 공통된 표현을 구사할 수 없어 맛의 의미를 소통하는 데 어려움이 있다.

맛을 말과 글로 표현한다는 것 자체가 어려운 일이나, 여기서는 될 수 있는 한 추상적인 표현을 삼가고 구체적인 표현을 써서, 일반적으로 통용되고 있는 표현을 내용으로 삼았다.

1. 차 고유의 맛에 대한 표현

차가 가진 공통적인 맛과 향을 나타내는 것으로 기본적인 맛에 대한 표현이다.

*** 매운 맛이 난다. 매운 향이 올라온다.**

매운 맛과 향에 대한 표현이다. 매운 맛이 들어온다, 매운 향이 난다, 매운 향이 올라온다, 매운 향이 피어오른다 등으로 표현하기도 한다.

*** 여린 단맛이 난다. 감칠맛이 난다. 젖내가 난다.**

여린 단맛은 여린 잎에서 나오는 여리면서 매끄러운 수성을 지닌 단맛을 말한다. 보통 감칠맛이라고 하는 이 맛은 여린 찻잎뿐 아니라 기름기 있는 찻잎에도 느낄 수 있다.

수성이 매끄러우면 감칠맛이 들어오고 뒤에 젖내가 난다. 이는 '윤색하다, 감윤하다' 라고 한다. 고려시대 시인 이규보는 다시에서 젖내를 '유다향(乳茶香)' 이라 표현하기도 했다.

*** 짠맛이 난다. 짠내가 난다.**

차의 짠맛에서 나오는 맛과 향이다. 진한 맛의 대부분이 짠맛이다. 진한 국간장 맛이나 담배 맛, 즉 연미향이라 한다. 특히 연미향은 차를 많이 덖으면 구수한 맛이 짠맛과 결합되어 역겹게 올라온다. 차에 담배 맛이 난다고 할 때는 짠맛 때문이다.

*** 신맛이 난다. 신내가 난다. 신향이 올라온다.**

신맛에서 나는 맛과 향의 표현이다. 신맛이 나면 입 안에 침이 고인다. 신맛은 일정기간 동안 발효되면 시원한 맛으로 변한다.

*** 쓴맛이 난다. 쓴내가 난다. 쓴향이 올라온다.**

쓴맛에서 나는 맛과 향이다. 쓴맛은 커피의 쓴맛과 비슷하다. 쓴맛이 발효가 되면 씁쓰레한 맛이 난다.

*** 떫은맛이 난다. 떫은 향이 난다.**

떫은맛과 향을 표현한 말이다. 떫은맛은 생감을 먹으면 나는 맛으로 입 안을 텁텁하게 하거나 쩍 달라붙게 한다. 보통 떫은맛 뒤에 단맛이 붙어 있다.

*** 단맛이 난다. 단내가 올라온다.**

우리가 보통 느끼는 단맛을 말한다. 맛의 스펙트럼 상 가장 뒤에 붙어 있으며 들어오는 맛 중에 맨 나중에 느껴지지만, 일단 감지되면 미각 전체에서 느낀다.

2. 덖음의 정도에 따른 표현

덖음의 정도는 차를 덖을 때 불의 세기에 따른 표현이다. 불의 세기에 따라 맛의 싱그러움이 달라지므로 신선도에 대한 표현이기도 하다.

*** 탄 맛이 난다. 탄내가 난다.**

탄 맛은 차를 덖을 때 태운 경우에 나는 맛이다. 엄밀하게 말하면 화근내 이상 태운 것을 의미한다. 그러나 탄 맛이 나는 차는 거의 없고, 보통은 화근내 맛을 탄 맛이라고 한다.

*** 화근 맛이 난다. 화근 내가 난다.**

차를 센 불에 덖거나 덖는 시간을 너무 오래할 때 나는 맛과 향이 화근내 맛이다. 화근내 맛이 나면 차 맛과 향은 거의 올라오지 않는다.

*** 고소한 맛이 난다. 고신 내가 난다.**

차에서 참기름과 같은 고소한 맛과 향이 난다. 불의 세기가 강하거나 약한 불에 오래 덖으면 이런 맛이 난다.

*** 구수한 맛이 난다. 구신 내가 난다.**

누룽지의 구수한 맛처럼 차 맛이 구수한 때를 가리킨다. 우리나라 사람들이 좋아하는 맛이나, 사실 구수한 맛과 향은 제다를 못해서 나는 맛으로 차의 신선미가 떨어진 경우이다. 녹차는 싱그러운 맛과 향을 지녀야 신선미가 살아 있다. 구수한 향과 맛이 나면 전체적인 차향은 연미향과 쑥향이 올라온다. 이때 맛은 짠맛이 주된 맛이다.

*** 불 맛이 난다. 불댄 맛이 난다.**

불의 세기가 가장 적당하여 불을 댄 맛과 향만이 올라오는 경우이다.

동다송에서 '불김' 이라고 표현한 부분이다. 이것은 녹차의 맛과 향이 살아있는 것으로 녹차에 불 맛이 나면 뒤에 청향, 연향, 난향이 올라온다.

청향은 갓 베어낸 풀내음 같이 싱그럽고 상큼한 향을 말한다. 연향과 난향은 불에 고루 익은 맛이 나온다. 연향은 연꽃에서 나는 농익은 향이고 난향은 난의 향기처럼 끝 맛에 맑고 은은한 향이 올라온다.

이처럼 잘 만든 녹차는 싱그러운 풀내음과 향긋한 꽃향이나 농익은 과일향이 올라온다. 이 꽃향과 과일향에는 달콤한 꿀향도 있다. 그래서 차향은 풀, 꽃, 과일 등 자연의 향기를 품고 있다.

*** 생비린맛이 난다. 생비린내가 난다.**

불의 세기가 약간 약하면 비릿한 생비린내가 난다. 생비린내도 여린 생비린내와 비린 생비린내가 있다. 여린 생비린내는 여리면서 감칠맛이 나는 생비린내이고, 비린 생비린내는 텁텁하고 비릿한 맛이 나는 생비린내를 말한다.

*** 풋내가 난다.**

풋내는 불의 온도가 너무 낮아 찻잎이 제대로 덖이지 않은 경우에 나는 덜 익은 맛과 향이다. 풋풋한 풀내가 나고 너무 쓰고 떫어 마시기 어렵다.

*** 순수한 맛이 난다. 순향이 난다.**

차가 가지고 있는 본래의 맛과 향, 즉 차 자체의 본연의 맛과 향을 순수한 맛, 순향이라 한다. 이처럼 순수한 맛은 차의 종류에 따라 다르지만 차 그 자체의 맛을 이른다.

3. 발효 정도에 따른 표현

차는 발효 정도에 따라 여러 가지의 맛과 향을 가진다. 발효도에 따른 표현은 비발효차인 녹차의 신선미, 발효차의 발효향미, 후발효차의 발효향미 등에 대한 표현이다.

*** 생비린 맛이 난다. 생비린내가 난다.**

보이차 청병이 건창 보관되면 반드시 생비린내가 올라온다. 찻물색이 노란색일 때 첫 포와 둘째 포에 발효 맛과 함께 나타난다. 그만큼 보관이 잘된 차라는 표시이다.

*** 맛이 싱그럽다. 맛이 신선하다. 맛이 산뜻하다**

싱그럽다는 것은 갓 베어낸 풀에서 나는 싱싱한 맑은 맛과 향을 말한다. 이처럼 신선미가 유지된 산뜻하고 싱그러운 맑은 맛과 향을 청향이라 한다. 차의 향기는 풀, 꽃, 과일, 꿀 등 다양한 자연의 향기를 품고 있다.

*** 맛이 상큼하다. 맛이 상쾌하다**

상큼한 맛은 찻잎 속에 있는 산(酸)의 영향으로 쏘는 듯하면서 시원한 맛이 난다. 이것은 싱그러운 맛 속에 있는 신맛 때문에 나는 맛이다. 또한 상큼한 맛에는 시원한 맛이 있어 상쾌한 느낌을 준다.

*** 맛이 시원하다. 깊은 맛이 난다.**

신맛이 주는 상큼하면서 시원한 맛을 이른다. 청량감이 있어 상쾌한 느낌을 준다. 시원한 맛은 발효되면 깊은 맛을 내며, 목젖을 씻어 갈증을 해소하고 장을 편안하게 한다. 야생차나 건창 보관된 차에서 많이 나타난다.

*** 향긋한 꽃향이 난다. 농익은 과일향이 난다. 달콤한 꿀향이 난다.**

잘 만든 차는 차 종류에 상관없이 항상 꽃향이나 과일향이 난다. 향긋한 꽃향이나 농익은 과일향 속에 달콤한 꿀향이 있다.

*** 젖내가 난다**

여린 잎으로 만든 차에서는 여린 단맛, 즉 감칠맛이 나고 뒤에 젖내가 들어온다. 고려시대 시인 이규보가 읊은 다시에는 '유다' 라고 표현했다.

*** 맛이 화하다.**

박하향이 입 안에 퍼지듯이 화하게 퍼지는 느낌이 난다. 화하게 퍼지면

잠깐, 쉬어 갑시다!

녹차를 마시면 몇 번을 덖은 지 알 수 있나요?

대략적으로 몇 번을 덖은 것인지 알 수 있습니다. 덖음과 유념을 같이 하면 포의 횟수에 따라 맛과 향이 뚝 떨어지는 시점, 즉 흩어지는 시점까지 보면 됩니다. 덖음과 유념의 횟수가 다르면 맛은 유념 횟수만큼 우러나옵니다.

녹차를 만들 때 덖음과 유념을 다르게 제다하는 경우가 있습니다. 맛은 유념과 관련이 많으므로 덖는 횟수만 많이 한다고 맛이 향상되지 않습니다. 잘못하면 화근내만 납니다.

서 뒤에 단맛이 난다. 특히 보이차의 장향은 나무 목심에서 나는 화한 맛, 박하향처럼 톡 쏘면서 싸하게 퍼지는 시원한 맛, 화한 맛 뒤에 올라오는 달콤한 꿀향이다.

*** 맛과 향이 살아 있다.**

갓 베어낸 풀내음이 주는 싱그러움 속에 살아 있는 듯한 맛과 향을 가리킨다. 싱그러운 청향이 나면 뒤에 차의 기본적인 맛과 향이 올라오는 것을 '맛과 향이 살아 있다'라고 한다. 마치 살아 움직이는 듯한 느낌이 든다. 신선한 맛이 주는 생동감의 표현이다.

*** 순수한 맛과 향이 난다. 순향이 난다.**

잡내나 묵은 맛과 향이 나지 않는 순수한 차 자체의 맛을 말한다. 맑고 깔끔하며 잡스런 맛이 들어오지 않을 때를 나타낸다.

*** 묵은 맛과 향이 난다. 발효된 맛이 들어온다.**

묵은 향은 시래기 말린 향이나 마른 풀에서 나는 향과 비슷하다. 녹차나 청차 등 유통기한이 짧은 차는 한 해를 묵히면 발효된 향이 올라오곤 한다. 특히 상온에 보관하여 발효되면 이런 맛이 들어온다.

*** 잡내가 난다.**

제다나 보관이 잘못된 경우에 다른 향이나 냄새가 배어 나는 것을 말한다. 잡내는 근처에 있는 향과 냄새의 종류에 따라 달라진다. 차를 마실 때 피우는 향도 세심하게 주의를 해야 한다.

*** 뜬내가 난다.**

찻잎을 땄을 때 쌓여진 차의 자체 수분 때문에 찻잎이 떠서 변질된 경우와 제다할 때 잘 털어 널지 못해 뭉쳐진 밑에서 뜬 경우에 나는 맛과 향을 말한다.

*** 상큼한 발효향이 난다.**

찻잎이 자연 발효되어 약간 붉은 색상일 때 나는 발효 맛과 향을 말한다. 대만에서 생산되는 동방미인 차의 붉은색 찻잎에서 나는 맛과 향이 비슷하다.

*** 쇠 맛이 난다.**

차를 덖을 때 새 솥을 사용하는 경우에는 쇠 맛이 난다. 그래서 새 솥을 사용하기 전에 반드시 쇠의 독을 빼야한다. 쇠 맛은 목젖을 찌르거나 장을 찌르기도 한다. 오랫동안 사용한 솥도 쇠의 독이 올라오는 경우가 있다. 또한 보이차의 경우 발효되면서 긴압된 내부가 붉은색을 띠면 녹슨 쇠 맛이 올라오기도 한다.

*** 시큼한 맛과 향이 난다. 씁쓰레한 맛과 향이 난다.**

발효되면 신맛이 변해 식초처럼 약간 시큼한 맛이 들어온다. 봉지를 뜯은 녹차를 상온에 보관하면 이가 시릴 정도로 시큼한 맛이 난다. 보이차도 일정한 보관 연(年) 수가 되면 신맛이 발효되어 시린 맛이 들어온다. 또 쓴맛이 발효되면 씁쓰레한 맛과 향이 난다.

*** 모래 씹히는 듯하다.**

차가 발효되면 모래 씹히는 듯한 사각거림이 약간 일어난다. 특히 보이차의 경우 숙병이나 보관이 잘못된 청병은 많이 일어나며, 청병건창에서는 적게 일어난다.

*** 찐쌀 향이 난다.**

보이차가 발효되어 찻물색이 노란색일 때 나는 발효향으로 찐쌀 맛이 난다. 찐쌀 맛은 구수하게 익은 맛인데, 버터향이나 바나나향이라 하기도 한다.

*** 축축한 흙냄새가 난다. 생 흙내가 난다.**

보이차가 발효되어 붉은색일 때 나는 발효향으로 물기가 촉촉한 생흙에서 나는 냄새이다. 니기향으로 표현한다. 차에 따라 칡향이나 홍배에서 오는 솔향이 나기도 한다. 와인의 경우 레드와인에서 가끔 발견된다.

*** 텁텁한 먼지 냄새가 난다.**

부주의로 차의 보관을 잘못하여 자연적인 습기를 먹은 경우에 주로 난다. 한여름 소나기가 올 때 땅에서 일어나는 텁텁한 먼지 냄새를 가리킨다. 우리나라 발효차도 습도 조절을 잘못하여 습기를 많이 가질 때 이런 맛과 향이 난다. 습기와 관련된 맛과 향이다.

*** 습내가 난다. 역한 냄새가 난다.**

습창 보관된 차에서 나는 변질된 역한 발효향을 말한다. 보관 중인 차에 습기를 가해 급격하게 발효가 일어나 변질된 맛과 향이다. 제대로 된 발효향과 비슷하기에 대다수 사람들은 습내를 건창 보관된 발효향인 줄 잘못 알고 있는 경우가 많다.

*** 열내가 난다.**

열내는 차가 열에 의해 급격하게 발효된 경우에 나는 맛과 향이다. 열창 보관된 차에서 나는 변질된 맛과 향으로, 밀폐된 공간에 보관된 차가 열을 받으면 일어난다. 습내는 겉표면을 보거나 향을 맡아 약간의 낌새라도 알아차릴 수 있지만, 열내는 겉표면도 깨끗하고 향을 맡아도 단내가 나므로 판단하기 어렵다.

*** 쉰내가 난다.**

보이차가 보관 중에 자연적인 습기를 많이 머금어 변질된 경우에 난다. 자연적인 습기를 먹은 경우에 텁텁한 먼지 냄새와 함께 쉰내가 난다.

4. 맛의 경중에 따른 표현

맛의 경중이란 무게를 나타내는 표현으로 맛의 성분 자체의 무게와 전체적인 맛의 무게를 나타내는 경우가 있다. 전체적인 맛의 무게는 수성과 관련된 찻물의 성질을 표현하기도 한다. 맑고 가벼운 것은 위로 떠오르고 탁하고 무거운 것은 아래로 가라앉는 느낌을 준다.

*** 맛이 맑고 가볍다. 향이 맑고 높다. 색이 맑고 선명하다. 색이 선명하고 투명하다.**

이 표현들은 맑고 가벼운 무게를 나타낸다. 맑고 가벼운 것은 탁하고 무거운 것에 비해 좋다. 발효차의 평가나 보관을 판단할 때 맑고 가벼운지 탁하고 무거운지를 먼저 판단해야 한다.

*** 맛이 탁하고 무겁다. 향이 탁하고 역하다. 향이 탁하고 텁텁하다. 색이 흐리고 탁하다.**

이 표현들은 탁하고 무거운 무게를 나타낸다. 차 자체의 맛을 보면 가벼운 맛은 매운맛과 감칠맛이 있고, 무거운 맛은 쓴맛과 떫은맛이 있다.

차의 전체적인 무게감으로 보면 탁하고 무거운 맛과 향은 대부분 습도와 관련이 많다. 청병에 비해 숙병, 건창에 비해 습창, 녹차에 비해 발효차가 무겁게 느껴진다. 이처럼 제다 과정에서 습도의 조절을 한 발효차나 보관 과정에 습기를 먹은 보이차는 대개 무겁다.

일부 사람들은 차가 무거워야 좋다고 생각하는데 몸 반응과 맛으로 읽어보면 좋은 차는 맑고 가볍다.

*** 맛이 맑고 깔끔하다. 깔끔하고 산뜻한 맛이 난다. 맛이 순수하다.**

깔끔하다는 의미는 잡스런 맛이 나지 않고 담백한 맛이 날 때를 말한다. 순수한 맛은 맛에서 다른 불순물의 맛이 느껴지지 않아 그 자체의 맛을 가리킨다.

*** 느끼하다. 텁텁하다. 느끼하고 텁텁한 맛이 난다.**

느끼하다는 것은 차의 변질 또는 비료, 조미료에 의해 느껴지는 수성의 맛이다. 느끼할 때는 수성이 미끈거린다든지 끈적거리는 현상이 나타난다.

텁텁하다는 것은 떫은맛이 많아 혓바닥이나 입천장 주위에 앙금이 끼인 듯한 상태를 말한다. 텁텁할 때는 입 안이 쩍 달라붙는 느낌이 든다. 매끄럽다와 반대의 의미를 가진다.

느끼하고 텁텁한 맛은 보관 중에 자연습기를 먹었거나 습창인 경우 들어오는 먼지 맛이다. 이처럼 맛이 순수하지 않고 잡스런 맛이 나면 맛의 무게가 무겁게 느껴진다.

5. 맛의 농도에 따른 표현

맛의 농도란 밀도와 관련이 있고 맛의 결합이 느슨한가 빽빽한가를 나타낸다. 차 구성 성분에 따른 맛의 농도와 차를 우리는 농도에 따른 표현을 함께 쓴다.

*** 맛이 진하다, 짜다.**

맛이 진하다는 것은 두 가지의 의미로 쓰인다. 하나는 농도가 진하게 우려지는 경우이고, 또 하나는 차 자체 성분의 농도가 진한 경우이다. 우리는 농도가 진한 경우는 진한 맛을 내는 짠맛이 대부분을 차지하므로 '짜다' 라고 한다. 이때 '진하다' 와 '짜다' 는 같은 의미로 쓰이기도 한다.

연하게 우리더라도 차 자체의 성분이 많이 용출되어 진한 경우는 수성이 두텁다고 한다. 재배차와 야생차를 마셔 보면 두터움과 엷음의 차이를 알 수 있다.

*** 맛이 연하다. 맛이 연약하다. 싱겁다.**

맛이 연하다는 것도 두 가지의 의미를 가지고 있다. 하나는 우리는 농도가 연하게 우려지는 것을 말하고, 또 하나는 차 자체 성분의 용출이 적어 싱겁고 밍밍하게 느껴지는 경우이다.

차를 연하게 우리면 진한 맛이 적어 '싱겁다' 라고 한다. 이때는 '연하다' 와 '싱겁다' 가 같은 뜻으로 쓰인다.

차를 진하게 우리더라도 맛 자체가 싱겁거나 연한 맛이 날 때는 '수성이 엷다' 라고 하며 '맛이 연약하다' 라고도 한다.

*** 맛에 물맛이 들어온다, 뒷맛에 물맛이 들어온다. 맛과 향이 흔들린다.**

차를 마시면 끝맛에 맹물맛이 들어오는 경우를 말한다. 차에 맹물맛이 들어오는 경우는 여러 가지 이유가 있다.

첫째는 차의 양이 적거나 너무 빨리 우려진 경우이고,

둘째는 포의 횟수가 많으면 맛이 빠져나간 뒤에 물맛이 들어온다. 차맛과 물맛이 분리되는 때인데 맛이 뚝 떨어지고 흩어진다.

셋째는 보관이 잘못되면 발효가 빨리 일어나 맛이 싱거워지고 끝맛에 맹물맛이 차고 들어온다. 맹물맛이 들어올 때 역한 맛이 나고 맛과 향이 흔들린다.

*** 맛과 향이 흩어진다. 맛과 향이 뚝 떨어진다.**

맛과 향이 흩어지는 경우는 두 가지로,

첫째는 포의 횟수가 많아 맛이 빠져나가 뒷맛에 물맛이 들어올 때이다. 차 맛과 물맛이 분리되는 시점으로 맛과 향이 뚝 떨어지고 흔들린다.

둘째는 제다 과정에서 차를 잘못 만들면 맛과 향이 흩어진다. 차가 하품일 때 느껴지는 맛이다. 맛과 향이 흩어지는 것을 통해, 녹차 유념의 횟수나 보이차 보관 연(年) 수를 대략적으로 알 수 있다.

*** 깊은 맛이 나온다. 깊고 시원한 맛이 나온다.**

건창 보관이 잘된 보이차를 마시면 깊은 맛이 나온다. 맑고 깔끔하면서 약간은 시원한 느낌을 주는 깊은 맛이다. 수성은 매끄럽고 전체적으로 단맛이 돈다. 보관에서 나오는 깊은 맛은 김치의 깊은 맛처럼 발효가 천천히 되면 나온다.

좋은 원료로 잘 만든 녹차도 깊은 맛을 느낄 수 있는데, 유념의 정도와 횟수에 따라 깊은 맛이 절로 나온다. 깊은 맛이 나면 우려내는 포의 횟수도 한두 포 늘어난다.

*** 겉맛이 돈다. 겉맛만 번지러 하게 돈다.**

겉맛이 도는 경우는 차를 진하게 우려도 맛이 전체적으로 싱겁고 끝맛에 맹물맛이 들어온다.

겉맛이 도는 보이차는 보관상의 문제가 많은 경우에 나타난다. 습기, 햇빛이나 열에 의한 발효가 빨리 일어나면 겉맛이 번지러 하게 돈다. 이 맛을 사람들은 부드럽다고 여긴다. 이것은 정상적으로 발효된 것이 아니라 과도하게 발효되어 부드럽게 느껴질 뿐 사실은 겉맛이 도는 경우이다.

*** 맛이 무미건조하다. 맛이 밋밋하다. 맛이 단조롭다.**

맛의 구성은 강하고 약한 맛이 서로 어우러져 있는데, 맛이 무미건조하다는 것은 맛은 있으나 주된 맛이 느껴지지 않아 맛의 고저가 없는 것을 말한다. 그저 싱겁고 밋밋하게 느껴진다.

특히 차를 보관할 때 공기 중에 노출이 심하면 발효 속도가 정상보다 너무 빨라, 강한 맛과 약한 맛이 평평하게 되어 밋밋하게 된다. 맛이 단조롭다고도 한다.

*** 맛에 고저(높이)가 있다. 맛의 강약이 있다.**

기본적인 맛들이 서로 다른 농도로 어울려 있어 제각기의 맛이 날 때를 말한다. 맛의 농도 차이가 맛의 고저에 해당되는 것이다. 강하고 약한 맛들이 서로 어우러져 있을 때 '맛에 강약이 있다' 라고 한다. 반대로는 무미건조하거나 밋밋하다는 것이다.

*** 맛이 꽉 찼다. 꽉 찬 맛이 들어온다.**

맛이 꽉 차 있다는 것은 Full-body라고 할 수 있다. 맛이 풍부하다는 의미도 있다.

6. 수성에 따른 표현

수성이란 차와 물이 만나서 어우러진 찻물의 성질에 대한 것을 말한다. 이는 물 자체의 성분에 따른 맛과 성질과는 다르다.

수성은 맛의 성분들이 총체화된 차의 성질에 대한 판단으로 전체적인 모습을 나타낸다. 맛의 성분 분석이 하나하나 떼어내고 살펴보는 것이라면, 수성의 분석은 하나로 묶어서 판단하는 것이라고 보면 된다.

수성의 정도는 찻물이 입 안이나 목젖의 피부와 접촉할 때의 마찰정도를 나타내는 것이다. 이것은 입 안이나 목젖의 감 촉정도, 후운(喉韻)을 기준으로 찻물의 점성에 대해 판단한 것이다.

수성의 판단요소는 크게 차의 신선미와 발효 정도가 있는데, 맛이 얼마나 신선하고 부드러운가를 나타낸다.

*** 미끈거린다. 끈적거린다.**

습창 보관한 생차나 숙병은 찻물색이 짙고 흑갈색에 가깝다. 이런 차를 마시면 찻물의 점도가 높아 미끈거리거나 끈적거리는 느낌이 든다.

*** 목젖이 거칠다.**

차가 목젖을 자극하여 거슬리는 것을 말한다. 목이 까칠까칠하다, 깔깔하다 등으로 표현한다.

*** 모래 씹히는 듯하다.**

차가 발효되면 모래 씹히는 듯한 사각거림이 입 안에서 느껴진다.

*** 부드럽다. 순하다. 감미롭다.**

부드럽다는 것은 차가 발효되면서 거친 맛이 순화되어 입 안에서 부드럽게 느껴지는 것을 말한다. '순하다' 라고 한다. 부드러우면서 뒷맛에 단맛이 도는 것을 감미롭다고 한다.

*** 매끄럽다. 기름지다. 감윤하다.**

매끄럽다는 것은 입 안이나 목젖에 마찰을 거의 느끼지 않고 있는 듯 없는 듯한 무게감을 느낄 때를 말한다. 기름지다는 것은 찻물에 기름기가 낀 것처럼 피부와 접촉하는 면이 매끄럽게 느껴지는 것을 이른다. 매끄러우면서 전체적으로 여린 단맛(감칠맛)이 도는 경우를 '감윤하다' 고 한다.

*** 화하다. 화하게 퍼진다.**

차를 마시면 입 안이 화해지면서 단맛이 나는 것을 말한다. 화하게 퍼지는 맛 뒤에는 단맛이 어우러져 있다. 보통 박하향이 입 안에서 퍼지는 느낌과 비슷하다.

*** 수성이 두텁다. 맛이 조밀하다. 맛이 진하다.**

차를 연하게 우리더라도 차 자체의 성분에 따른 맛의 농도가 진한 것처럼 느껴지는 경우가 있다. 차 자체의 맛이 진한 것으로 '수성이 두텁다' 라고 한다.

수성의 두터움 정도는 맛의 밀도에 대한 것으로 맛의 결합이 느슨한가 빽빽한가를 나타낸다. 이것은 차 맛이 꽉 찬 상태에서 찻물의 흐름이 매끄럽고 기름지게 느껴지는 정도를 말한다.

*** 수성이 엷다. 맛이 연약하다. 맛이 싱겁다.**

차 자체의 성분이 적어 맛의 농도가 엷게 우려져 맛 자체가 연하게 느껴지는 것을 말한다. 수성이 두터운 것은 맛과 향이 풍부하다면 수성이 엷은 것은 연약하여 싱겁고 밋밋한 느낌을 준다.